职业教育·城市轨道交通类专业教材

城市轨道交通机电设备运用

荣炜倪　刘婷婷　主　编
柯　娴　赵　雅　副主编

（第2版）

人民交通出版社

北京

内容提要

本书为职业教育城市轨道交通类专业教材，从企业岗位需求和教学实践的角度出发，对城市轨道交通机电设备的类型、功能、结构等进行了阐述。全书共分11个模块，其主要内容包括：城市轨道交通机电设备认知、自动售检票系统、电梯与自动扶梯系统、IBP及紧急停车按钮、站台安全门系统、乘客信息系统与车站广播系统、车站消防系统、低压配电与照明系统、车站给排水系统、车站暖通空调系统、环境与设备监控系统。

本书可作为高等、中等职业教育城市轨道交通类专业的教材和教学参考用书，还可作为城市轨道交通站务、机电维修等岗位的职业培训教材，同时可供城市轨道交通车站服务、设备检修专业的技术人员参考。

本书配套有课件、教案等资源，请有需求的任课教师通过加入"职业轨道教学研讨群"（QQ号：129327355）获取。

图书在版编目(CIP)数据

城市轨道交通机电设备运用/荣炜倪，刘婷婷主编.
2版.—北京：人民交通出版社股份有限公司，2025.
5.—ISBN 978-7-114-20308-4

Ⅰ.U239.5

中国国家版本馆CIP数据核字第2025XV7339号

职业教育·城市轨道交通类专业教材
Chengshi Guidao Jiaotong Jidian Shebei Yunyong

书　名：	城市轨道交通机电设备运用（第2版）
著 作 者：	荣炜倪　刘婷婷
责任编辑：	滕　威
责任校对：	赵媛媛
责任印制：	张　凯
出版发行：	人民交通出版社
地　　址：	(100011)北京市朝阳区安定门外外馆斜街3号
网　　址：	http://www.ccpcl.com.cn
销售电话：	(010)85285911
总 经 销：	人民交通出版社发行部
经　　销：	各地新华书店
印　　刷：	北京建宏印刷有限公司
开　　本：	787×1092　1/16
印　　张：	15.75
字　　数：	320千
版　　次：	2011年8月　第1版 2025年5月　第2版
印　　次：	2025年5月　第1次印刷　总第4次印刷
书　　号：	ISBN 978-7-114-20308-4
定　　价：	48.00元

(有印刷、装订质量问题的图书，由本社负责调换)

PREFACE | 第 2 版前言

随着经济发展,城镇化速度不断加快,城市市区规模越来越大,城市轨道交通需求增加,城市轨道交通规划的范围扩大,延伸的里程覆盖了城市和乡镇的大部分区域,为城市轨道交通发展注入了新的活力。

近 5 年来,城市轨道交通运营规模迈上新台阶,位于湖北武汉的国内首条悬挂式空中轨道交通线路——光谷空轨开通运营,标志着城市轨道交通十种制式全覆盖。截至 2024 年底,我国共有 58 个城市开通城市轨道交通运营线路 361 条,运营里程 12160.77km(未含港澳台数据)。

城市轨道交通持续保持较快发展态势,高技能人才培养任重道远,技能标准逐步完善,技能人才培养将有章可循。中共中央办公厅、国务院办公厅印发的《关于加强新时代高技能人才队伍建设的意见》要求"十四五"时期末高技能人才占技能人才的比例达到 1/3,进一步强调了技能的重要性。《中国城市轨道交通智慧城轨发展纲要》指出智慧车站是我国城市轨道交通高质量建设、智慧化发展的重要方向之一,智慧车站的建设需要根据智慧车站的功能要求,细化其设施设备布局方案,以满足智慧服务、智慧管理需求。同时,智慧车站设施设备布置应满足多功能、集约化设置要求,以提高运营、客服和线路设备维保效率,进而提升线路运营的安全性和高效性。目前,国内许多城市纷纷开展轨道交通智慧车站建设实践。基于此,本书结合技能人才要求和岗位能力要求,以及目前智慧车站建设需求,更新补充相应的内容,满足城市轨道交通运营企业站务、机电维修岗位人才培养需求,系统、全面地阐述了城市轨道交通机电设备的相关内容。

本书对接"岗课赛证"(配合城市轨道交通专业"1+X"职业技能

等级证书配套用书——《城市轨道交通站务》)的内容设计实训工单,对应具体岗位任务开展实训操作练习,综合考评学生认知能力、学习能力和合作能力,提升学生职业素养;本书结合教学实践,融入大量各城市轨道交通车站机电设备的案例,介绍了目前国内先进的轨道交通技术设备,并配有大量实物图,有助于读者立体和感性地学习;设计思政课堂进行思政点拨,融入思政理念,重视育人过程,侧重培养学生解决实际问题、学习反思的能力,爱岗敬业的内在素养,规范安全的责任意识和耐心细致、严谨认真的工作态度;每个模块的复习思考题融入近三年的各类职业技能竞赛题目和"1+X"城市轨道交通站务职业技能等级证书理论习题,对接"岗课赛证"的要求,题型多样、习题丰富,方便学生检验自己的学习成果,通过丰富的案例分析练习题培养学生运用知识分析解决问题的能力。

本书主要介绍了城市轨道交通机电设备基础知识、基本构造、工作原理以及相应的操作方法和维护方法,读者能通过对本书的学习了解各设备在城市轨道交通运营过程中的实际作用和功能,进而具备操作具体的车站机电设备并进行维护的能力。本书对城市轨道交通专业中职、高职师生及站务员、机电维修从业人员具有一定的指导和借鉴作用。

本书由一支校企合作的编写团队编写。荣炜倪、刘婷婷担任主编,荣炜倪负责全书的结构安排以及统稿工作,柯娴、赵雅任副主编,田军、李仕杰、王伟、李金晓、罗雯参与编写。编写分工如下:武汉软件工程职业学院荣炜倪编写模块4中的单元4.1、模块5、模块10,山东交通职业学院刘婷婷编写模块2中的单元2.1、单元2.3以及模块3、模块8,襄阳汽车职业技术学院柯娴编写模块1、模块11,武汉软件工程职业学院李金晓和罗雯共同编写模块4中的单元4.2,南昌市汽车机电学校赵雅编写模块6、模块7,重庆轨道十八号线建设运营有限公司田军编写模块2中的单元2.2,南昌汽车机电学校李仕杰和长江工程职业技术学院王伟共同编写模块9。

本书的编写引用了大量国内外作者发表的有关城市轨道交通的文献,以及武汉、北京、广州、重庆等城市轨道交通企业的运营资料和相关文献,在此谨向文献作者及有关专家致以衷心的感谢。

由于编写人员水平和实践经验的局限性,书中不足之处在所难免,敬请读者批评指正。

编 者

2024年12月

数字资源索引

资源使用说明：

1. 扫描封面二维码，注意每个码只可激活一次；
2. 长按弹出界面的二维码关注"交通教育出版"微信公众号并自动绑定资源；
3. 公众号弹出"购买成功"通知，点击"查看详情"，进入后即可查看资源；
4. 也可进入"交通教育出版"微信公众号，点击下方菜单"用户服务—图书增值"，选择已绑定的教材进行观看。

序号	资源名称	资源类型	所在页码
1	站厅付费区与非付费区的划分	二维动画	5
2	电梯与自动扶梯发生故障时的应急救援	二维动画	68
3	屏蔽门门体主要部件	二维动画	101
4	屏蔽门障碍物探测	二维动画	102
5	屏蔽门（滑动门）的手动操作	二维动画	108
6	应急疏散门的手动开门	二维动画	108
7	端门的手动开门	二维动画	109
8	站台安全门玻璃破碎的处理	二维动画	112
9	消防设备的使用	视频	157
10	灭火器设备的操作	视频	160
11	站厅火灾大系统排烟模式	二维动画	207
12	站台火灾大系统排烟模式	二维动画	207

CONTENTS 目录

模块 1　城市轨道交通机电设备认知 1
　单元 1.1　城市轨道交通车站与相关
　　　　　　岗位认知 2
　单元 1.2　城市轨道交通车站机电设备 9
　复习思考题 14

模块 2　自动售检票系统 16
　单元 2.1　自动售检票系统认知 17
　单元 2.2　自动售检票系统运营模式 22
　单元 2.3　终端设备认知 23
　技能训练 39
　复习思考题 43

模块 3　电梯与自动扶梯系统 45
　单元 3.1　电梯认知与操作 46
　单元 3.2　自动扶梯认知与操作 55
　单元 3.3　自动人行道与轮椅升降机
　　　　　　认知与操作 65
　单元 3.4　常见故障与典型事故应急处理 67
　技能训练 70
　复习思考题 75

模块 4　IBP 及紧急停车按钮 78
　单元 4.1　IBP 认知与操作 79
　单元 4.2　紧急停车按钮的操作 88
　技能训练 93
　复习思考题 95

模块 5　站台安全门系统 97
　单元 5.1　站台安全门系统认知 98

单元5.2　站台安全门控制模式与操作……………………104
　　　单元5.3　站台安全门日常检查与常见
　　　　　　　故障应急处置……………………………………109
　　　技能训练………………………………………………………119
　　　复习思考题……………………………………………………125

模块6　乘客信息系统与车站广播系统……………………………129
　　　单元6.1　乘客信息系统认知与操作……………………130
　　　单元6.2　广播系统认知与操作…………………………133
　　　技能训练………………………………………………………141
　　　复习思考题……………………………………………………143

模块7　车站消防系统………………………………………………145
　　　单元7.1　车站消防认知…………………………………146
　　　单元7.2　火灾自动报警系统认知………………………150
　　　单元7.3　自动灭火系统认知与操作……………………156
　　　技能训练………………………………………………………162
　　　复习思考题……………………………………………………167

模块8　低压配电与照明系统………………………………………169
　　　单元8.1　城市轨道交通供电系统认知…………………170
　　　单元8.2　低压配电系统认知……………………………172
　　　单元8.3　照明系统认知与控制…………………………175
　　　技能训练………………………………………………………184
　　　复习思考题……………………………………………………186

模块9　车站给排水系统……………………………………………188
　　　单元9.1　车站给排水系统认知…………………………189
　　　单元9.2　车站给排水系统主要设备及其控制…………195
　　　技能训练………………………………………………………198
　　　复习思考题……………………………………………………200

模块10　车站暖通空调系统………………………………………202
　　　单元10.1　车站暖通空调系统认知与控制………………203
　　　单元10.2　车站暖通空调系统设备认知…………………217
　　　技能训练………………………………………………………224
　　　复习思考题……………………………………………………226

模块11　环境与设备监控系统……………………………………228
　　　单元11.1　环境与设备监控系统认知……………………229
　　　单元11.2　环境与设备监控系统操作……………………233
　　　技能训练………………………………………………………240
　　　复习思考题……………………………………………………242

参考文献………………………………………………………………244

模块 1
城市轨道交通机电设备认知

教学目标

知识目标

1. 了解城市轨道交通车站的设备配置。
2. 掌握城市轨道交通车站的具体功能及分类。
3. 认识城市轨道交通各项设备系统。

能力目标

1. 运用城市轨道交通车站设备配置原理,根据实际车站配置图,正确进行车站设备配置。
2. 初步具备城市轨道交通主要设备基本管理能力。

素质目标

1. 培养设备安全敏感性素质,具备分析问题、解决问题的能力。
2. 树立"安全第一,预防为主"的意识。

建议学时

2 学时

案例导入

苏州地铁设备维修保养，保障地铁设备运行安全可靠

苏州地铁1号线已开通近十二年时间，机电专业设备设施经过多年运行后，部分部件老化磨损，性能指标恶化，为保证机电设备设施的长期安全、可靠运行，需要进行切实有效的深度维修。维修保养的修程主要包括巡视、日常保养、二级保养、小修。目前，各专业的设备均在按修程和检修计划有条不紊地开展维修保养工作，针对所辖设备部分部件老化磨损、性能指标恶化、故障率升高等问题，坚持"整修、补强、恢复、改善"的原则，通过开展中修及深度维修工作，使设施设备各项指标符合规定标准，能够安全可靠地使用到下一轮中修或大修。

如今，城市轨道交通在城市交通中起着举足轻重的作用。城市轨道交通机电设备运行可靠性与城市轨道交通的正常运行息息相关。所以，我们要不断加强对城市轨道交通机电设备的维护、保养，提高设备的深度维修质量和标准，降低设备故障率，最大限度地保障人民群众的生命财产安全。

思考：同学们，城市轨道交通车站里主要有哪些设备呢？

单元1.1　城市轨道交通车站与相关岗位认知

城市轨道交通车站是城市轨道交通路网中的重要建筑物，是车站相关作业的场所，也是供乘客乘降、换乘和候车的场所，是客流的节点。车站应保证乘客方便、安全、迅速地进出车站，并有良好的通风、照明、卫生、防火设备等。城市轨道交通车站也是列车到发、通过、折返、临时停车的地点，通常设有站长、值班站长、值班员、站务员等岗位。

一、车站分类

1. 按车站的运输功能分类

(1) 终点站(始发站)。终点站(始发站)是指设置在线路两端的车站。终点站(始发站)除具有供乘客乘降的基本功能之外，还可供列车折返、停留和临时检修使用。

(2) 中间站。中间站是线路上数量非常多的基本站型，其主要作用是供乘客乘降。在设计线路时，有些中间站还设有折返线、渡线或存车线等，以便在信号系统、供电系统或列车等出现故障时快捷有效地进行列车调整，如进行小交路运行、列车就地退出服务等，以尽快恢复正线上正常列车的运行秩序。

(3) 换乘站。换乘站是指设置在两条及两条以上的城市轨道交通线路交叉点的车站。其最大的特点是乘客可从一条线路换乘到另一条线路，为乘客换乘提供方便。换乘站可分为垂直换乘站和平面换乘站两种,其设计原则是尽量满足乘客无须出站或无须重新购票就能换乘到另一条线路的需要。

2. 按车站站台形式分类

(1) 岛式站台车站。岛式站台车站上、下行线分布在站台的两侧。其优点是站台面积可以得到充分利用,便于集中管理,车站结构紧凑,设备使用率高,乘客换乘方便;其缺点是对线路设计影响大,设计难度大,造价高。根据站台和线路数量的不同,岛式站台车站又可分为单岛式、双岛式等。岛式站台车站如图1-1所示。

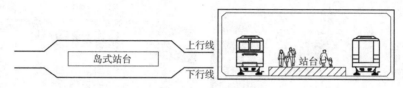

◎ 图1-1 岛式站台车站

(2) 侧式站台车站。侧式站台车站站台分别分布在上行线一侧和下行线一侧。其优点是站台的横向扩展余地大,双向乘客上下车无干扰,不易乘错方向,对线路设计影响不大,工程造价相对岛式站台车站低;其缺点是站厅客流组织难度大,乘客容易下错乘车站台。侧式站台车站如图1-2所示。

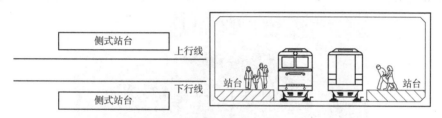

◎ 图1-2 侧式站台车站

(3) 混合式站台车站。混合式站台车站既有岛式站台又有侧式站台,属于混合形式,如图1-3所示。混合式站台车站有一岛两侧式、两岛一侧式等形式。这种形式的车站多为终点站(始发站),设有道岔和信号联锁等设备,行车组织上提高了灵活度,通过不同站台同步接发列车,缩短列车行车间隔,提高列车运行效率。乘客可以在不同的站台上、下车,车站的客流组织较方便。

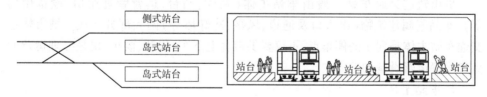

◎ 图1-3 混合式站台车站

3. 按车站空间位置分类

(1) 地下车站。地下车站一般为地面出入口、中间站厅和地下站台的两层或三层结构形式,出入口通道总数不得少于2个。由于建在地下,其工程造价远高于其他两种类型的车站。地下车站如图1-4所示。

(2)地面车站。地面车站出入口、站厅、站台分布在同一个平面上,其优点是造价低;其缺点是占地面积过大,对线路经过的区域造成地面的人为分割。地面车站如图1-5所示。

◎ 图1-4 地下车站

◎ 图1-5 地面车站

(3)高架车站。高架车站一般为地面出入口、地面或高架站厅、高架站台的两层或三层结构。其缺点是占用地面空间较大,对城市景观影响大。高架车站如图1-6所示。

◎ 图1-6 高架车站

二、车站组成

城市轨道交通车站一般由车站主体(站厅、站台、运营管理用房、设备用房等)、车站附属建筑物(出入口及通道、风亭、冷却塔等)两大部分构成。城市轨道交通车站主体是列车的停车点,不仅要供乘客上下车、集散、候车,也是办理运营业务和设置运营设备的地方。

1. 车站主体

根据使用功能的不同,车站主体可分为乘客使用区和车站使用区两大部分。乘客使用区是直接为乘客提供乘降、集散和候车服务的地方。车站使用区主要供车站工作人员使用,直接或间接为列车运行和乘客提供服务,包括运营管理用房、设备用房和辅助用房三部分。

(1)站厅。站厅是乘客换乘列车的中转层,其主要作用是集散客流,为乘客提供售票、检票、补票、咨询等服务。站厅按其用途划分为公共区和设备区,一般站厅两端为设备区,中间为公共区。站厅如图1-7所示。

①公共区。公共区又分付费区和非付费区,以检票闸机和栏杆进行分割,主要供乘客完成购票、检票过程。站厅客服中心设在站厅的付费区和非付费区之间,可同时服务于两个区域的乘客,完成售票、咨询、补票等业务。站厅客服中心如图1-8所示。

◎ 图1-7 站厅

◎ 图1-8 站厅客服中心

②设备区。设备区主要设有设备用房和管理用房。设备用房是安置各类设备、进行日常维修及保养设备的场所,主要有售检票、通信、信号、环境与设备监控(以下简称环控)(Building Automation System,BAS)、照明、低压配电、变电所等系统相关设备房。管理用房是车站工作人员的办公用房,包括车站控制室(以下简称车控室)、设备系统值班室、票务室、会议室、更衣室、休息室、卫生间、备品库、垃圾间、清扫工具间等。

(2)站台。站台是直接体现车站主要功能的场所,其主要作用是供列车停靠、乘客候车及上下列车等。站台也分公共区和设备区,一般站台两端为设备区,中间为公共区。站台如图1-9所示。

①站台长度。站台长度由列车长度决定,根据本线路远期最大编组列车的长度加列车停车误差来计算。站台上的人行楼梯和自动扶梯沿纵向均匀设置,同时

◎ 图1-9 站台

满足站台计算长度内任一点距最近梯口或通道口的距离不得大于50m,其通过能力满足事故疏散时间不大于6min。

②站台宽度。站台宽度根据高峰时段候车客流及上下车客流综合计算,并考虑站台上占据有效面积的柱子和楼梯、扶梯等设施,得出满足客流需求的有效宽度。《地铁设计规范》(GB 50157—2013)规定,岛式站台最小宽度应不小于8m。

2. 车站附属建筑物

车站涉及的地面站房、出入口以及风亭均需结合所在地区城市规划进行设计,

其地面部分的立面设计要做到简洁、大方,与周围环境相协调。出入口及通道是供乘客进、出车站的建筑设施,出入口的数量应根据车站情况并按照车站远期预测客流量计算确定,一般不宜少于4个。风亭是城市轨道交通车站及区间隧道与外界进行空气交换的端口,是城市轨道交通暖通空调系统不可缺少的部分。风亭作为城市轨道交通线路和车站的地上附属建筑,每一个区间段或车站附近都需设3～8个。

(1)出入口、通道。车站出入口和通道是客流集散的必经地,乘客必须经过出入口和通道才能进出车站,实现其乘坐列车的目的;车站管理也通过出入口和通道的设置来实现与外界的物理分隔。出入口如图1-10所示,通道如图1-11所示。

◎ 图1-10 出入口

◎ 图1-11 通道

(2)风亭、冷却塔。风亭是为车站及隧道提供通风、换气的设施,在车站或隧道发生火灾时还能排烟。风亭按其功能不同分为活塞风亭、进风亭和排风亭。风亭如图1-12所示。

冷却塔的功能主要是为车站的环控系统散热,也是出地面的结构。冷却塔如图1-13所示。

◎ 图1-12 风亭

◎ 图1-13 冷却塔

根据消防疏散要求,车站出入口设置数量不得少于2个。车站出入口设计还应考虑与周边物业的接驳,承担过街通道功能。至少保留1个独立的出入口作为车站的紧急出入口,在车站发生突发事件时,供抢险人员和抢险设备、物资进出。

三、车站岗位认知

城市轨道交通车站管理人员主要负责站务管理、到站引导、乘客服务等任务。车站管理人员需要具备良好的沟通能力和团队协作精神,能够处理日常的疑难问题,及时排查隐患,确保乘客出行的安全和便捷。城市轨道交通车站组织架构服务于其管理模式,各城市的轨道交通车站岗位数量、名称和职责具有各自的特色。根据车站管理业务的需求,国内城市轨道交通车站的岗位基本可以分为以下几种:中心站站长、中心站副站长、值班站长、值班员、站务员、保安、保洁等。

(1)中心站站长。中心站站长统筹负责全站管理工作,具体分管中心站人员、物资、三体系[质量管理体系(ISO 9001)、职业健康安全管理体系(ISO 45001)和环境管理体系]、培训及综合事务等工作。

(2)中心站副站长。中心站副站长根据车站业务不同,负责对应板块内容,各自分管车站设备、客运管理、行车组织。

(3)值班站长。值班站长为倒班岗,多为四班两运转,负责本班组的管理工作,做好班组间工作交接,掌握本班次车站设备运行、行车作业、人员管理、通知通报、客运服务、物资管理、近期会议精神、站内施工以及上级检查等情况。

(4)值班员。根据不同业务的工作量和岗位值守点,值班员可以分为行车值班员和客运值班员。行车值班员值守在车控室,负责本班次车站行车组织、故障报修、施工管理、物资变更和调度命令发布,检查所有钥匙、车控室内备品情况及车控室设备运行情况;客运值班员负责本班次车站客运服务、票务运作及相关备品等,交接车站备用金、车票、票务钥匙及相关报表等。

(5)站务员。站务员按其工作场所和执行职责不同,可以分为客服中心岗站务员、站台巡视员和站厅巡视员。客服中心岗站务员须做好运营前后乘客服务中心各项工作,参与车站自动售票机(TVM)补币工作,按照售票作业程序工作,规范处理乘客事务。站台巡视员当班期间须严格执行安全作业标准及文明服务标准,随时巡视站台,按照站台岗作业标准监视列车到发,监视列车运行状态,监控乘客上、下车情况,处理接发列车过程中发生的突发事件。站厅巡视员主要负责站厅巡视工作,协助客运值班员进行客流组织、乘客服务。车站岗位组织架构图如图1-14所示。

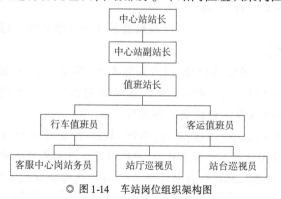

◎ 图1-14 车站岗位组织架构图

行业模范

武汉地铁3号线范湖站值班站长

黄嫚是武汉地铁3号线范湖站的一名值班站长。身为"80后"的她一毕业就进入武汉地铁系统，经历过武汉地铁1号线建立之初的试运营，2号线、3号线的正式开通，再到如今的地铁网络时代。每天，地铁站内熙来攘往的人数以万计，黄嫚就在这个视窗中看着自己所处城市的一点一滴变化和成长。

武汉地铁建设刚刚起步，黄嫚就进入地铁公司工作了。她回忆，2004年刚入司时，武汉市仅开通了1号线轻轨从黄浦路到宗关路段的试运行，她只是一名人工售票员；2010年，她在徐州新村站担任值班站长，刚上任不久，便遇到了至今让她记忆犹新的一件事。7月的一天，徐州新村站台上一如往常。突然，一名男乘客跳下站台，向区间中部跑去，站台岗发现异常立即通知内勤并按压紧急停车按钮。值班站长黄嫚接到通知迅速赶往现场。

"当时情况危急，我只有一个想法，就是赶紧把乘客救上来，既要保证乘客的生命安全，也要保障列车的正常运营"。不曾想那名乘客情绪十分激动，根本不理会周围人的劝说。黄嫚尝试着安慰乘客，引导他说出烦心事。兴许是黄嫚温柔的话语让乘客激动的情绪有所缓和，那名乘客开始向黄嫚吐露心事。黄嫚见状，立即与他积极沟通，劝说他离开危险区域。这时警察到达现场，一同将乘客劝服。等事情处理完毕，黄嫚坐在椅子上，心情久久不能平复。"在独自面对乘客的那15分钟，每一秒都是紧张的。"黄嫚说，她所面对的是一个鲜活的生命，自己的一言一行都可能影响整个事态的发展，初任站长的她也会紧张、害怕，但她依旧选择了顾全大局，勇敢面对。

随着时间的推移和城市轨道交通事业的迅速发展，黄嫚渐渐明白，值班站长不仅仅是一份简单的工作，为了保证乘客的安全，她愿意倾尽全力，将这份工作当成终身事业，并努力在工作中不断进取。在担任值班站长的10年间，黄嫚用实际行动影响着身边的人。良好的沟通、严谨的责任心以及对工作的热情，是她多年工作的"利器"。

(摘编自微信公众号武汉交通，2018年9月)

【思政点拨】

(1)用心服务，用实际行动践行"乘客至上、品质一流"的服务宗旨。热心主动地帮助每一位乘客，以贴心、细心、热心对待工作中遇到的每一个人和每一件事，用真诚的服务做好民众服务工作。

(2)爱岗敬业，秉承"诚信、敬业、高效、奉献"的企业精神，始终把乘客的满意程度作为衡量工作成效的根本标准，严格遵守公司的各项规章制度，兢兢业业做好本职工作，在平凡的岗位上书写新篇章，展现优秀城市轨道交通人的风采。

单元1.2　城市轨道交通车站机电设备

城市轨道交通车站机电设备数量要满足乘客快速流动的需求,原则上进站和出站两条动线尽量不交叉或少交叉,服务人员应及时帮助有需要的乘客或者解决乘客的问题,疏导乘客快速进、出站,维持站内秩序。车站流线图如图1-15所示。轨道交通车站系统和设备选用要考虑其可靠性、安全性、稳定性、先进性、可扩展性、开发性、交互性、经济性和易于维护性等主要性能指标,同时,重点考虑选择的主要机电设备要有在城市轨道交通工程中成功应用的实例。

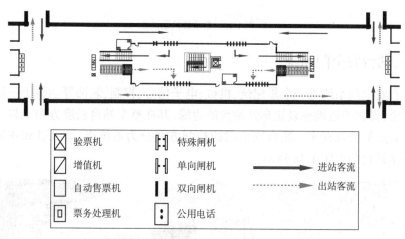

◎ 图1-15　车站流线图

一、自动售检票设备

自动售检票系统通过计算机技术、现代通信网络技术、自动控制技术、智能卡技术、大型数据库技术、传感技术、统计和财务等专业知识的综合运用,特别是信息技术的运用,大大减轻了票务工作人员的劳动强度,使乘车收费更趋于合理,减少了逃票现象,提高了城市轨道交通运营效率和收益。自动售检票设备如图1-16所示。

二、自动扶梯系统

在城市轨道交通车站中,自动扶梯的用途主要是解决乘客的快速疏解问题,即列车到达后,大量的乘客从候车站台向地面站厅疏解。由于车站的候车站厅一般距地面5~7m(浅埋式),甚至7~10m(深埋式),乘客的上、下只能依赖楼梯,而自动扶梯则提供了一种自动输送乘客的功能,满足了乘客对乘降舒适度的要求。自动扶梯系统如图1-17所示。

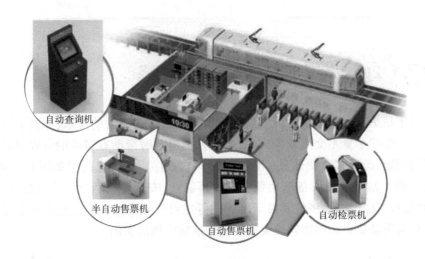

◎ 图1-16　自动售检票设备

三、站台安全门系统

站台安全门系统是一个集建筑、机械、电子信号、控制、装饰等学科于一体的综合性系统,设置于地铁或轻轨车站站台的边缘,其在整个站台长度方向上将站台区域与轨道区域分隔开来。站台安全门的控制方式分为系统级、站台级和就地控制级。车站站台门如图1-18所示。

◎ 图1-17　自动扶梯系统

◎ 图1-18　车站站台门

四、IBP及紧急停车按钮

1. IBP

综合后备盘(Intergrated Backup Panel,IBP)放置在地铁车站综合控制室内,由IBP面板可编程逻辑监控器(PLC)、人机界面终端(Human Machine Interaction,HMI)、消防联动控制盘以及监控工作台构成。当车站设备服务器或者人机界面出现故障时,可以通过IBP对车站进行应急管理,或在紧急情况下直接操作IBP,采用人工介入的方式进行运行模式操作和某些设备的远程手动操作。车站IBP如

图 1-19 所示。

2. 紧急停车按钮

在列车进出车站时，突发紧急事件可能会危及列车运行安全或乘客人身安全。为了防止危害安全的事故发生，车站站台设置了紧急停车按钮，其与信号系统连接。遇到紧急情况时，按压紧急停车按钮给列车传递"不安全"信息，以使列车采取紧急停车措施。紧急停车按钮如图 1-20 所示。

◎ 图 1-19　车站 IBP

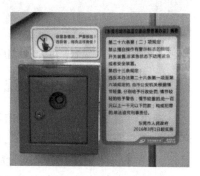

◎ 图 1-20　紧急停车按钮

五、乘客信息系统与车站广播系统

乘客信息系统通过设在车站的各类显示终端为乘客提供列车运行信息，在紧急情况下发布紧急信息，以帮助疏导乘客。乘客信息系统显示终端多设置在城市轨道交通车站出入口、站厅、站台、电梯和扶梯的上下端口、列车车厢内等乘客可视的空间。乘客信息系统如图 1-21 所示。

城市轨道交通广播系统是城市轨道交通通信系统中的一个专用子系统，在城市轨道交通行车组织、客运服务、防灾救险、设备维护等方面具有十分重要的作用。城市轨道交通广播提供各项告知服务，维持车站秩序，有效疏导乘客乘车。当遇事故、灾害等突发事件时，城市轨道交通广播作为紧急疏导、指挥救灾的重要工具，还可以向工作人员发布作业命令和紧急召唤检修、抢修人员或车站其他工作人员。城市轨道交通广播系统如图 1-22 所示。

◎ 图 1-21　乘客信息系统

◎ 图 1-22　城市轨道交通广播系统

六、消防自控系统

城市轨道交通的消防自控系统包括防灾报警系统、水消防系统(消防给排水系统、室内外消火栓系统)(图1-23)、气体灭火系统、机电设备监控系统中涉及防灾控制部分的装置、BAS中防排烟系统设备、紧急疏散照明系统以及手持灭火设备等。

◎ 图1-23 车站水消防系统控制房

七、低压配电与照明系统

城市轨道交通供电系统是由电力系统经高压输电网、主变电所降压,配电网络和牵引变电所降压,换流等环节,向城市轨道交通系统输送电力的全部供电系统。目前,我国普遍使用的输电电压为110～220kV。城市轨道交通供电系统的主要功能在于为城市轨道交通各机电设备提供安全和可靠的电力,满足各系统的供电要求。

根据用电性质不同,城市轨道交通供电系统分为两部分:以牵引变电所为主组成的牵引供电系统和以降压变电所为主组成的低压配电与照明系统。其中,低压配电与照明系统以降压变电所为基础,将城市电网10kV中压配电降压为380V/220V或660V/380V的低压电,包含照明系统和低压配电系统两个子系统,是城市轨道交通供电系统的重要组成部分,主要作用是为低压设备提供和分配电能。

许多城市轨道交通车站为地下站,地下站长期没有自然光源照入,因此,车站内外光感差异大。在车站照明要求中,车站的照明系统应保证乘客的舒适性、环境的明亮。同时,车站照明系统应能够辅助乘客更好地完成乘车等活动,并能够保证在突发危险时顺利疏散乘客。城市轨道交通车站节能照明如图1-24所示。

◎ 图1-24 城市轨道交通车站节能照明

八、车站暖通空调系统

城市轨道交通车站暖通空调系统是指对车站站厅、站台、隧道、设备及管理用房等场所的环境进行空气处理的系统,主要是调节指定区域的空气温度、空气湿度、空气流速和空气品质。良好的车站暖通空调系统不仅要减少能源的消耗,还要为乘客提供安全、舒适的乘车环境。轨道交通车站暖通空调系统一般分为隧道通风系统和车站通风空调系统两大系统。车站暖通空调系统如图1-25所示。

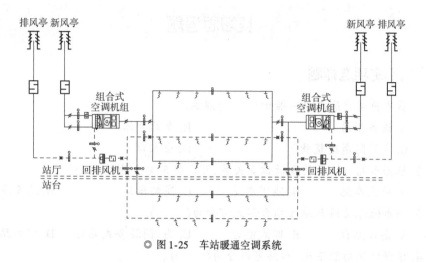

◎ 图 1-25 车站暖通空调系统

九、车站环境与设备监控系统

车站环境与设备监控系统(Building Automation System,BAS)是为给乘客创造安全、舒适、可靠的乘车环境的设施,对城市轨道交通车站、区间的空调、通风、给排水、照明、车站动力、自动扶梯等设备的运行状态进行自动化管理,使设备按预设状态自动运行,节省能源,方便管理,使设备发挥最佳效益。车站 BAS 设控制中心和车站两级管理,控制中心为主控级,车站为分控级。控制结构为控制中心、车站、就地三级控制。控制中心管理级的监控设备设置于控制中心的中央控制室,车站管理级的监控设备设置于车控室。

复习思考题

一、不定项选择题

1. 城市轨道交通车站一般由（　　）组成。
   A. 设备用房　　　　　　　　B. 车站主体
   C. 车站附属建筑物　　　　　D. 出入口
2. 根据车站与地面的高低位置关系，可以将车站分为（　　）。
   A. 地上车站　　B. 地下车站　　C. 高架车站　　D. 地面车站
3. 城市轨道交通车站按站台形式可分为（　　）。
   A. 岛式站台　　B. 侧式站台　　C. 岛、侧混合式站台　　D. 中间站台
4. 根据运输功能不同，车站可以分为（　　）。
   A. 中间站　　B. 折返站　　C. 换乘站　　D. 枢纽站
   E. 联运站　　F. 终点站
5. （　　）是乘客换乘列车的中转层，其主要作用是集疏客流，为乘客提供售票、检票、咨询等服务。
   A. 出入口　　B. 通道　　C. 站台　　D. 站厅
6. 以下属于城市轨道交通车站机电设备系统的是（　　）。
   A. 低压配电与照明系统　　　　B. 站台安全门系统
   C. 电梯与自动扶梯系统　　　　D. 自动售检票系统

二、判断题

1. 城市轨道交通车站公共区和出入口通道不应有妨碍乘客安全疏散的非运营设施设备，安检设施可以占用乘客紧急疏散通道。（　　）
2. 城市轨道交通车站客流流线设置、设施设备布局等应综合考虑反恐防范、安检、治安防范、消防安全的需要。（　　）
3. 自动售票机属于自助售票设备，一般安装在城市轨道交通车站的付费区。（　　）
4. 城市轨道交通车站主体是列车的停车点，不仅要供乘客上下车、集散、候车，同时也是办理运营业务和设置运营设备的地方。（　　）
5. 城市轨道交通车站通常设有站长、值班站长、值班员、站务员等岗位。（　　）

三、简答题

1. 简述城市轨道交通车站的分类。
2. 简述城市轨道车站机电设备系统。

四、案例分析题

某日,乘客反映,在车站出站,因携带两个大的箱子,抬下楼梯不便,于是询问站务员:"可否将二楼到一楼的电梯向下开?"站务员回答:"不行的,我们有规定,我也没办法。"乘客不得不将箱子从楼梯上搬下去,站务员笑着看着他。请分析,该站务员此处理方法有何不当,如果你是这名站务员,你会怎样处置?

模块 2
自动售检票系统

教学目标

知识目标

1. 了解自动售检票系统的架构及各架构层的功能。
2. 掌握自动售票机的工作模式。
3. 掌握自动售检票系统终端设备的种类及功能。
4. 了解自动售检票系统终端设备的功能和工作原理。

能力目标

1. 能够操作自动售票机,完成购买单程票、更换钱箱、补充单程票等操作。
2. 能够更换自动检票机票箱。
3. 能操作半自动售票机进行售票、充值等操作。

素质目标

1. 形成主动服务、乘客为主的职业意识。
2. 培养创新思维和创新意识。

建议学时

12 学时

案例导入

地铁闸机夹人频发,升级闸机智能识别

【案例1】2020年9月6日,南京地铁2号线元通站,乘客冯女士带着两个孩子准备进站乘车。闸机刚一打开,冯女士的儿子便迅速冲过闸机,他快速通过后,闸机感应到乘客已经通过,随即关闭闸门。此时,冯女士和女儿正准备通过闸机,结果女儿被刚刚关闭的闸机扇门撞到头,一下子倒在地上,大哭不止。冯女士急忙把她抱在怀里安抚,所幸小女孩并无大碍。

(摘编自光明网,2020年9月)

【案例2】2020年12月25日,北京地铁5号线东单站试点推出双目智能闸机,如图2-1所示。与传统闸机相比,双目智能闸机拥有双摄像头,通过双目立体视觉传感器与视觉通行逻辑控制器成像分析,对随行物品、儿童、孕妇进行精准识别与保护,可较为精准地识别儿童身高,防止误夹,同时,可识别通行人群,防止尾随逃票。

◎ 图2-1 双目智能闸机

(摘编自《新京报》,2020年12月)

思考:

1. 案例中所提到的闸机安装在车站什么位置?其主要功能是什么?城市轨道交通票务设备还有哪些?它们都摆放在什么位置?

2. 分析案例1中闸机扇门关闭时机是否正确,乘客通过时有无不当之处。

3. 结合案例1和案例2,说一说自己的感悟。

单元2.1 自动售检票系统认知

城市轨道交通系统中为乘客提供票务服务的设备及其背后提供支持的一套庞大的系统称为自动售检票(Automatic Fare Collection,AFC)系统,它是基于计算机、通信、网络、自动控制等技术,实现轨道交通售票、检票、计费、收费、统计、清分、管理等全过程的自动化系统,是城市轨道交通运营系统的核心子系统。

一、AFC系统的发展历程

国外在AFC系统研制和投入运营方面起步比较早。1967年,世界上第一套AFC系统在法国巴黎地铁成功安装使用。1979年,中国香港地铁首条线路开通时就采用了AFC系统,这是中国首套AFC系统。1999年,中国内地第一个城市轨道

交通 AFC 系统(磁卡制式)在上海地铁 1 号线开通。2002 年,中国内地第一个全 IC 卡制式的城市轨道交通 AFC 系统在广州地铁 2 号线开通。2004 年,第一个完全由国内集成商完成的城市轨道交通 AFC 系统在深圳地铁首期工程开通。2008 年北京奥运会,同时开通 5 条城市轨道交通线路,此后 AFC 系统开始全面普及。目前,国内已开通运营的城市轨道交通线路都已使用 AFC 系统。

1. AFC 系统功能

AFC 系统以其高度智能化的设计,扮演着售票员、检票员、会计、统计、审计等角色,通过数据收集和控制系统实现了票务管理的高度自动化;它可以精确记录乘客乘车的起、终点,准确掌握客流时空分布规律;可以实时统计各线路及各车站的客流量,为城市轨道交通运营组织提供基础数据。它不但是城市轨道交通运营面向乘客的窗口,也是运营收入的现金流,其性能的好坏直接影响城市公共交通系统的形象,影响城市畅通工程的顺利实施。

AFC 系统总体功能主要包括售检票作业、票务管理、运营管理、设备管理、财务管理、清算对账管理、统计查询管理、网络管理、数据管理、安全管理、用户权限管理以及运营模式的监控管理等。

2. AFC 系统优点

(1)减少现金交易及统计工作,提高检测准确率和效率。
(2)提高城市轨道交通运营管理水平,保障票务收益。
(3)简化操作,提高乘客的出行效率。
(4)提供准确的客流及票务统计分析数据。
(5)有利于提升轨道交通行业的社会形象。

二、AFC 系统架构

城市轨道交通 AFC 系统处理城市范围内众多轨道交通线路的售检票业务,涉及路网业务、线路业务、车站处理、终端处理和车票媒介方面的内容,城市轨道交通网络化运营后,AFC 系统通常采用分级集中式架构形式。采用分级集中式架构的 AFC 系统可以实现路网不同线路的换乘和清分,满足路网高效便捷和信息化的需求,同时可以实现对全路网票款和客流的全面管理。

AFC 系统的基本架构形式有线路式架构、分散式架构、区域式架构、完全集中式架构和分级集中式架构五种。

分级集中式 AFC 系统结构分为五个层次:清分中心计算机(AFC Clearing Center,ACC)系统,线路中央计算机(Line Central Computer,LCC)系统,车站计算机(Station Computer,SC)系统,车站终端设备(Station Level Equipment,SLE),车票(Ticket)。AFC 系统分级集中式架构如图 2-2 所示。

1. 清分中心计算机系统

清分中心计算机系统对整个路网进行运营管理和票务管理,主要负责线路数据的收集、处理、分析和整理,并与路网中心交换数据。

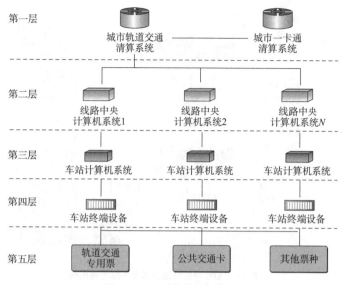

◎ 图2-2　AFC系统分级集中式架构

2. 线路中央计算机系统

线路中央计算机系统具有对本线路区域内的AFC系统设备进行监控、票款清算、对账、数据审核、设备维护、管理等功能。

3. 车站计算机系统

车站计算机系统负责对本车站内部的所有设备进行实时监控，并可对车站AFC系统运营、票务、收益以及维修等功能进行集中管理。车站计算机系统将一个车站的自动售票机、半自动售票机、进/出站闸机等AFC车站终端设备联系在一起，收集、处理各类数据，并上传到线路中央计算机系统，接收线路中央计算机系统下传的各类系统参数，并下载到车站各终端设备；可接收线路中央计算机系统下达系统各类命令，并下传到各终端设备，同时可根据需要自行向车站设备下达控制命令，并将该操作记录上传到线路中央计算机系统。

4. 车站终端设备

AFC系统的服务功能主要是通过设置在车站的自动售检票设备来完成的，车站终端设备安装在各车站的站厅，是直接为乘客提供售检票服务的设备。车站终端设备主要包括自动售票机、半自动售票机及自动检票机等。AFC系统终端设备及车票处理流程，如图2-3所示。

5. 车票

车票是记录乘客乘车信息的媒介和载体，能记录车票的系统编号、安全信息、车票种类、个人信息、进/出站信息、金额、有效期、历史交易记录等，与车站售检票终端设备共同完成系统自动售票检票功能。

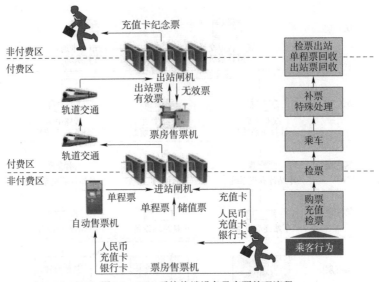

◎ 图 2-3　AFC 系统终端设备及车票处理流程

城市轨道交通常用车票种类

普通单程票：乘客使用现金或移动支付工具支付，在城市轨道交通站厅内的自动售票机、云购票机或半自动售票机购买的，出票时被写入购票金额、购票时间等信息的车票。一般情况下普通单程票只在当日运营时间内有效，在所购城市轨道交通车站进入，乘坐车票金额以内的车程，出站时由出站闸机回收。

充值卡：乘客持该车票可以乘坐规定金额的车次。乘客乘坐城市轨道交通时，直接在进站闸机上刷卡进站，由出站闸机在充值卡上刷卡扣费出站。

计次票：城市轨道交通运营企业发行的专用车票，乘客持该车票可以乘坐规定次数的车次。乘客乘坐城市轨道交通时，直接在进站闸机上刷卡进站，由出站闸机在计次票上扣次出站，每次乘车里程不限。

出站票：付费区乘客补票出站时，站务人员在半自动售票机上发售的普通单程票，仅限发售出站票的车站当日出站时使用。

员工票：内部员工记名使用的票卡，限本人乘车使用，不作为其他证件。

三、AFC 系统组成

AFC 系统按结构功能分为系统软件和系统设备两部分。系统软件包括清分中心计算机系统、线路中央计算机系统和车站计算机系统；系统设备包括自动售票机（TVM）、自动检票机（AGM）、自动查询机（TCM）、半自动售票机（BOM）、编码分拣机（ES）、云购票机（i-TVM）、人脸识别闸机等。AFC 系统组成如图 2-4 所示。

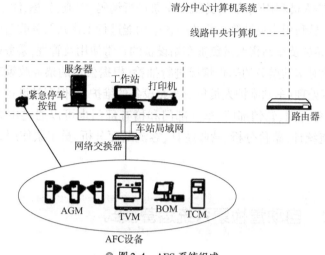

◎ 图 2-4 AFC 系统组成

AFC 系统按安装位置、实现功能不同可分为车站级 AFC 设备与中央级 AFC 设备。车站级 AFC 设备主要包括车站计算机、自动检票机、自动售票机（含云购票机）、票务售票机（含自助客服中心）等。中央级 AFC 设备包括清分中心计算机系统、线路中央计算机系统、编码分拣机和系统工作站等。

四、AFC 系统的运行管理

1. 运行管理的任务

AFC 系统是城市轨道交通机电设备中承担客运组织的重要设备。对 AFC 设备的运行进行有效的管理，是城市轨道交通客运及票务组织有序、高效运作的前提和保证。

（1）制订合理的设备运营管理方案，规范车站票务人员的操作。AFC 系统通过制订和完善 AFC 设备的操作手册、指引及流程，使得车站操作人员可以安全可靠地控制车站设备和科学管理车站设备，最大限度地利用 AFC 系统的功能为城市轨道交通运行服务。

（2）建立专门的 AFC 设备维护及维护队伍，加强对 AFC 设备故障处理的组织及研究，明确故障类型及等级的划分，保证系统设备良好的技术及经济性能。

（3）加强对 AFC 系统新技术的应用，利用系统提供的各种原始数据、日志、审核、报警信息来提高城市轨道交通对安全事件的反应处理能力，保证乘客的人身安全和系统的收益安全。

（4）加强对乘客使用设备的引导和宣传，让乘客了解票务政策；熟悉设备的使用特性，维护设备的完整性。

2. 运行管理的内容

按功能权限不同，AFC 系统运行管理大致可以分为中央系统维护、制票、票务审查及核对、车站督导、车站售票、票务稽查、车站维护等。每项运行管理由专门的工作人员负责。其中，中央系统维护人员负责中央计算机系统各种设备的日常管理及维护;制票人员利用编码/分拣机对车票进行编码、赋值、分拣、注销等操作;票务审查及核对人员利用中央计算机系统的各个功能进行工作站票务收益的审查及核对工作;车站督导员及车站售票员负责车站设备的日常使用及管理;票务稽查人员会定期和不定期地对车站票务的运作情况进行抽检,根据公司的票务政策对票务违章或违规行为进行处理;车站维护人员负责车站设备的维护,确保车站设备的正常使用。

另外,财务部门、营销部门、车务部门和稽查部门也可以通过中央计算机的工作站进行客流统计、票价分析、营收统计、客流断面分析、员工票使用分析等工作。

单元 2.2　自动售检票系统运营模式

AFC 系统运营模式包括正常运营模式、降级运营模式和紧急释放模式三种。通常情况下,AFC 系统在正常运营模式下自动运行。

一、正常运营模式

正常运营模式是系统默认模式,包括正常服务模式和关闭服务模式。正常服务模式下进行正常的售票/补票、检票等处理。关闭服务模式下,不对车票进行任何处理。

二、降级运营模式

城市轨道交通运营过程中突发特殊情况时,为保证乘客利益、提高运营效率,根据实际情况,可设定自动售检票系统进入相应的降级运行模式。降级运行模式包括列车故障模式、进站免检模式、出站免检模式、时间免检模式、日期免检模式、车费免检模式。除正常模式外,其他所有模式互不排斥。

拓展阅读

武汉地铁,人多到免检票进站

2023 年 4 月 30 日,武汉地铁客流达到 519.01 万乘次,是五一假期开始后连续第三天刷新历史纪录。当天,5 号线、6 号线、8 号线三条线路客流创新高,江汉路、循礼门、司门口黄鹤楼、昙华林武胜门、梨园、省博湖北日报等 30 个车站客流均创新高。

面对居高不下的客流,当晚 8 时 50 分许,司门口黄鹤楼站将进站闸机设置为免检票模式,乘客无须扫码或刷卡,可直接快速进站。到达目的地出站时,系统将默认从该站进站予以计费。约 2 小时后,该站恢复正常进站模式。

(摘编自《九派新闻》,2023 年 5 月)

三、紧急释放模式

城市轨道交通运营过程中,当发生火灾、地震等危及乘客安全的紧急情况,须紧急撤离车站时,启用紧急释放模式。进入该模式后,闸机处于全开状态,乘客出站不检票。

车站紧急释放模式的设置可由车站防灾系统自动设定,也可由车站值班站长通过按压车控室紧急按钮进行设定。紧急释放模式具有最高执行优先权。

单元2.3　终端设备认知

城市轨道交通中各类车票按一定规则初始化后,由自动售票机或半自动售票机按乘客需求发售经赋值的车票,实现售票的自动化;售出车票经进站检票机验证有效后,放乘客进站,到达目的地车站后乘客经由出站检票机检票出站。

票务终端设备的技术参数、数量及布局情况会直接影响乘客购票进站及检票出站的速度,进而影响车站的通行效率。车站AFC系统设备布置应满足的要求如下。

(1)正确设置售检票设备位置:售检票设备位置应与出入口、楼梯保持一定距离。

(2)售检票设备位置根据出入口数量相对集中布置,并满足客流流向要求。

(3)每个付费区内至少设置1台半自动售票机,每个出入口的检票机数量不应少于2个通道。

一、自动售票机

自动售票机安装在车站站厅层非付费区。乘客可以选择用纸币、硬币、移动支付工具,通过人机交互界面,自助购买不同票价的单程票,也可对充值卡进行充值。为了保证自动售票机在运营期间处于正常服务状态,要求车站站务人员熟悉其结构,并能熟练操作自动售票机。

1. 自动售票机功能

(1)接受乘客的购票选择,并在购票过程中给出提示信息及操作指导。

(2)接受乘客投入的现金或充值卡等其他付费介质,并自动完成识别,对无法识别的予以退还。

(3)自动计算乘客投入的现金数量及购票金额,自动找零。

(4)自动完成车票校验、车票发售及出票。

(5)对各部件的工作状态进行自动监测,并向车站计算机系统上报工作状态。

(6)接受车站计算机系统下发的参数和控制命令,并执行相应的操作。

(7)存储并上传交易信息。

(8)对本机接收的现金及维护操作进行管理。

有些自动售票机具有对充值卡进行充值的功能。

2. 自动售票机外观结构认知

自动售票机设备整体外形、乘客显示器、状态显示器、投币口、找零/取票口布置须满足人体工程学的要求。自动售票机外观结构如图2-5所示。

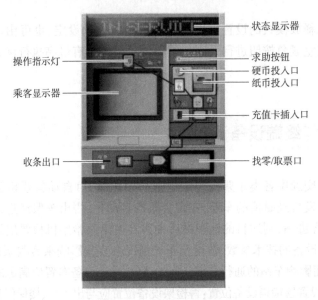

◎ 图2-5　自动售票机外观结构

（1）状态显示器。状态显示器显示设备的运行状态，如正常服务中、维修模式、暂停服务模式等。

（2）乘客显示器。乘客显示器为触摸屏，是实现乘客购买单程票或为充值卡充值等功能的人机交互界面。乘客显示器能显示所有可发售的票种、张数、各种付费方式、交易取消、交易确认等选择按钮，供乘客选择操作。乘客显示器如图2-6所示。

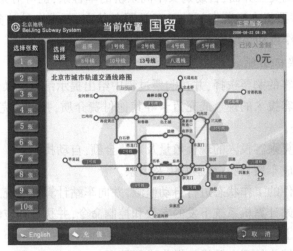

◎ 图2-6　乘客显示器

在乘客购票过程中,乘客显示器能显示乘客所选择的目的地车站、票种、单价、张数、付费总金额、已投币金额等信息;在交易过程中,乘客显示器能指示乘客下一步的操作,并能提示其无效操作;在设备故障或暂停服务时,乘客显示器能显示相关信息。

(3)操作指示灯。操作指示灯在乘客购票或充值卡充值过程中给出提示信息。

(4)求助按钮。乘客在自动售票机出现故障时或购票遇到问题时,可通过求助按钮寻求帮助。自动售票机通信网络直通车控室,当乘客按下求助按钮时,车控室值班员得到信息并通知站务人员到现场处理。

(5)硬币、纸币投入口。硬币、纸币投入口可以接受乘客投入的现金并自动完成识别,进行存储。可接受的硬币和纸币的种类及面额由中央计算机下发的参数决定。

(6)充值卡插入口。充值卡插入口可识别充值卡并读取相关信息,使乘客完成充值卡充值。

(7)找零/取票口。乘客购买单程票时,自动售票机可自动计算乘客投入的现金数量及购票金额,自动找零;自动完成车票校验、车票发售及出票。

(8)收条出口。乘客为充值卡充值成功后,可通过凭条出口取得相应收据。

3. 自动售票机内部结构认知

自动售票机内部结构如图 2-7 所示。

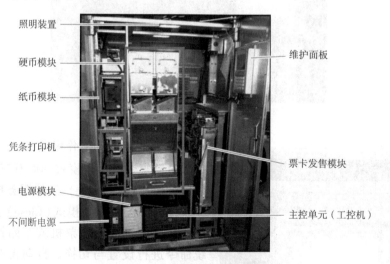

◎ 图 2-7　自动售票机内部结构

(1)主控单元(工控机)。自动售票机内部使用的计算机为工业级计算机,称为主控单元(简称工控机),是自动售票机的核心模块,负责运行控制软件,实现车票处理、乘客通行控制、数据通信、状态监控等功能。

(2)硬币模块。硬币模块主要实现硬币的识别、接收、返还、循环找零、清币、模块故障自诊断等功能。

(3)纸币模块。纸币模块主要实现纸币的识别、接收、返还、模块故障自诊断等功能。

(4) 凭条打印机。凭条打印机可以打印结算报表,作为与车站计算机数据对账的凭据。

(5) 票卡发售模块。票卡发售模块售卖单程智能 IC 卡车票,单程车票票额购票数量可选择,一次可出售多张车票,在出票口,采用了特殊设计,可以有效防止逃票。

(6) 电源模块。电源模块接受外部输入的交流电源,并进行转换处理,为自动售票机中所有电子和电气部件提供稳定可靠的电源。

(7) 不间断电源(UPS)。不间断电源为设备提供后备电源,能确保设备断电后继续正常工作一段时间。

(8) 维护面板。维护面板供车站工作人员对设备进行维护、故障诊断及参数设置等操作。操作人员通过输入用户名和密码,进入维护菜单进行相关业务操作。维护面板如图 2-8 所示。

◎ 图 2-8　维护面板

4. 自动售票机工作模式

自动售票机工作模式一般有三种,分别是服务模式(In Service)、暂停服务模式(Out of Service)、关闭服务模式(Close)。上述三种模式可通过自动售票机或车站计算机系统命令进行设置与切换。自动售票机在相应工作模式运行时,运行状态显示屏和乘客显示屏有明显的提示信息。

(1) 服务模式。自动售票机服务模式分为正常服务模式(图 2-9)和降级服务模式。正常服务模式是指自动售票机处于正常状态,所有功能都能实现。

当其中某个模块发生故障,导致部分功

◎ 图 2-9　自动售票机正常服务模式

能不能实现时,自动售票机将自动降级运营。集售票、充值功能于一体的自动售票机根据实现功能不同又可分为"只收硬币""只收纸币"和"只充值"三种模式。自动售票机只充值模式如图2-10所示。

(2)暂停服务模式。当自动售票机发生故障不能继续提供服务或对自动售票机进行维护操作时,将自动转为暂停服务模式,也可以通过参数或车站计算机系统下达的命令进行设置。处于"暂停服务"模式时,自动售票机不再提供售票和充值服务,此时状态显示器和乘客显示器上显示"暂停服务",如图2-11所示。

◎ 图2-10　自动售票机只充值模式　　　◎ 图2-11　自动售票机暂停服务模式

(3)关闭服务模式。当接收到中央计算机系统、车站计算机系统关闭服务模式指令时,或每天运行结束后,自动售票机能自动转为关闭服务模式。在关闭服务模式下,自动售票机停止发售车票,并自动进入节能状态,但仍处于与车站计算机的通信连接状态,并可以报告运行状态和其他信息。

5.自动售票机操作

(1)购买单程票。乘客可在自动售票机上购买单程票。自动售票机通过乘客显示器接收乘客输入的信息,采用形象化的地图模式、线路模式、语音提示引导乘客购票。自动售票机为乘客提供按站点购票和按票价购票两种方式。

①按站点购票。

第一步:乘客在主界面点击自动售票机的地图区域,地图区域放大,此时乘客可以点击站点或通过位移按钮调整显示区域并选择站点;熟悉城市轨道交通线路的乘客可直接选择独立的线路,能够更快速地选择目的站点。

第二步:选择目的地站点后,购票信息窗口将显示所到目的站点的名称、票价、数量(默认为一张)、应付金额和提示信息。乘客此时如需要修改购票数量,可直接点击购买票数量按钮。自动售票机按站点购票如图2-12所示。

第三步:乘客可根据设备类型选择付款方式,如硬币、纸币、移动支付等。若采用现金支付方式,购票信息窗口实时显示乘客投入的购票款金额,确认后,自动售票机将自动完成出票,并计算找零。

◎ 图 2-12　自动售票机按站点购票

第四步：出票完成后，自动售票机弹出提示框，提醒乘客取票和取找零，并结束购票流程，操作面板显示待购票界面，系统等待下一个乘客的操作。

若乘客在未操作完成时需取消购票，可在购票信息窗点击取消按钮，自动售票机将返还乘客投入的所有票款。

②按票价购票。该方式适用于乘坐固定区域的乘客，乘客已熟悉每日所乘坐的城市轨道交通票价，并有相对固定的目的站点，这种购票方式能减少乘客点击乘客显示器的次数，从而缩短购票时间。

操作步骤：在待购票界面直接选择单程票票价，然后确认或修改购票数量，投入足额购票款，出票找零，完成购票操作。自动售票机按票价购票如图 2-13 所示。

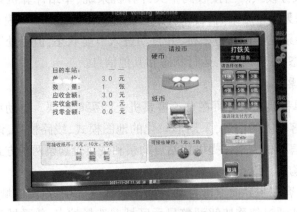

◎ 图 2-13　自动售票机按票价购票

（2）充值操作。部分自动售票机有"充值卡/一卡通"充值接口，乘客可以在自动售票机上使用纸币、微信、支付宝等进行充值，自动售票机充值界面如图 2-14 所示。乘客使用纸币充值时，自动售票机通常仅接收 50 元、100 元面额的纸币。使用现金充值的具体操作步骤如下。

第一步：乘客在主界面点击充值按钮，自动售票机将切换到充值界面。

第二步：乘客根据界面提示，输入充值金额，自动售票机提示投入充值现金，乘客投入足额纸币；当乘客未投入足额纸币时，可点击取消按钮取消交易，自动售票机将返还乘客投入的所有现金。

第三步,当乘客投入纸币后,自动售票机对面额进行识别计算,并显示充值金额和卡内余额。如果乘客放入其他面额的纸币(如5元、10元、20元等),或其他不可识别的货币,自动售票机将拒收。

6. 云购票机

随着移动支付的普及,票务系统新增了一种自助售票设备——云购票机,如图2-15所示。与传统自动售票机不同的是,乘客在云购票机上购票可使用微信、QQ钱包、支付宝等网络支付平台支付,不再需要投入硬币或纸币;还可以在手机上安装App,在网上完成购票与支付,然后在云购票机取票。

◎ 图2-14 自动售票机充值界面

◎ 图2-15 云购票机

 知识链接

自动查询机

自动查询机安装在非付费区,供乘客自助查看车票的信息及有效性,如图2-16所示。读取过程不修改车票上的任何数据。

自动查询机采用触摸屏,具有服务信息查询和车票数据内容查询等功能,显示的信息由线路AFC控制系统下载。自动查询机能查询显示车票的以下内容:车票逻辑卡号、车票类型、余额/使用次数、车票当前所剩余额及使用次数、车票有效期、车票无效原因(如安全性检查、出入顺序检查、黑名单票检查、超乘、超时等)、交易历史等。

◎ 图2-16 自动查询机

二、自动检票机

自动检票机安装在付费区与非付费区的分界处,用于分隔付费区和非付费区,并实现乘客自助进出站检票。

传统的自动检票机可以供乘客使用实体车票进出闸。随着新技术的发展,新型的自动检票机可以供乘客使用二维码车票、云卡、银联手机闪付等虚拟车票进出闸,还可以直接通过低功耗蓝牙技术、面部识别(图2-17)、掌静脉识别(图2-18)等方式过闸。

◎ 图2-17 自动检票机面部识别过闸

◎ 图2-18 自动检票机掌静脉识别过闸

1. 自动检票机功能

自动检票机能对乘客所持的车票进行检验,对持有效车票的乘客予以放行,指示持有问题车票的乘客到客服中心。进入付费区时自动检票机检查车票的合法性,并记录进入时的地点和时间;离开付费区时自动检票机检查车票的合法性、进站信息的合法性及付费区内的停留时间,并根据进入位置和离开位置计算本次旅程的费用,完成车票扣款操作。

自动检票机满足"右手原则",乘客右手持票可快速通过自动检票机检票。自动检票机对充值卡采用"刷进刷出"方式,对单程票采用"刷进插出"方式,设备对有效车票开启通道阻挡装置让乘客通过。在出站检票时,自动检票机能对指定的轨道交通专用的单程票进行回收。当发生紧急情况时,自动检票机通过车控室中的紧急按钮,可开启所有扇门,保证乘客迅速离开付费区。

自动检票机基本功能如下。

(1)自动对车票进行有效性检验,对有效车票进行相应处理后对乘客放行,对无效车票拒绝放行。

(2)对车票处理结果给出明确的提示信息。

(3)对通道的通行状态给出明确的指示。

(4)对特殊车票的使用给出明确的提示。

(5)对需要回收的车票执行回收操作。

(6)对各部件的工作状态进行自动监测,并向车站计算机系统上报工作状态。

(7)接收车站计算机系统下发的参数和控制命令,并执行相应的操作。

(8)存储并上传交易信息。

(9)具有进出站客流记录、扣除车费、记录黑名单使用记录以及信息输出功能。

(10)接收紧急按钮信号并控制设备的操作。

2. 自动检票机分类

(1)根据功能不同,自动检票机可分为进站检票机、出站检票机和双向检票机三种。

①进站检票机用于完成进站检票,检票端在非付费区。

②出站检票机用于完成出站检票,检票端在付费区。

③双向检票机既可完成进站检票也可完成出站检票,在非付费区和付费区可分别按照进站和出站的处理规则完成检票功能;当一侧刷卡通行时,对侧方向乘客显示器显示禁止通行。

当需要将以上三种检票机并排成一组布置时,可根据站厅其他设备布局和客流特点,将双向检票机置于进出站检票机的一侧或中间。

(2)按阻挡装置不同,自动检票机可分为三杆式、扇门式和拍打门式三种,如图2-19 所示。其中三杆式检票机对带儿童(免票)的乘客、携带大件行李的乘客不够友好,应用数量日趋减少。目前使用广泛的是扇门式检票机,拍打门式检票机也正被更多的城市轨道交通运营企业所接受。

a) 三杆式检票机　　　b) 扇门式检票机　　　c) 拍打门式检票机

◎ 图2-19　自动检票机按阻挡装置分类

(3)根据通道宽度不同,自动检票机可分为普通宽度检票机(通道净宽度500~540mm)和宽通道检票机(通道净宽度900mm),如图2-20 所示。其中,宽通道检票机可供坐轮椅及携带大件行李的乘客通过。

◎ 图2-20　普通宽度检票机和宽通道检票机(最左侧)

3. 自动检票机外观结构认知

以扇门式自动检票机为例,从检票机上部、立面和侧面三个方位介绍其外观结构,如图 2-21 所示。

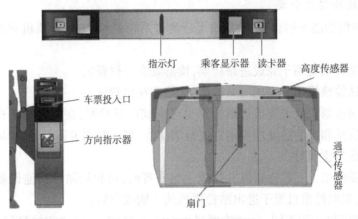

◎ 图 2-21　自动检票机外观结构

◎ 图 2-22　自动检票机读卡区

（1）上部结构。

①读卡器。票卡读卡器的安装位置符合乘客右手持票习惯,在检票机安装读卡器的位置有醒目的标志指示乘客刷卡位置。乘客使用充值卡、单程票进站检票或使用充值卡出站检票时,将车票靠近进站检票机读写器天线,读写器可读取到车票的相关信息。自动检票机读卡区如图 2-22 所示。

②乘客显示器。乘客显示器安装在检票机的顶部,方便乘客观察,作为检票机工作状态的显示和乘客人机界面的提示窗口,实时反映设备运营状态和处理的车票信息。乘客显示器向乘客显示车票处理结果,设备运行模式、状态等提示信息。乘客显示器为可变显示,能够显示中文、英文、数字及图形,以引导乘客正确使用检票机。乘客显示器显示界面如图 2-23 所示。

a) 提示刷卡界面

b) 刷卡成功界面

◎ 图 2-23　乘客显示器显示界面

③指示灯。指示灯根据乘客所使用的车票类型以及车票是否有效,按系统设置的参数显示相应颜色。

(2)立面结构。

①车票投入口。乘客使用 IC 单程票出站检票时需要将车票投入车票投入口。

②方向指示器。方向指示器位于检票机面向乘客的前面板上,显示通道的通行方向标志,远距离指示乘客通道的通行状态。方向指示器的设计确保乘客在 30m 外可以明辨标志的内容和含义。当方向指示器所在的通道可以刷卡通行时,LED 界面显示为绿色箭头;当方向指示器所在的通道不可以刷卡通行或乘客闯入、票卡无效、余额不足等时,LED 界面显示红叉。自动检票机方向指示器不同状态显示内容如图 2-24 所示。

a)绿色箭头表示可以刷卡通行

b)红色叉号表示禁止通行

◎ 图 2-24　自动检票机方向指示器不同状态显示内容

(3)侧面结构。

①扇门。两个扇门位于通道的中间,以限制人员进出。一个扇门由一个能够自由伸缩的三角形门和一个固定门共同组成,每一个扇门都包含内层金属芯和外面的柔软塑料,当碰到物体时能够吸收能量。两个扇门的运动是同步的,以确保运动平滑、无振动。当两个扇门打开时,扇门能够完全收缩到箱体内以便乘客快速通过。两个扇门受同一个控制模块控制。自动检票机扇门如图 2-25 所示。

◎ 图 2-25　自动检票机扇门

②高度传感器。自动检票机上装有检测身高的高度传感器(反射型传感器),用于检测通过的乘客是否是身高为 1.2~1.4m(高度可调)的儿童。高度传感器通过判断前方或后方有成人插入票卡,可保证儿童在成人陪同下通过。高度传感器工作原理如图 2-26 所示。

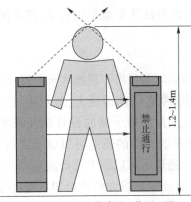

◎ 图 2-26　高度传感器工作原理图

③通行传感器。自动检票机装有通行传感器(对射型传感器),能监控乘客通过闸机的整个过程以及准确监测通过人数;同时,通行传感器能检测出乘客的反向闯入行为,并及时作出有效动作阻止乘客反向闯闸;在扇门开关区域,通行传感器能够保证通过乘客的人身安全。自动检票机传感器布置图如图 2-27 所示。

4. 自动检票机内部结构认知

自动检票机内部结构如图 2-28 所示。

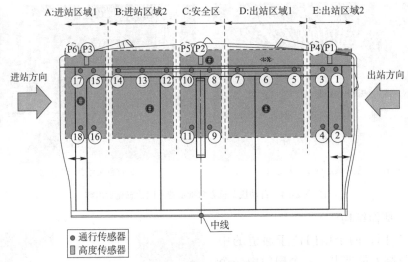

◎ 图 2-27　自动检票机传感器布置图

①~⑱-通行传感器,P1~P6-高度传感器

◎ 图 2-28　自动检票机内部结构

（1）维护面板。维护面板由维护单元显示器、维护键盘等组成。维修人员打开维修门，输入操作员用户名和密码，密码验证成功并验证权限后，才能进行操作。

（2）主控单元。主控单元是检票机的核心部分，对信息进行收集、整理、保存等，并监测和控制设备状态，使其能正常工作。

（3）车票回收模块。车票回收模块是自动检票机的另一个关键部件，主要包括车票读写设备和车票传送装置两大部分。其中，车票传送装置负责完成车票读写、传送及回收处理。

便携式验票机

便携式验票机（Portable Card Analyzer，PCA）是一种移动设备，主要具有进站检票、出站检票、验票、附加扣费、查看交易记录等功能。便携式验票机由车站工作人员随身携带，用来对乘客所持车票进行核查，方便车站工作人员对有关票卡的有效性进行检验并显示检验结果，为及时解决票务纠纷提供帮助。

设备操作时能显示相关的交易信息，如票种、票值、历史数据、有效期、无效原因和应收票价等。便携式验票机能通过显示屏显示车票的检票和查询结果，方便乘客识别检票操作是否成功，并能显示车票上记录的所有交易信息。便携式验票机结构如图 2-29 所示。

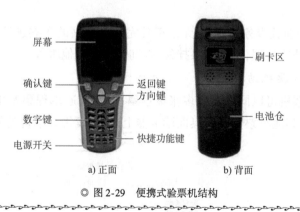

◎ 图 2-29　便携式验票机结构

三、半自动售票机

半自动售票机安装于城市轨道交通车站客服中心，采用人工方式完成票务处理、车票发售、加值、车票分析、退票及其他票务服务，是城市轨道交通车站工作人员对票务进行人工处理的票务终端，可兼顾服务付费区和非付费区的乘客。半自动售票机如图 2-30 所示。

◎ 图 2-30 半自动售票机

1. 半自动售票机功能

半自动售票机的功能基本可以分为三大类。

(1) 车票发售功能：发售单程票、充值卡等各种类型的车票。半自动售票机能按系统设置发售已初始化但未赋值的车票，如单程票、充值卡等。在车票赋值前，半自动售票机会对车票进行有效性检查，同时检查车票的类型是否为需赋值车票类型。在对车票赋值时，半自动售票机将有关的赋值编码信息写入车票，但不修改车票的初始化数据。在操作过程中，操作显示屏和乘客显示屏上都会显示相关信息，为操作人员和乘客提供明确的信息提示，如赋值前显示车票类型和需赋值金额。

(2) 车票分析功能：对车票有效性进行分析，查询车票历史交易信息。半自动售票机能对票卡内容进行分析，包括卡号、卡类型、卡状态、日期、卡金额、入站标志等信息。

(3) 票务处理及服务功能：对无法正常完成进出站的车票进行票务更新，发售出站票，退票、补票处理，受理车票挂失、查询票价及其他服务。

2. 半自动售票机结构

半自动售票机可以同时发售多张单程票，通常普通单程票及出站票由单程票发售装置发售，其他车票则放在桌面读卡器上读写、发售。半自动售票机结构组成如图 2-31 所示。

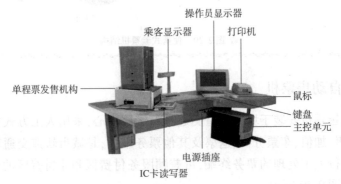

◎ 图 2-31 半自动售票机结构组成

(1)主控单元。主控单元负责运行半自动售票机的控制软件,完成车票处理、数据通信、状态监控及故障检测等功能。

(2)单程票发售机构。单程票发售机构可用来完成单程票的自动发售,以提高人工售票速度和效率。在以自动售票机自助式售票为主的车站,单程票发售机构可以用来作为应急发售单程票使用。

车票发售机构与主控单元通过串口连接,接受主控单元发出的指令,对单程票进行各种处理,如读取车票信息、判断车票的有效性、对车票进行赋值、写入发售地点、出票和废票回收等。

(3)乘客显示器。每套半自动售票机一般配置2个乘客显示器,分别安放在付费区、非付费区靠近窗口、方便乘客阅读的地方,为乘客提供相关信息的显示。乘客显示器如图2-32所示。

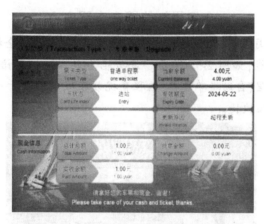

◎ 图2-32 乘客显示器

(4)操作员显示器。操作员显示器为车站工作人员提供实现半自动售票机各种功能的操作显示内容,如图2-33所示。

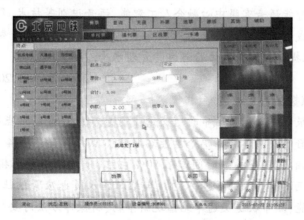

◎ 图2-33 操作员显示器

(5)IC卡读写器。IC卡读写器用于对车票进行读写操作,可以处理单程票和充值卡,如图2-34所示。

◎ 图 2-34　IC 卡读写器

智能运营

全场景智能语音客服中心

2022 年 10 月 1 日，无锡地铁三阳广场站正式上线了"全场景智能语音客服中心"服务功能，如图 2-35 所示。该功能为乘客提供集语音咨询、语音购票、自助票务处理、自助退单程票、远程音视频在线求助等于一体的"一条龙"自助服务，方便又快捷。

◎ 图 2-35　全场景智能语音客服中心

全场景智能语音客服中心融合人工智能、语音识别等技术，基于人工智能知识图谱形成智能交互系统和自助服务系统，打造智能便捷的智慧综合服务平台，智能化提升乘客服务体验与运营管理水平。

（摘编自南早网，2022 年 10 月）

【思政点拨】

智能客服中心是当前城市轨道交通中智慧车站建设的重点项目，旨在为乘客带来更好的使用体验。单个智能客服中心点能同时服务 4 名乘客，与现有人工客服相比，服务响应时间缩短 50% 左右，平均每位乘客排队时间可节省 4~5min，可以释放更多服务人力。车站工作人员也应紧跟社会步伐，不断提升业务技能，城市轨道交通车站出现新事物、新操作方法时要尽快学会。车站工作人员只有在不断变化的工作环境中时刻保持学习的态度，才能为乘客提供更高质量、更便捷的服务。

技 能 训 练

实训任务 2-1　自动售票机结构认知与操作

任务描述

认识自动售票机各部分结构并能进行操作。

任务目标

1. 能识别自动售票机外观结构并说出各部分功能。
2. 能识别自动售票机内部结构并说出各部分功能。
3. 能按步骤正确开启、关闭自动售票机。
4. 能使用自动售票机进行购票、充值等操作。

任务要求

1. 组内设置组长、记录观察员，进行分工和表现过程记录。
2. 完成资讯与计划相关知识和任务准备工作。
3. 进行合作学习、互评、纠错、总结。

资讯与计划

1. 自动售票机结构认知，完成表2-1。

自动售票机结构与功能　　　　　　　　表2-1

外观结构	功能	内部结构	功能

2. 自动售票机操作，完成表2-2。

自动售票机操作步骤　　　　　　　　表2-2

购买单程票操作步骤	
充值卡充值步骤	

3. 任务计划,完成表2-3。

任务计划表　　　　　　　　　　　　　　　表2-3

具体分工情况:

任务实施

1. 2人一组,轮流指认自动售票机结构名称并说出功能,互相检查纠正。
2. 2人一组,按步骤进行自动售票机购买单程票和充值卡充值操作,互相检查纠正。
3. 练习熟练后,每小组抽查1名同学进行考核。

实操考核

考评表　　　　　　　　　　　　　　　表2-4

项目	认知与操作能力				学习能力	合作能力	合计
	认知自动售票机结构	自动售票机按站点购买单程票操作	自动售票机按票价购买单程票操作	自动售票机充值卡充值操作	学习态度、完成标准、熟练度	小组合作互助、记录纠错	
满分	每个2分,共20分	共20分	共20分	共15分	共15分	共10分	100分
得分(分)							

实训任务2-2　自动检票机结构认知与操作

任务描述

认识自动检票机各部分结构并能进行操作。

任务目标

1. 能识别自动检票机顶面结构并说出各部分功能。
2. 能识别自动检票机立面结构并说出各部分功能。
3. 能识别自动检票机侧面结构并说出各部分功能。

任务要求

1. 组内设置组长、记录观察员,进行分工和表现过程记录。
2. 完成资讯与计划相关知识和任务准备工作。
3. 进行合作学习、互评、纠错、总结。

资讯与计划

1. 自动检票机结构认知,完成表2-5。

自动检票机结构与功能　　表2-5

顶面结构	功能	立面结构	功能	侧面结构	功能

2. 任务计划,完成表2-6。

任务计划表　　表2-6

具体分工情况:

任务实施

1. 2人一组,轮流指认自动检票机结构名称并说出功能,互相检查纠正。
2. 2人一组,按步骤进行自动检票机开关机操作,互相检查纠正。练习熟练后,每小组抽查1名同学进行考核。

实操考核

考评表 表2-7

项目	认知与操作能力			学习能力	合作能力	合计
	自动检票机顶面结构	自动检票机立面结构	自动检票机侧面结构	学习态度、完成标准、熟练度	小组合作互助、记录纠错	
满分	每个3分，共30分	共15分	共15分	共20分	共20分	100分
得分						

复习思考题

一、不定项选择题

1. 以下对自动售票机功能的描述,正确的是（　　）。
   A. 发售地铁单程票　　　　　　B. 一卡通退卡
   C. 单程票退票　　　　　　　　D. 发售地铁福利票

2. 半自动售票机可进行的操作有（　　）。
   A. 检票　　　B. 售票　　　C. 充值　　　D. 退卡

3. 自动检票机按功能不同,可分为（　　）。
   A. 进站检票机　B. 出站检票机　C. 单向检票机　D. 双向检票机

4. 城市轨道交通 AFC 系统的运营模式有（　　）。
   A. 正常运营模式　　　　　　　B. 降级运营模式
   C. 紧急释放运营模式　　　　　D. 大客流情况下的运营模式

5. 具有 AFC 设备的操作与管理能力、处理票务报表与台账、对车站票务事件处理能力和对票务员监督和管理能力是（　　）岗位能力要求。
   A. 行车值班员　B. 客运值班员　C. 售票员　　　D. 厅巡

6. AFC 系统采用封闭式票务管理模式,使用（　　）将车站站厅公共区划分为付费区和非付费区。
   A. 隔离栏杆　　　　　　　　　B. 票亭
   C. 闸机　　　　　　　　　　　D. 闸机和隔离栏杆

7. 以下设备可以发售单程票的是（　　）。
   A. 自动充值机　　　　　　　　B. 半自动售票机
   C. 车站计算机系统工作站　　　D. 自动查询机

8. 目前,我国常用的检票机类型按阻挡装置划分不包括（　　）。
   A. 三杆式　　B. 扇门式　　C. 平转式　　D. 拍打式

9. 乘客可在车站通过（　　）设备购买单程票。
   A. 自动充值机　　　　　　　　B. 自动售票机
   C. 半自动售票机　　　　　　　D. 自动查询机

10. 自动检票机的英文简称是（　　）。
    A. BOM　　　B. TVM　　　C. AFC　　　D. AG

11. 以下（　　）功能不属于自动售票机的基本业务。
    A. 售票　　　B. 硬币找零　　C. 兑零　　　D. 纸币鉴别

12. 下列设备中,（　　）配有读写器。
    A. 半自动售票机　　　　　　　B. 自动售票机
    C. 闸机　　　　　　　　　　　D. 验票机

13. 自动检票机安装于( ),用于实现自动进出站检票。
   A. 车站付费区内
   B. 车站非付费区内
   C. 车站付费区与非付费区的交界处
   D. 车站出入口

14. 城市轨道交通采用的 AFC 系统可实现( )。
   A. 自动消防报警系统　　　　B. 远程控制
   C. 环境自动控制　　　　　　D. 自动售检票

15. 车站票务系统终端设备包括( )。
   A. 自动售票机　　　　　　　B. 半自动售票机
   C. 闸机　　　　　　　　　　D. 验票机

二、判断题

1. 进行自动售票机关机操作时,不用关闭 UPS 电源开关,直接关闭总电源即可。
   (　　)
2. 自动查询机对票卡进行读取时可以修改车票上的数据。(　　)
3. 自动售票机属于自助售票设备,一般安装在地铁车站的付费区内。(　　)
4. 乘客购票进入付费区后才可以到站台层。(　　)
5. 单程票可以在自动售票机和自动查询机上购买。(　　)
6. 单程票回收,充值卡不回收。(　　)

三、简答题

1. 简述 AFC 系统层次架构。
2. AFC 系统终端设备有哪些?

四、案例分析题

2021年5月11日,西安地铁机场线完成票务设备软件的全面升级,从上午9时正式开通人脸识别乘车功能,与既有1号线、2号线、3号线、4号线、5号线、6号线、9号线及即将开通的14号线人脸识别系统完成互联互通,全面实现人脸识别乘车功能。开通人脸识别乘车功能的乘客搭乘地铁时,只需要通过带有人脸识别设备的闸机通道,并进行一次人脸核验,无须手机或票卡即可乘车。

(摘编自《华商报》,2021年5月)

思考:
1. 案例中升级人脸识别的是哪一种票务设备?其主要组成结构包括哪些?
2. 案例中设备安装在城市轨道交通车站的什么位置?主要作用是什么?
3. 城市轨道交通车站中还有哪些票务设备?分别具有什么功能?

模块 3
电梯与自动扶梯系统

教学目标

知识目标
1. 熟悉自动扶梯的控制方式。
2. 了解电梯和轮椅升降机的基本结构和原理。
3. 掌握电梯和自动扶梯开启前的准备工作及操作规程。
4. 掌握电梯发生故障时的救援方法。

能力目标
1. 能按规定操作自动扶梯和电梯。
2. 能操作电梯、自动扶梯及轮椅升降机。
3. 能分析处理自动扶梯和电梯故障及事故。

素质目标
培养自主钻研意识、应急反应及综合协调能力。

建议学时

12 学时

案例导入

长沙地铁老人扶梯上摔倒,工作人员按下急停按钮救人

2023年12月21日下午4时,长沙地铁6号线涧塘站1号出站口的上行自动扶梯上,一名老人手里抱着一袋米,在乘坐扶梯过程中突然重心不稳,摔倒在扶梯上,而扶梯仍在向上运行,老人可能被夹伤,与老人同行的老伴焦急地大声呼救。当时,驻站民警周光恰好巡逻到这一出站口旁,突然听到老人的呼喊声,他虽未见到下方的摔倒者,但反应机敏,迅速冲到扶梯旁,没有一丝犹豫,按下扶梯急停按钮,扶梯停止运行,让老人免受更重的伤。从听到老人呼救,到周光按下急停按钮,仅短短5秒。

随后,周光从扶梯上走下去,将老人慢慢扶了起来,并仔细检查其伤势,发现老人头部、手部均有外伤。安全起见,周光立即拨打了120急救电话。在等待救护车赶来的10余分钟里,周光协同该站站务人员,对老人的伤口进行初步处理,并安抚老人。最后,他护送摔伤老人上了救护车,才安心返回工作岗位。

(摘编自红网,2024年1月)

思考:

1. 城市轨道交通车站中有哪些自动化客运设备?
2. 案例中老人摔倒的原因是什么?乘客乘坐自动扶梯时有哪些注意事项?
3. 案例中周光操作的急停按钮在什么位置?操作急停按钮的条件和步骤分别是什么?

在城市轨道交通车站中,自动扶梯、电梯和轮椅升降机等自动化客运设备是车站机电设备的重要组成部分,每天担负着运送大量乘客的任务,对客流及时疏散和满足乘客对乘降舒适度的要求起着至关重要的作用。车站应根据预期客流量及提升高度配备足够数量的上、下行自动扶梯,以保证车站的正常运作;为保证残疾人或其他行动不便者(如携带大件行李人员)正常出行,车站内还应设置电梯、轮椅升降机,以满足特殊人群的需要。

单元 3.1 电梯认知与操作

电梯是乘客日常出入城市轨道交通车站用到的机电设备之一,是城市轨道交通车站无障碍设施的重要组成部分。根据《地铁设计规范》(GB 50157—2013)设计要求,车站应设置无障碍电梯,为残疾人及其他行动不便的乘客服务。电梯属于特种设备,一般设置在车站出入口、站厅层和站台层,直接面向乘客,因此,设备的安全可靠性尤为重要。

一、电梯认知

1. 电梯的出现及发展

1854年,在纽约水晶宫举行的世界博览会上,美国人伊莱沙·格雷夫斯·奥的斯第一次向世人展示了他的发明。他站在装满货物的升降梯平台上,命令助手将平台拉升到观众都能看到的高度,然后发出信号,令助手用利斧砍断升降梯的提拉缆绳。令人惊讶的是,升降梯并没有坠毁,而是牢牢地固定在半空中——奥的斯发明的升降梯安全装置发挥了作用,这就是人类历史上第一部安全升降梯。

1889年12月,美国奥的斯电梯公司制造出名副其实的电梯,它以直流电动机为动力,通过蜗轮减速器带动卷筒上缠绕的绳索,悬挂并升降轿厢。

1900年,以交流电动机传动的电梯问世。

1902年,瑞士的迅达公司研制成功了世界上第一台按钮式自动电梯,采用全自动的控制方式,提高了电梯的输送能力和安全性。

1950年,奥的斯公司制成了世界上第一台安装在高层建筑外面的观光电梯,使乘客能在电梯运行过程中清楚地眺望四周的景色。

我国最早的一部电梯出现在上海,是由美国奥的斯公司于1901年安装的。1924年由美国奥的斯公司安装在天津利顺德大饭店的电梯至今还在安全运转。

1952年,天津从庆生电机厂设计生产出第一台我国自主制造的电梯。

2. 电梯驱动技术演变

电梯驱动控制技术的发展经历了直流电机驱动控制,直流有齿轮、无齿轮调速驱动控制,交流调压调速驱动控制,交流变压变频调速驱动控制,交流永磁同步电动机变频调速驱动控制等阶段。

19世纪末,采用沃德-伦纳德系统驱动控制的直流电梯出现,使电梯的运行性能明显改善;20世纪初,开始出现交流感应电动机驱动的电梯,后来曳引式驱动的电梯代替了鼓轮卷筒式驱动的电梯,为长行程和具有高度安全性的现代电梯发展奠定了基础。

智能化是电梯未来发展的一个重要方向,通过物联网技术,电梯将实现与其他智能设备的连接,实现远程监控、诊断和维护。人工智能技术将使电梯更加智能,通过语音识别、面部识别等方式实现无接触操作,为乘客提供更加便捷的使用体验。

二、电梯分类

1. 按用途分类

电梯按用途分类见表3-1。

电梯按用途分类表   表3-1

种类	代号	特点	应用场所
乘客电梯	TK	K——客；运送乘客，对舒适感、平层准确度、装潢要求高，一般运行速度快	酒店、宾馆、商务楼
载货电梯	TH	H——货；主要为运送货物设计，同时允许有人员伴随，载重量大；轿厢面积大；要求平层准确度高，结构牢固可靠	工矿企业、物流仓库、商场仓库
客货电梯	TL	L——两用；以运送乘客为主，可兼顾运送非集中荷载货物	大型超市
观光电梯	TG	G——观；井道和轿厢壁至少同一侧透明，乘客可观看轿厢外景色，外观设计讲究	商场、旅游景点
住宅电梯	TZ	Z——住；供住宅楼使用的电梯，主要运送乘客、家用生活用品	住宅楼
病床电梯	TB	B——病；运送病床（包括病人）、医疗器械、救护设备；轿厢较深，要求运行平稳、平层准确度高、易消毒	医院
杂物电梯	TW	W——物；运送图书、文件、食物等，空间较小，轿厢内严禁人员进入	图书馆、饭店
汽车电梯	TQ	Q——汽；运送汽车，结构牢固可靠，空间大、载重量大	车库
船舶电梯	TC	C——船；大型船舶上使用的电梯	大型轮船

注：T-电梯。

除表3-1中的常用电梯外，还有一些特殊用途的电梯，如冷库电梯、防爆电梯、矿井电梯、电站电梯、消防员用电梯等。

2. 按驱动方式分类

(1)螺杆驱动。螺杆式电梯可以简单理解为随轿厢安装的驱动电动机驱动螺母绕着螺杆转动，由此产生举升力，带动轿厢向上、向下运动。

其优点是：结构简单、成本低、安装空间小。其缺点是：敞开式平台、机械噪声大、运行速度慢（通常为0.15m/s）、舒适感差、螺杆易磨损。

(2)卷扬驱动。卷扬式电梯原理同辘轳，利用钢丝绳在电动机的旋转作用下卷绕在绳桶上实现轿厢的升降。

其优点是：结构简单、制造成本低、主机可以设置在井道外、布置灵活。其缺点是：速度慢、钢丝绳由于强制弯折，寿命受到影响，通常需要配置齿轮减速箱，运行舒适感差。

(3)链轮驱动。采用传统的链轮链条传动技术，该驱动方式常见于立体车库。

其优点是：占用空间小、成本低。其缺点是：运行噪声大、舒适感差、需要大量润滑油。

(4)液压驱动。液压电梯靠液压传动，采用柱塞侧置方式，其油缸设置在轿厢侧面，借助曳引绳使滑轮组与轿厢连接，利用电动泵驱动液体流动，由柱塞使轿厢升降。其运行全程通过电控和液控集成技术实现可靠、准确运行。

其优点是:安装维护简便,运行平稳,静音性能好。其缺点是:速度较慢,能耗较高,维护成本高。

(5)曳引驱动。通过钢丝绳或者钢带与驱动轮槽的摩擦力驱动轿厢进行升降。

其优点是:能耗低、运行噪声低、运行舒适感好、运行速度高、使用寿命长、自动化程度高。其缺点是:产品成本较高,土建要求相对于强制驱动电梯(螺杆驱动、链轮驱动)高。

3. 按速度分类

电梯无严格的速度分类,国内习惯上按如下方法分类。

(1)低速梯:速度低于1.0m/s的电梯。

(2)中速梯:速度为1.0~2.0m/s的电梯。

(3)高速梯:速度为2.0~5.0m/s的电梯。

(4)超高速梯:速度超过5.0m/s的电梯。

4. 按机房类型分类

(1)有机房电梯:主机、控制屏等放置在机房。

(2)无机房电梯:省去了机房,将原机房内的控制屏、曳引机、限速器等移往井道等处,或用其他技术取代。

三、车站电梯设置要求

(1)车站站台应设置一部无障碍电梯,用于连接站台层与站厅层,并在站厅层一个出入口处设一部无障碍电梯直达地面。

(2)全线每座车站站台至站厅的无障碍电梯宜布置在站台公共区中心处;无障碍电梯不得侵入站台计算长度内的侧站台。电梯门不宜正对轨道,如果开启方向必须朝向轨道,电梯门至站台边缘的距离应不小于4m。

(3)电梯井道原则上采用钢筋混凝土结构,井道内不允许有与电梯无关的管线穿过。

(4)对于地面以上为透明井道的观光电梯,井道顶部应采取有效的遮阳措施或设置机械通风装置,以避免夏季井道内温度过高。

(5)电梯操作面板和内装饰应满足残疾人的使用要求,并在轿厢内设置对讲机和监控摄像头。

四、电梯在城市轨道交通中的应用及选型

城市轨道交通车站内电梯按乘客自助使用设计,层站一般设置为2~3层,通常在城市轨道交通出入口、站台及站厅之间设置电梯。城市轨道交通中使用的电梯提升高度不高,因此选用低速电梯或液压电梯;城市轨道交通车站的空间比较紧张,低速无机房电梯技术也比较成熟,因此无机房电梯以其占用空间小、无污染的优势在城市轨道交通系统中的应用也日益广泛。

同时，由于城市轨道交通车站需长时间面向公众运营，配置的电梯应能满足城市轨道交通运营环境的以下要求：

(1) 电梯的整机应经久耐用。

(2) 电梯的技术应先进、成熟，性能安全可靠。

(3) 电梯应具有较高的安全性和先进性，要满足各项技术规格的要求。

(4) 电梯的结构及零部件应设计配置合理，并具有一定的互换性，以易于调整和维护。

为满足以上要求，城市轨道交通机电系统中的电梯一般选用液压电梯或无机房电梯。

1. 液压电梯特点

(1) 结构方面，机房设置灵活。液压传动系统是依靠油管来传递动力的，因此机房可设置在离井道20m范围内，不需要使用传统方式将机房设在井道上部，且机房所占面积仅有4~5m²。由于液压电梯轿厢自重及荷载等垂直负荷都是通过液压缸全部作用在井道地基上的，所以对井道顶部的建筑性能要求低。

(2) 技术性能方面，安全性好、可靠性高、易于维修。液压电梯是靠液压千斤顶的原理来顶升轿厢的，可采用多个液压缸同时提升超大载重的轿厢，因此，载重能力大。由于液压系统可远离井道设置，隔离了噪声源，运行过程中噪声比较低。

2. 无机房电梯特点

无机房电梯的特点就是没有机房，不占用除井道以外的空间，同时降低了建筑成本。另外，无机房电梯一般采用变频控制技术和永磁同步电机技术，更节能、环保。

五、电梯结构

城市轨道交通车站一般采用的是无机房电梯，主要由轿厢、门系统、导向系统、重量平衡系统、控制系统及安全保护系统等组成，如图3-1所示。

1. 轿厢

电梯轿厢是装载乘客或货物，具有方便出入门装置的箱形结构部件，与乘客或货物直接接触，由轿架和轿厢体组成。其中，轿厢体是形成轿厢空间的封闭围壁，除必要的出入口和通风孔外不得有其他开口。轿厢体由不易燃和不产生有害气体和烟雾的材料组成。为了乘客的安全和舒适，轿厢入口和内部的净高度不得小于2m；为防止乘客过多而引起超载，轿厢的有效面积必须予以限制。

城市轨道交通中的电梯主要满足无障碍通行的需求，所以，其设计有一定的特殊性。电梯轿厢两侧各设1个操纵箱，分别为主操纵箱、副操纵箱。其中，副操纵箱离地高度较低，供轮椅使用者使用，操纵箱上的各种按钮均便于残疾人（包括轮椅使用者和盲人，盲文符合相关规定）使用，如图3-2所示。

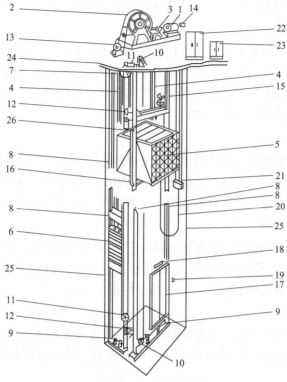

◎ 图 3-1　无机房电梯结构

1-主传动电动机;2-曳引机;3-制动器;4-牵引钢丝绳;5-轿厢;6-对重装置;7-导向轮;8-导轨;9-缓冲器;10-限速器;11-极限开关;12-限位开关;13-楼层指示器;14-球形速度开关;15-平层感应器;16-安全钳及开关;17-厅门;18-厅外指层灯;19-召唤灯;20-供电电缆;21-接线盒及线管;22-控制屏;23-选层器;24-顶层地坪;25-电梯井道;26-限位器挡块

a) 电梯轿厢

b) 主操纵箱

c) 副操纵箱

◎ 图 3-2　电梯轿厢及操纵按键

2. 门系统

门系统由轿厢门、层门、开门机、门锁等组成。客梯通常采用中分式开门。

3. 导向系统

导向系统包括导轨及导轨架,在电梯运行过程中,限制轿厢和对重的活动自由度,使轿厢和对重只沿着各自的导轨做升降运动,不会发生横向的摆动和振动,保证轿厢和对重运行平稳不偏摆。电梯运行的质量主要取决于导轨的安装质量。

4. 重量平衡系统

重量平衡系统使对重与轿厢能达到相对平衡,在电梯运行中即使载重量不断变化,仍能使两者间的重量差保持在较小限额之内,保证电梯的传动平稳、正常。重量平衡系统一般由对重装置和重量补偿装置两部分组成。电梯底坑下如果人能到达,对重侧必须增加对重安全钳。

5. 控制系统

电梯的控制系统主要是指对电梯主电机和门机的启动、运行方向、减速、停止进行控制,以及对每层站显示、层站召唤、轿内指令、安全保护等指令信号进行管理的系统。控制系统的功能与性能直接决定着电梯的自动化程度和运行性能。

6. 安全保护系统

(1)防超越行程保护。为防止电梯由于控制方面的故障,轿厢超越顶层或底层端站继续运行,必须设置保护装置以防止发生严重的后果和结构损坏。防止越程的保护装置一般由设在井道内上下端站附近的强迫换速开关、限位开关和极限开关组成。

(2)防超速保护。电梯由于控制失灵、制动器失灵或制动力不足等原因会发生轿厢超速和坠落,因此,必须有可靠的保护措施。防超速保护装置是安全钳-限速器系统。

(3)防人员剪切和坠落保护。在电梯事故中人员被运动的轿厢剪切或坠入井道的事故所占的比例较大,而且这些事故后果都十分严重,所以,防止人员剪切和坠落的保护十分重要。防人员坠落和剪切的保护主要由门、门锁和门的电气安全触点共同实现。正常运行时,不能打开层门,每个层门应能从外面由三角孔钥匙打开。

(4)缓冲保护装置。电梯由于控制失灵或制动失灵等发生轿厢或对重蹲底时,缓冲器将吸收轿厢或对重的动能,提供最后的保护,以保证人员和电梯结构的安全。

(5)停止开关和检修运行装置。停止开关一般称急停开关,按要求在轿顶、底坑和滑轮间必须装设停止开关;检修运行是便于检修和维护而设置的运行状态,由安装在轿顶或其他地方的检修运行装置进行控制。

六、电梯功能

1. 安全保护功能

(1)应急照明。当电梯在运行中发生故障、电源被切断或中途停电时,应急照明自动启动,照明时间大于1h。

(2)安全停靠。当断电或电梯发生故障停止在非停靠位置时,自动进行故障诊断,自动运行至最近层站,平层后开门放人。

(3)门光幕保护。门光幕保护以装在轿门上的红外线光幕作为关门安全保护。

(4)五方通话。电梯可实现轿厢内、轿顶、井道底坑、控制柜及车站综合控制室之间的五方通话。在城市轨道交通车站内,如果乘客被困电梯轿厢,按动轿厢内的紧急通话按钮(图3-3)可直通城市轨道交通车站车控室,立即与车站工作人员取得联系。

◎ 图3-3　电梯警铃及通话按键

(5)满载直驶和超载保护。电梯有灵敏的称重装置,当工作荷载达到100%时,电梯处于满载直驶状态,不应答层门信号;当荷载达到110%时,电梯不能启动,并发出声光警示,不能关门及运行,直至荷载降至额定载量以下。

2. 控制和操作功能

电梯除具有自动平层、自动开关门、顺向截停、层站召唤等一般运行控制操作功能外,还应有如下功能。

(1)运行偏差大于10mm时,在开门前自动以低速找正至不大于5mm。

(2)按下轿厢内操纵箱上的开门按钮,能使正在关的门转为开门,按住开门按钮能使电梯(在一定时间内)保持开门状态。

(3)按下轿厢内操纵箱上的关门按钮,能使门提前关闭。

(4)按下轿厢外层门上的召唤按钮,能使正在关的门重开。

3. 显示功能

在轿厢内操纵箱上或在门楣上能显示电梯运行方向和位置(楼层)信息;在各层召唤盒上,能显示电梯运行方向和位置,召唤盒一般安装在厅门右侧;轿厢到站时,在开门前,能对层站和轿厢内发出报站语音。

4. 消防功能

发生火灾时井道往往是烟气和火焰蔓延的通道,而且一般电梯层门在70℃以上时不能正常工作。在火灾发生时必须使所有电梯停止应答召唤信号,直接返回撤离层站,即火灾自动返基站功能。

城市轨道交通车站内设置的消防电梯除具备火灾自动返基站功能外,还要供消防员灭火和抢救人员使用。消防电梯的布置应避免在火灾时暴露于高温的火焰下,同时避免消防水流入井道。

七、电梯运行控制方式

(1)在正常情况下,电梯对外操作模式是完全开放的,由使用者进行操作。

(2)在紧急情况下,电梯接收火灾自动报警系统(FAS)信号,自动运行到基站(一般设在站厅),开门后停止运行,此时电梯所有按钮功能失效,同时将信号反馈给火灾自动报警系统。只有在火灾自动报警系统将紧急情况解除信号发送给电梯后,电梯才能重新投入使用。

八、电梯操作

1.电梯开启前的准备

(1)检查电梯各层站有无漏水、漏电现象,如有则通知维修人员检查后方可使用。

(2)确认轿厢及层门地槛清洁无异物。

◎ 图3-4 电梯操作面板

2.电梯的开启

用钥匙将开关旋至"运行位",试乘电梯至所有层站,如有异常应通知维修人员检查,修复后方可使用。电梯操作面板如图3-4所示。

电梯向乘客开放使用前的检查内容如下。

(1)确认外呼盒显示正常(显示轿厢所在楼层)。

(2)确认乘客须知清晰,报警电话号码明确清晰。

(3)确认警铃功能完好,报警电话畅通、声音清晰。

(4)检查内外控制按钮功能是否正常,各类显示是否正确。

(5)观察开门、防夹光幕、照明、通风、启动、平层等各项功能是否正常,有无异响、异味。

3.电梯的关闭

按呼梯按钮,轿厢到指定楼层,层门打开,确认轿厢无人,按楼层按钮选择基站楼层,轿厢运行至基站开门后出梯,并将锁梯钥匙插入钥匙开关转到"停止"位置,出现"暂停"字样后,电梯重新开关门一次;当电梯再次关好门后关闭,最后拔出钥匙,操作完毕。

4.电梯操作注意事项

电梯开放使用期间,操作人员应经常巡检试乘电梯。关停电梯时,将钥匙开关旋至锁梯位置,轿厢会自动运行至基站并开门,然后自动关门进入锁梯状态,操作人员必须确认轿厢内无人方可离开。

九、电梯日常使用管理

电梯作为城市轨道交通车站内集散乘客的辅助运输工具,在出入口等位置应有明显的提示标志,告知乘客如何正确使用电梯,避免出现安全事故。

1. 电梯相关操作人员日常管理规定

为确保电梯的安全运行,电梯操作人员均持证上岗,并制定车站工作人员安全操作守则。

(1) 保证电梯正常运行,提高服务质量,防止发生事故。
(2) 坚持正常出勤,不得擅离岗位。
(3) 电梯不能故障运行,不能超载运行。
(4) 操作时不吸烟、不闲谈等。
(5) 严格执行相应操作规程:
①每次开放电梯前,必须进行试运行,确定正常时才能载人。
②电梯运行中发生故障,立即按停止按钮和警铃,并及时保修。
③遇停电时,电梯未平层,禁止乘客自行打开轿箱门,应及时联系外援。
④禁止运超大、超重的物品。
⑤禁止在运行中打开轿厢门。
⑥运营结束后,电梯停在基站并切断,关好轿厢门。

2. 乘梯人员的安全管理

制作电梯乘梯人员安全使用乘梯的警示牌,悬挂或粘贴于乘客经过的显眼位置,告知乘梯人员安全使用电梯的常识;乘梯须知应做到言简意赅,警示牌醒目。

十、电梯日常检查

在电梯每次投入正常运行时,应按照操作规程对其进行检查。在电梯运行中要巡查其运行状态,发现问题应采取应急措施,并做好汇报和记录。

单元 3.2 自动扶梯认知与操作

城市轨道交通车站客流量比较大,营运时间长,部分出入口提升高度大,因此,使用自动扶梯作为乘客出入城市轨道交通车站或疏散的工具,是世界各地城市轨道交通车站系统的首要选择。自动扶梯日常运行管理由各车站工作人员根据车站运作需要,对自动扶梯设备进行开、关和控制运行方向的操作,并对设备监管及故障进行报告。当车站出现紧急情况或发生火灾时由控制中心统一指挥,车站工作人员按照救灾模式控制自动扶梯的运行。由于自动扶梯设备属于特种设备,安全性要求很高,因此,应制定严格的操作规程及管理制度,以保障乘客的安全。

一、自动扶梯认知

自动扶梯是带有循环运动梯路,倾斜角度不大于30°,向上或向下倾斜输送乘客的固定电力驱动设备。在城市轨道交通车站中,自动扶梯的用途主要是解决乘客的快速疏解问题,即列车到达后,将大量的乘客从候车站台向地面站厅疏解。

在客流量大的城市轨道交通车站,自动扶梯是极为便利、快速的升降设备。车站配有多部自动扶梯时,其布置排列方式有平行排列、连续交叉排列、连贯排列和X小交叉排列四种。自动扶梯如图3-5所示。

◎ 图 3-5　自动扶梯

二、自动扶梯分类

常见的自动扶梯分类见表3-2。

常见的自动扶梯分类　　　　　　　　表3-2

序号	特征	分类名称
1	按驱动装置的位置分类	端部驱动自动扶梯
		中间驱动自动扶梯
2	按扶手外观分类	全透明扶手自动扶梯
		半透明扶手自动扶梯
		不透明扶手自动扶梯
3	按梯路线形分类	直线形自动扶梯
		螺旋形自动扶梯
4	按使用条件分类	普通型自动扶梯
		公共交通型自动扶梯
5	按提升高度分类	小提升高度(最大至8m)扶梯
		中提升高度(最大至25m)扶梯
		大提升高度(最大可达65m)扶梯
6	按运行速度分类	恒速扶梯
		可调速扶梯

1. 按驱动装置的位置分类

(1)端部驱动自动扶梯。端部驱动自动扶梯的驱动装置位于自动扶梯的头部,并以链条为牵引构件。

(2)中间驱动自动扶梯。中间驱动自动扶梯的驱动装置位于扶梯中部,并以齿条为牵引构件。一部自动扶梯可以装多组驱动装置,也称多级驱动组合式自动扶梯。运行时,电动机通过减速器将动力传递给两侧传动链条,每侧的传动链条之间铰接一系列轮轴,轮轴与牵引齿条啮合,驱动自动扶梯运行。

2. 按扶手外观分类

(1)全透明扶手自动扶梯:扶手带只用全透明钢化玻璃支撑的自动扶梯。

(2)半透明扶手自动扶梯:扶手带用半透明钢化玻璃及少量撑杆支撑的自动扶梯。

(3)不透明扶手自动扶梯:扶手带采用支架并覆以不透明板材支撑的自动扶梯。

3. 按梯路线形分类

(1)直线形自动扶梯:扶梯梯路为直线形的自动扶梯。

(2)螺旋形自动扶梯:扶梯梯路为螺旋形的自动扶梯。

三、自动扶梯相关规定

《地铁设计规范》(GB 50157—2013)中有关自动扶梯的相关规定如下。

(1)车站自动扶梯应采用公共交通型自动扶梯,站内选择室内型。

(2)自动扶梯应采用30°倾角,梯级有效宽度为1000mm,输送速度宜采用0.65m/s,上下两端水平运行梯级数不得少于3块平梯级。

(3)事故疏散用的自动扶梯应采用一级负荷供电。

(4)自动扶梯相对布置时,两自动扶梯工作点间距不小于16m。

(5)自动扶梯工作点至前面影响通行的障碍物间距不得小于8m。

(6)自动扶梯与楼梯相对布置时,自动扶梯工作点至楼梯第一级踏步的间距不得小于12m。

四、自动扶梯设置原则

(1)当车站出入口的提升高度超过6m时,应设上行自动扶梯;超过12m时,应考虑上、下行均设自动扶梯。出入口扶梯除具有车站乘客站厅到地面的乘降功能外,还可兼具市政过街功能。

(2)站厅与站台间应设上行自动扶梯,高差超过6m时,上、下行均应设自动扶梯。站内自动扶梯位于付费区,乘客通过自动扶梯在站厅与站台间乘降,为提高服务标准,国内多数城市轨道交通车站均设上下行扶梯。

(3)自动扶梯的设置应参考提升高度 H(单位:m)而定。$12 < H \leqslant 19$ 时分别设置上、下行扶梯;$H > 19$ 时,要有备用扶梯。

五、自动扶梯基本构造

自动扶梯的整体结构主要由支撑部分、驱动系统、运载系统、扶手系统、安全保护系统和电气控制系统组成,如图3-6所示。

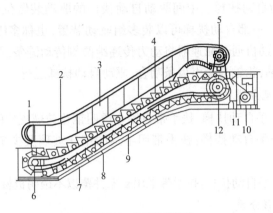

◎ 图3-6 自动扶梯结构

1-扶手传动滚轮;2-扶手带;3-护栏;4-梯级;5-扶手驱动轮;6-从动张紧轮;7-金属构架;8-导轨;9-牵引链条;10-驱动装置;11-机房盖板;12-梯级牵引轮

1. 支撑部分

桁架是整部自动扶梯的构架,是自动扶梯其他构件的载体。桁架按照扶梯的设计至少分为三段,根据提升高度的不同,桁架需要再分段,如图3-7所示。此外,由于每个城市轨道交通车站的埋深不一样,所以自动扶梯的提升高度也会不一样,特别是在一些换乘站,提升高度更大,所以还要有额外的中间支撑结构。

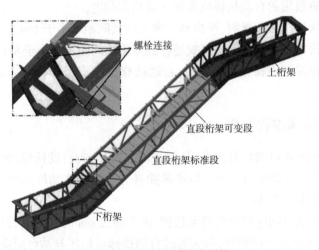

◎ 图3-7 自动扶梯桁架结构

2. 驱动系统

驱动装置安装在桁架的上驱动端站,是自动扶梯的动力源。它通过主驱动链将动力传递给驱动主轴,进而带动整个梯路系统及扶手系统运行。

驱动系统由驱动主机、主驱动轴、主驱动链、扶手带驱动链、扶手带驱动轴、工作制动器、辅助制动器等组成,是自动扶梯的核心系统。

3. 运载系统

运载系统由梯级、梯级链、梳齿和梳齿板等组成,其功能是运送乘客。

(1)梯级是直接与乘客接触的运动部件,是乘客站立的移动平台,如图3-8所示。

(2)梯级链是位于自动扶梯两侧的链条,连接梯级并由梯级链轮驱动。梯级链将主机的动力传递给梯级,使梯级沿着导轨运行。

(3)梳齿是自动扶梯结构中带有梳齿的部分,在登梯和出梯区域与踏板齿啮合,防止乘客的手、脚或其他异物夹到移动梯级和楼层板之间。

◎ 图3-8 自动扶梯梯级

(4)梳齿板(图3-9)位于两端出入口处,为方便乘客上、下过渡并与梯级、踏板相啮合。它包括前沿板、梳齿板、梳齿三个部分。每个梳齿用螺栓固定在梳齿板的前段,并与踏板齿槽相啮合。

◎ 图3-9 自动扶梯梳齿板

4. 扶手系统

扶手系统是在扶梯两侧,对乘客起安全防护作用,也便于乘客扶握的部件,主要由扶手带、扶手带驱动装置等组成。扶手带是在扶手装置顶面,与梯级同步运行(速度允许误差为0~0.2%)供乘客扶握的带状部件,由扶手带传动轴驱动,扶手带传动轴由主传动轴通过一根复式链传动。自动扶梯扶手带如图3-10所示。

◎ 图3-10 自动扶梯扶手带

5. 安全保护系统

安全保护系统的作用是当自动扶梯处于不安全状态时,使其自动停止。自动扶梯是直接面对乘客的设备,关系到乘客的安全,必须设置各种安全装置。常见的安全装置有驱动链断链开关、超速检测装置、防逆转保护、扶手带速度监控装置、裙板开关等。

(1) 驱动链断链开关。驱动链过度伸长和破断时,驱动链断链开关能使扶梯停止。

(2) 超速检测装置。超速检测装置是把光电盘装在驱动主机减速箱的高速轴上,通过光电开关检测自动扶梯的实际速度,当自动扶梯超速至某个值时,切断自动扶梯的控制电路。扶梯超速至 1.15 倍额定速度时,工作制动器动作;超速至 1.3 倍时,附加制动器动作。

(3) 防逆转保护。在扶梯速度降低至额定速度的 20% 时,防逆保护使工作制动器动作;当扶梯出现逆转方向运行时,在速度为 0 前,使附加制动器动作,扶梯停止运行。

(4) 扶手带速度监控装置。重载公共交通型自动扶梯,由于客流大、提升高度大,配置扶手带速度检测装置以控制扶手带的速度偏差是十分必要的。当扶手带与梯级的速度差超出允许偏差 2% 并持续 10s 时,向车站设备监控系统(EMCS)发出信号;超出允许偏差 5% 并持续 10s 以上时,扶梯应停止运行。

(5) 裙板开关。当有异物卡入梯级与裙板之间,使裙板受异常压力时,关闭裙板开关,扶梯停止运行。

6. 电气控制系统

电气控制系统包括主控制柜、操纵面板、检修控制盒及各种安全保护开关。节能型扶梯还包含变频器、进入感应装置,在无人乘梯时扶梯停止或以低速运行;当感应到有人进入扶梯时扶梯加速到正常速度。控制柜一般位于扶梯机房盖板里。

六、自动扶梯工作原理

自动扶梯工作时,由两根牵引链条将一系列梯级连接在一起,在沿一定线路布置的导轨上运行从而形成自动扶梯的梯路。牵引链条绕过上牵引链轮、下张紧装置并通过上、下分支的若干直线、曲线区段构成闭合环路。这一环路的上分支中的各个梯级(梯路)应严格保持水平,以供乘客站立。上牵引链轮(也就是主轴)通过减速器等与电动机相连以获得动力。扶梯两旁装有与梯路同步运行的扶手装置,供乘客手扶之用。扶手装置同样由上述电动机驱动。为了保证乘客的绝对安全,要求自动扶梯装设多种安全装置。

自动扶梯与电梯相比具有如下优缺点。

(1) 自动扶梯的优点:输送能力大;人流均匀,能连续运送乘客;当停电或重要零件损坏需要停用时,可作为普通扶梯使用。

（2）自动扶梯的缺点：自动扶梯结构有水平区段，有附加的能量损失；大提升高度自动扶梯，乘客在其上停留时间长；造价较高。

七、自动扶梯控制方式

1. 正常情况下自动扶梯控制方式

正常情况下自动扶梯一般采用就地控制方式，在上下梯头的位置设置钥匙开关用于直接启动和停止自动扶梯，同时设有正常运行和节能运行两种模式可供选择。正常运行模式是指自动扶梯以额定的速度恒定运行，节能模式指自动扶梯在无人时以低速运行，达到节能的目地。

自动扶梯的启动开关应设在能看到整个扶梯的位置，且只能由指定人员操作的一个或数个开关来实现。开关应有明显的运行方向标记；正常停止运行开关应与启动是同一开关，应能切断主电流使自动扶梯停止运行。

自动扶梯还有一种维修模式，是在自动扶梯进行正常维修保养时的低速运行模式，一般通过插接专门的维修控制盒进行人工控制。

2. 远程操作模式

在车站及控制中心也可控制自动扶梯的运行。这种控制模式要求比较严格，一般很少采用，《自动扶梯和自动人行道的制造与安装安全规范》（GB 16899—2011）要求，一般自动扶梯的启动和停机须保证扶梯上方无任何人或物。如需采用这种模式，可以在扶梯周边加装摄像头，监视整个扶梯的情况，实现远程控制。

八、自动扶梯操作

1. 正常运行操作

自动扶梯正常运行操作是车站工作人员日常工作内容之一。正确的启动、停止操作方法对于保证设备的使用寿命至关重要，并且在很大程度上减少了在运行过程中出现的突发故障，为乘客提供安全保障。

（1）运行前准备工作。

①检查出入口、梯级、扶手带、梳齿板等部位的清洁情况，除去夹在里面的碎纸、小石子、口香糖等妨碍运行的杂物。

②确认自动扶梯周围的安全设施（三角警示牌、防止进入栅栏等）有无破损等异状。

③用手感触并确认裙板及竖板的润滑剂是否充分。

（2）开始运转时。

①把钥匙插入报警开关，鸣响警笛数秒，向附近的人发出将运转的信号。

②确认自动扶梯踏板上或周围没人时，把钥匙插入"启动开关"，转至运行需要的"上行"或"下行"侧，并保持1s以上，自动扶梯开始工作。放开手则钥匙回到中立位置，把钥匙拔出来，自动扶梯操作位置如图3-11所示。

③启动后须确认扶梯踏板和扶手是否正常工作。如有异常声响或振动,要立即按动紧急停止按钮,使自动扶梯停止运转。

④确认正常运转之后,再试运转5～10min。

⑤在试运转中按动紧急停止按钮,确认紧急停止是否正常。

a) 自动扶梯控制区域　　　b) 自动扶梯紧急停梯按钮

◎ 图3-11　自动扶梯操作位置

> **知识链接**
>
> **自动扶梯钥匙的管理**
>
> (1)操作自动扶梯运行或停止时要用自动扶梯专用钥匙。
>
> (2)将钥匙装在钥匙箱内严格保管,除车站工作人员及维修人员之外不得借出。

2. 转换运行方向操作

目前,绝大部分自动扶梯均设有上行及下行功能,设置长期上行运行还是长期下行运行需要看运用的场景。对于城市轨道交通车站来说,客流可能会出现单向的严重拥堵情况,为应对高峰客流量,可以通过转换自动扶梯运行方向加快乘客疏散,减少因拥堵而带来的安全隐患。转换运行方向的操作如下。

(1)将钥匙插入报警停止开关,鸣响警铃。

(2)确认梯级上无人后再用钥匙开启停止开关,自动扶梯停止运行并将钥匙拔出。

(3)待完全停止后,将钥匙插入运行开关,开启需运行方向的开关(上或下),确认正常运转后,将钥匙拔出。

3. 正常停止操作

(1)在停止自动扶梯之前,须确认有无发生异常声音或振动,以便停运后及时将故障情况报告给环控调度员,再由环控调度员组织专业人员维修。

(2)把钥匙插入报警开关,鸣响警笛数秒,向附近的乘客发出将停止运行的信号。

(3)自动扶梯停稳之前,禁止乘客进入自动扶梯的乘梯口。

(4)确认自动扶梯附近或扶梯踏板上无人后,将专用钥匙插入停止开关转至停止侧,使扶梯停止运行。

(5)为防止乘客将停用中的自动扶梯当楼梯使用,应采取措施,用栅栏(图3-12)等挡住乘梯口,设置停用牌。

(6)一天的正常运行结束后须认真检查并清扫自动扶梯踏板、扶手带、梳齿板、裙板以及自动扶梯下部专用机房。

◎ 图3-12 自动扶梯停用栅栏

拓展阅读

扶梯安全警示录

2017年5月某日,合肥地铁1号线火车站出口,七旬老人林某在乘坐自动扶梯时不慎摔伤。老人起诉至法院,要求轨道交通公司赔偿其各项损失12万余元。法院审理后认为,林某在事发时随身携带物品较多,在乘坐自动扶梯时又未靠右站立,未扶好扶手,导致摔倒,自身存在过失。法院未支持其要求赔偿损失的诉请。

2023年8月7日18点,武汉地铁7号线谭鑫培公园站,车站值班民警在A出口通道处巡逻时发现一名推着婴儿车的老人仰面摔倒在扶梯上,婴儿车里的婴儿也滚落出来。民警冲到扶梯口按停扶梯,将婴儿抱起。在另一端乘坐下行扶梯的一名陌生女乘客也迅速跑下扶梯,从民警怀中接过婴儿抱到一旁安抚,民警将老人扶起。民警安抚老人的情绪并检查了她的伤情。老人除了额头上有轻微擦伤外并无大碍,婴儿也没有受伤。民警立即呼叫站务员取来医药箱现场为老人止血,包扎伤口。据了解,老人是婴儿的奶奶,孩子约7个月大。短暂休息后老人表示自己并无大碍可以自行离开,民警护送老人出站直至其安全离开。

(摘编自《长江日报》,2023年8月)

思考:城市轨道交通公司应如何做好乘客安全保障工作?乘客应如何安全乘坐自动扶梯,保障自身安全?

【思政点拨】

城市轨道交通公司在对乘客加强宣传引导的同时,应在各车站自动扶梯口盖板、扶手带两侧等位置设置警示标志,在车站公告栏中醒目位置要有文字性提示,提醒乘客注意出行安全;定期对自动扶梯进行巡查、维修、保养,并标注紧停按钮作用及注意事项,通过站内广播循环播放相关安全规定及须知;每个车站出入口应设置图示,明确指示车站内无障碍电梯位置,建议老年人及行动不便乘客乘坐无障碍电梯,确保乘梯安全。

九、自动扶梯日常检查

自动扶梯因其设备作用的特殊性,日常检查情况不仅关系到乘客的舒适度及设备使用寿命,更关系到乘客的人身财产安全。因此,车站工作人员必须做好自动扶梯设备启动前和停止后的检查,使设备始终处于良好的工作状态。

1. 自动扶梯日常检查要求

(1)在自动扶梯每次投入正常运行时,应按照操作规程对自动扶梯进行检查。

(2)在自动扶梯运行中应巡查自动扶梯运行状态,发现问题应及时报告,采取相应紧急措施,并做好记录。

(3)车站操作人员每日不少于1次对自动扶梯进行日常检查,并记录检查结果。

2. 自动扶梯日常检查内容

(1)紧急停止按钮:可重复按几次紧急停止按钮,确保可靠有效,指示清楚。

(2)梯级、梳齿板:检查是否卡有异物,梳齿及梯级面板是否有断裂或损伤。如有断齿、缺齿现象,应通知维修单位及时更换。

(3)扶手带:检查扶手带是否异常膨胀或老化,有无污垢,如有,则清理。同时要检查扶手带与梯级的同步速度,如滞后或超前于梯级,应立即通知维修单位前来调整扶手带的松紧。

◎ 图3-13 自动扶梯三角区警示牌

(4)内盖板:检查螺栓是否松动,接合处是否平滑。

(5)防护装置和三角警示牌:检查自动扶梯与建筑物夹角处的警示牌是否安装牢固、完好无损,如图 3-13 所示。

知识链接

自动扶梯安全规定

根据《自动扶梯和自动人行道的制造与安装安全规范》(GB 16899—2011)规定,自动扶梯与建筑物的接口处,如果建筑障碍物会引起人员伤害,应采取相应的预防措施。尤其是在与楼板交叉处以及各交叉设置的自动扶梯或自动人行道之间,应在扶手带上方设置一个无锐利边缘的垂直防护挡板,其高度不应小于0.3m,且至少延伸至扶手带下缘25mm处,如采用一块无孔的三角板。

(6)启动及停止开关:检查钥匙插入后转动是否灵活。
(7)警示标志:检查入口处警示标志是否完好无损。
(8)运行方向:检查自动扶梯入口处的运行方向显示标志是否可靠有效。
(9)检查自动扶梯的定期检验合格证确保完好无损。

单元3.3　自动人行道与轮椅升降机认知与操作

一、自动人行道

自动人行道是自动扶梯的分支产品,结构与自动扶梯相似,是指带有循环运行走道,水平或倾斜角度不大,用于运送乘客的固定电力驱动设备,主要由活动路面和扶手两部分组成,其活动路面在倾斜情况下也不形成阶梯状。自动人行道如图3-14所示。

a) 倾斜式自动人行道

b) 水平式自动人行道

◎ 图3-14　自动人行道

自动人行道分为倾斜式自动人行道和水平式自动人行道两种。倾斜式自动人行道的倾斜角度主要有10°、11°和12°三种,考虑到安全因素,《自动扶梯和自动人行道的制造与安装安全规范》(GB 16899—2011)规定最大倾斜角度不得超过12°;水平式自动人行道的角度范围是0~6°。

倾斜式自动人行道通常使用在超市和商业综合体中,水平式自动人行道一般用在机场和城市轨道交通车站的地下通道。

城市轨道交通车站安装自动人行道可以减少乘客的行走距离,缩短出行时间。在客流量不大时,乘客会选择自动人行道通行;当出现大客流时,乘客自动分成两批,实现客流疏导,提高车站运营效率。

自动人行道的操作和日常检查与自动扶梯基本相同,不再赘述。

二、轮椅升降机

在城市轨道交通车站中不适宜安装自动扶梯和电梯的地方,为方便残疾人轮

◎ 图 3-15 轮椅升降机

椅出入车站，部分楼梯还会加装轮椅升降机，如图 3-15 所示。轮椅升降机也称楼梯升降机，安装在车站站台到站厅和地面到站厅步行楼梯一侧，供坐轮椅的乘客上下楼梯使用。轮椅升降机能沿着楼梯连续做上升、水平和 90°转角运行，运行倾角不大于 35°。

1. 轮椅升降机结构

轮椅升降机采用驱动主机内置方式，通过齿轮齿条结构运行以增强设备稳定性，设备内置应急电池，当发生停电等情况时，设备可瞬间切换为电池供电，维持运行，保证乘客完成升降。轮椅升降机主要结构包括轮椅平台、驱动机、导轨、控制柜、充电指示装置、低电源蜂鸣器、安全装置等。

轮椅升降机占地面积小，安装灵活，采用钢缆驱动沿轨道上下运行，由车站站务人员启动升降机，协助乘客使用，弥补了一些车站未安装电梯的不便。在不运行时轮椅平台可折叠放置，减少占用空间。

2. 轮椅升降机操作

(1) 准备工作及注意事项。

①确认楼梯或导轨上无障碍物，待人员坐稳后，方可开启。

②尽量不要手拉脚踩活动护栏和平台板，当其放置不到位时可手动轻微调整。

③检查平台所在端站附近的电源盒指示灯，绿灯表示供电正常，黄灯表示充电。

④切勿超载使用，以免发生意外或损坏设备。

(2) 操作方法。

①升降平台日常停靠在站厅层，在楼梯上、下平台均设置视频呼叫系统，乘客可通过呼叫按钮与车控室联系。轮椅升降机呼叫盒如图 3-16 所示。车站值班人员接到通知后，立即通知相关车站人员到指定出入口。

②轮椅锁定放置在升降平台上后，将控制钥匙从控制盒上取下并插入平台钥匙开关，旋至相应位置。

③运行前提示乘客松散衣物及手脚不要靠近导轨，衣物不要放在护栏上或平台外。

④取下运行控制手柄，确认前方无障碍物时按住方向键开启平台。轮椅升降机设有蜂鸣器和红色灯光信号，工作时蜂鸣器会响，红色信号灯会亮，以引起步梯上的人员注意，如图 3-17 所示。

⑤轮椅升降机由车站工作人员使用控制器操作。为了及时发现障碍物并迅速制停升降机，工作人员可走在前面，按住控制器方向按钮，使升降机运行。

⑥到达端站时按住控制手柄的方向键，直到前方的护栏垂直升起。

⑦乘客下来后,须用手动控制器或控制盒将底板及护栏完全收起。
⑧手动控制器用完后连同钥匙一并取走,用时再装上。
⑨工作人员操作设备协助乘坐轮椅的乘客进入或离开车站,做到全程陪护。

◎ 图3-16 轮椅升降机呼叫盒

◎ 图3-17 轮椅升降机运行中

单元3.4 常见故障与典型事故应急处理

一、电梯常见故障与典型事故处理

1. 电梯不能运行

(1)检查电梯楼层显示装置是否亮及显示内容。
(2)确认电梯受控层(一般为站台)开关是否打开。
(3)检查电梯门有无常开,检查地槛槽内及门边有无卡夹杂物。
(4)确认车控室控制台上电梯消防按钮没有被按下。
(5)以上原因都排除仍不运行时,报修。

2. 发生火灾或地震

(1)轿厢内乘客应就近到达安全楼层,尽快撤离。
(2)电梯操作人员尽快按动"消防开关",使电梯进入消防运行状态。当电梯到达基站且乘客全部撤离轿厢后,切断电梯电源。
(3)火灾或地震结束后,应请电梯维修人员严格检查或修理电梯后方可重新投入使用。

3. 电梯困人

当电梯发生故障停止(或停电)时,车站工作人员首先通过轿厢监视器或车控室内电梯紧急电话确认电梯内是否有人,同时通知维修人员尽快到现场检修处理。如确定有人被困,站务人员处理流程如下。

(1)站务人员发现电梯困人后,应通过电梯轿厢内紧急电话安抚受困人员并了解现场情况,并安抚受困人员情绪,使其保持冷静。受困人员不要自行扒撬轿门,应紧握扶手、背靠轿壁站立,耐心等待工作人员。

(2)安抚受困人员的同时,其他站务人员拨打电梯公司报警电话或维保人员电话,并记录时间;在救援组及外委维保公司赶到现场前,站务人员将"电梯故障,暂停使用"警示牌放置于事故电梯各层厅门口处,以防非相关人员接近、操作事故电梯。

(3)站务员通知设备维修调度员,由其通知电扶梯工区,派人尽快赶到现场。

(4)站务员用锁梯钥匙关闭电梯,携带全套电梯专用钥匙(包括三角钥匙、控制柜钥匙、锁梯钥匙及受控层钥匙),在困人电梯的顶层厅门处等待,并持续安抚乘客。

(5)先到达的持电梯操作证的人员向现场站务员询问情况后,按电梯控制柜中张贴的紧急救助程序进行操作,尽快将被困人员救出。

(6)如果按电梯控制柜中张贴的紧急操作不能救出乘客,应继续安抚受困人员,等待电梯公司维修人员赶到后配合解救。如发现有受伤或体弱发病的乘客,应提前拨打120急救电话,使受困人员被解救后能及时得到医治。

(7)电梯公司维修人员到达现场后,站务人员应配合救援人员使用安全护栏在厅门处隔离出满足救援需要的安全区域。

(8)被困人员被救出后,电梯公司维保人员应全面检修电梯并提供详细的事故分析报告。

二、自动扶梯常见故障与典型事故处理

1. 自动扶梯不能启动

(1)看扶梯运行指示灯是否亮。

(2)检查上下端梳齿板有无卡夹杂物,扶手带上下出入口有无卡夹杂物,清理后可试开。

(3)扶梯试开必须开上行,须开下行的可用钥匙停梯后再开下行。

(4)确定不能启动的或启动后在1h内再次停止的,须报修。

2. 发生火灾或地震

(1)火灾初起时,车站操作人员应使扶梯朝方便站内人员疏散的方向运行,如不能换向运行,就关停扶梯当作固定楼梯使用。

(2)人员疏散完毕后立即关停扶梯,并切断电源。

(3)发生地震时应立即通过车控室内IBP上的紧急停开关关闭所有自动扶梯。

3. 突发紧急情况时

自动扶梯在运营期间难免会突发意外事故,工作人员应紧急停止自动扶梯运行,以防发生重大事故。运行期间,如出现下列一种或多种情况,必须立即紧急停止自动扶梯。

(1)扶手带、梯级不同步。

电梯与自动扶梯发生故障时的应急救援

(2)运行状态不正常或声音异常。

(3)梳齿损伤,相邻的两个或多个梳齿折断。

(4)扶梯突然改变运行方向。

(5)扶梯突然加速运行。

(6)运行过程中乘客突然摔倒。

(7)运行过程中乘客夹住手指、衣物等。

(8)其他异常情况。

为了能在发生突发事件时将自动扶梯紧急停止,扶梯上设有紧急制动器,在发生意外时,工作人员须操作自动扶梯上的急停按钮(图3-18),具体操作步骤如下。

(1)使用急停按钮前,首先通知乘客"紧急停止扶梯,请站稳抓住扶手"。

(2)迅速按下红色急停按钮,按钮凹下并自锁。

(3)在重新开启扶梯之前,要确认造成紧急情况的原因,并予以排除。

(4)如遇到机器有异常及不明原因故障,不要开启自动扶梯,并设置防护栅栏,"暂停使用"标志,及时通知维护人员进行维护。

(5)事故处理完毕后,再次按压急停按钮,按钮凸起,解除紧急停止状态,自动扶梯正常运行。

a) 扶梯入口扶手处

b) 扶梯内侧盖板底部

c) 大型电梯中部

◎ 图3-18　自动扶梯急停按钮

知识链接

自动扶梯急停按钮的使用

城市轨道交通内的自动扶梯均设有急停按钮,在自动扶梯出现故障或异常情况时(例如夹人、夹物、乘客摔倒等)可按下该按钮使自动扶梯停止运行。

技 能 训 练

实训任务3-1　电梯认知与操作

任务描述

2021年11月19日,南京地铁永初路站内正在上升的电梯突然停运,卡在上下两层中间,4名乘客被困电梯。车站工作人员听到异响后立即赶到查看并联系电梯维修人员。由于被困的乘客听不太清楚外界的声音,车站工作人员透过电梯四壁的玻璃用手机打字投屏的方式与被困乘客简单沟通交流。在获得其中一名被困人员的手机号后,车站工作人员立即拨过去,逐一询问4人的身体状况并安抚他们的情绪。在得知有乘客没有吃晚饭的情况时,工作人员及时准备了水和面包,等乘客出来后补充体力。10分钟后,电梯维修人员赶到现场,被困的4人成功脱险,随后车站工作人员将他们护送出站。

电梯困人事故不可能完全避免,但困人事故一旦发生,把影响降到最低是当务之急,对于车站工作人员,本项目的实训任务是学习电梯基本结构及操作步骤,确保电梯正常运营,同时能够正确处理紧急突发事件。

(摘编自《人民资讯》,2021年12月)

任务目标

1. 能识别电梯各部件。
2. 能按规定操作电梯。
3. 能处理电梯突发事件。
4. 能按要求巡检电梯。

任务要求

1. 学生2人一组,相互配合完成相关知识和任务准备工作。
2. 实训过程中,小组之间互相检查并记录。
3. 实训中教师根据实际完成情况进行评分。

资讯与计划

1. 电梯结构认知,完成表3-3。

电梯结构与功能　　　　　　　　　　　　　　　　　　表3-3

	系统名称	系统功能
电梯		

2. 电梯正常及紧急情况操作,完成表3-4、表3-5。

电梯基本操作　　　　　　　　　　　　　表3-4

操作项目	操作步骤
电梯开启前准备工作	
电梯开启	
电梯关闭	

电梯紧急情况操作　　　　　　　　　　　表3-5

操作项目	操作步骤
电梯困人	
发生火灾或地震	

3. 任务计划,完成表3-6。

任务计划表　　　　　　　　　　　　　　表3-6

具体分工情况:

任务实施

1. 教师先进行示范操作,然后学生2人一组实际操作,小组间可互相检查和纠正。

2. 分组实操完毕后,每组抽选一名学生进行检验,记录成绩。

实操考核

考评表　　　　　　　　　　　　　　　　　　　　　　　　　　　　　　　　表 3-7

项目	认知与操作能力			学习能力	合作能力	合计
	电梯结构认知	电梯基本操作	电梯紧急情况操作	学习态度、完成质量(包括计划与资讯完成情况)、熟练度	小组合作互助、记录纠错	
满分	结构认知正确,共 20 分	步骤完整,操作正确,共 30 分	步骤完整,操作正确,共 25 分	共 15 分	共 10 分	100 分
得分(分)						

实训任务 3-2　自动扶梯认知与操作

任务描述

2024 年 1 月 19 日,武汉地铁 8 号线洪山路车站,两位七旬老人在站内乘下行扶梯时因重心不稳一前一后仰面摔倒在扶梯上。车站工作人员发现险情后,立即飞身跨过栏杆来到扶梯口,按下紧急停梯按钮,避免了运行的扶梯给两位老人带来二次伤害。从老人摔倒到车站工作人员按停扶梯,整个过程仅用时 7s,两位老人只是受到了惊吓,均未受伤,两位老人休息了一会儿,车站工作人员护送他们离开车站。

(摘编自《光明网》,2024 年 1 月)

自动扶梯在给乘客和车站运营带来便利的同时,运营和使用过程中也会突发意外。在日常运营中,如果你是站务员,你应如何开启、关闭自动扶梯?当自动扶梯发生紧急情况时,应如何快速、准确处置?

任务目标

1. 能识别自动扶梯各部件。
2. 能按规定操作自动扶梯。
3. 能处理自动扶梯突发事件。
4. 能按要求巡检自动扶梯。

任务要求

1. 学生以小组为单位,分工完成相关知识和任务准备工作。
2. 实训过程中,小组内观察记录员和教师共同记录实训过程。
3. 实训中同学之间进行合作探究、互评、纠错、总结。

资讯与计划

1. 自动扶梯结构认知，完成表 3-8。

自动扶梯结构与功能　　　　　　　　　　　表 3-8

	结构名称	结构功能
自动扶梯		

2. 自动扶梯正常及紧急情况操作，完成表 3-9、表 3-10。

自动扶梯基本操作　　　　　　　　　　　表 3-9

操作项目	操作步骤
自动扶梯开启前准备工作	
自动扶梯开启	
自动扶梯关闭	
自动扶梯转换运行方向	

自动扶梯紧急情况操作　　　　　　　　　　　表 3-10

操作项目	操作步骤
自动扶梯紧急制动	
发生火灾或地震	

3. 任务计划,完成表3-11。

任务计划表　　　　　　　　　表3-11

具体分工情况:

任务实施

1. 教师先进行示范操作,然后学生2人一组实际操作,小组间可互相检查和纠正。

2. 分组实操完毕后,每组抽选1名学生进行检验,记录成绩。

实操考核

考评表　　　　　　　　　表3-12

项目	认知与操作能力			学习能力	合作能力	合计
	自动扶梯结构认知	自动扶梯基本操作	自动扶梯紧急情况操作	学习态度、完成质量(包括计划与资讯完成情况)、熟练度	小组合作互助、记录纠错	
满分	结构认知正确,共20分	步骤完整,操作正确,共30分	步骤完整,操作正确,共25分	共15分	共10分	100分
得分(分)						

复习思考题

一、不定项选择题

1. 城市轨道交通车站电梯维修人员必须是（　　）的人员。
   A. 有电工维修经验　　　　　　　B. 有急救证
   C. 经过专门培训并取得维修操作证　D. 车站管理经验丰富

2. 自动扶梯和自动人行道适用于（　　）的场所。
   A. 人流量大且垂直距离不高　　　B. 人流量大且垂直距离高
   C. 人流量小且垂直距离高　　　　D. 人流量适中且垂直距离高

3. 城市轨道交通电梯系统主要由（　　）设备组成。
   A. 电梯　　B. 自动扶梯　　C. 轮椅升降机　　D. 安全门

4. 下列对于自动扶梯急停操作描述正确的是（　　）。
   A. 在出现异常状况必须使用急停按钮时，应大声通知乘客"紧急停止，请抓住扶手"后，再进行操作
   B. 自动扶梯急停按钮正常状态时，红色罩呈向外膨胀凸出状
   C. 用手指按压自动扶梯急停按钮，按钮凸起状态变塌陷状态
   D. 通过监控了解现场情况后，可在车控室进行紧停操作

5. 自动扶梯在开始运转之前，工作人员必须进行的操作包括（　　）。
   A. 检查扶梯踏板、梳齿板等部件，除去夹在里面的杂物
   B. 用手感触确认裙板及竖板的润滑剂是否充分
   C. 确认自动扶梯周围的安全设施有无破损等异状
   D. 确认轿厢及层门地槛清洁无异物

6. 以下情况中须关闭扶梯的有（　　）。
   A. 突降暴雨　　　　　　　　　B. 巡视中发现扶梯有异响
   C. 有人在扶梯上摔倒　　　　　D. 运营时间，无人乘扶梯

7. 自动扶梯运行时，一旦发现有异常声音或振动，应立即（　　），停止自动扶梯运行，并通知专业人员检修。
   A. 报告　　　　　　　　　　　B. 按下急停按钮
   C. 宣传乘梯乘客离开电梯后关梯　D. 查找异常声音或振动的原因

8. 遇乘客自动扶梯摔伤时，大声向乘客宣传"（　　）"后，关闭扶梯。
   A. 大家注意，马上停梯　　　　B. 大家注意，请握紧扶手，现在停梯
   C. 大家站稳，现在停梯　　　　D. 马上停梯

9. 车站客运电梯日常开启和关闭应由（　　）操作。
   A. 车站客运服务人员　　　　　B. 保洁人员
   C. 安检人员　　　　　　　　　D. 志愿者

10. 每个车站至少保证有( )个出入口设置电梯或升降平台,专为残疾人和行走有困难的乘客服务。
   A. 1　　　　　　B. 2　　　　　　C. 3　　　　　　D. 4

11. 发生火灾时,对于电梯描述正确的是( )。
   A. 继续运行,疏散乘客　　　　　　B. 自动停在基站,打开电梯门
   C. 停在任意位置　　　　　　　　　D. 停在顶层

12. 按动城市轨道交通车站内的电梯里的呼叫按钮,可实现( )。
   A. 报120　　　　　　　　　　　　B. 报110
   C. 与车控室(综合控制室)通话　　 D. 与行车调度通话

13. 符合电梯运行管理要求的是( )。
   A. 电梯与城市轨道交通运营时间同步运行,运营时间内不得无故关闭电梯
   B. 每日须对电梯进行检查
   C. 运营高峰时段、重要节假日,车站要在重点电梯安排人员进行值守
   D. 对于携带较大包裹等物品的乘客,须引导其使用电梯或步梯

14. 车站工作人员发现电梯出现( ),应进行停梯操作。
   A. 设备运行有异常声音　　　　　　B. 不能正常开关门
   C. 不能正常平层　　　　　　　　　D. 危及人员安全的其他情况

15. 当车站自动扶梯停梯时,应( )处置。
   A. 直接进行开梯操作
   B. 确认电梯无乘客、无异物后,进行开梯操作
   C. 确认电梯无法开启后,放置故障提示牌,向乘客做好解释工作,引导乘客从步行梯通行
   D. 维修人员维修完毕并确认后,进行开梯操作

二、判断题

1. 以运送乘客为主,兼顾运送非集中荷载货物的是客运电梯。　　　　　　( )
2. 当发现自动扶梯有乘客摔倒时,直接按下急停按钮。　　　　　　　　　( )
3. 城市轨道交通车站自动扶梯的作用是引导乘客、组织客流有序流动,因此其运行方向具有不可变动性。　　　　　　　　　　　　　　　　　　　　　( )
4. 发现乘客乘坐自动扶梯受伤后立即报告车控室或值班站长,并赶往事发现场,寻找目击证人。　　　　　　　　　　　　　　　　　　　　　　　　( )
5. 自动扶梯开启后即可马上投入使用。　　　　　　　　　　　　　　　　( )
6. 站务员发现或收到自动扶梯发生人员伤亡事故信息后,立即到现场处理。
　　　　　　　　　　　　　　　　　　　　　　　　　　　　　　　　( )

三、简答题

1. 简述电梯困人的处理流程。

2. 简述自动扶梯开启前的准备工作。
3. 简述自动扶梯紧急制动的操作步骤。

四、案例分析题

【案例1】2022年8月29日17时35分,杭州地铁打铁关站通往5号线站台的下行电梯上滚落下来一个超大行李箱,正在自动扶梯上的张女士吓得立即往下跑,就在快到达地面的那一刻,被滚落的箱子撞得飞了起来,并重重地落在了箱子上无法动弹。在自动扶梯上方的乘客徐女士和女儿也吓坏了,行李箱是她们的。徐女士女儿今年刚考上大学,要去学校报到,一家四口大包小包送她来杭州,途经打铁关站在乘下行扶梯时,大女儿刚把大行李箱放到扶梯上,一时没注意箱子就滑落了下去。打铁关站站务员和辅警发现后马上拨打120,救护车到达后,工作人员把张女士抬出地铁站,送上救护车,徐女士一家也陪同前往,并表示愿意负责全部医疗费。

(摘编自《澎湃新闻》,2022年9月)

【案例2】2023年9月22日19时10分左右,上海地铁2号线川沙站1号出入口一自动扶梯发生故障停止运行。车站随即停用该自动扶梯并做好现场防护措施,提醒乘客注意出行安全,其间未造成乘客受伤。经查,自动扶梯故障原因为一枚外来螺栓(非电梯部件)卡在梯级与梳齿板之间形成碰撞。碰撞后,梯级变形,自动扶梯安全保护系统启动保护性停机。再次运营前,经更换梯级后故障修复,未对运营造成影响。

(摘编自《看看新闻》,2023年9月)

思考:
1. 分析案例1中事故原因并说明乘坐自动扶梯时的注意事项。
2. 结合案例2分析地铁中自动扶梯开启前准备工作有哪些。

模块 4
IBP 及紧急停车按钮

教学目标

知识目标
1. 了解 IBP 的组成。
2. 掌握 IBP 的概念和 IBP 实现的功能。

能力目标
1. 能使用 IBP 的各功能模块。
2. 能根据不同的运营状况操作 IBP 的功能按键。
3. 能按规范操作紧急停车按钮。

素质目标
1. 形成主动服务、规范、安全、严谨的职业意识。
2. 养成防患于未然的危机意识。

建议学时

12 学时

案例导入

上海地铁一女子被门夹背痛哭,男子果断按下紧急停车按钮

2023年9月12日,上海地铁9号线一女子背部被地铁门夹住痛哭,好心男子按下紧急停车按钮解救女子,此事引发关注。

朱先生称,女子当时一直在哭,本想等到下一站地铁开门,没想到下一站开另一侧门,于是自己按下紧急停车按钮,地铁停下后女子被带去医院。

朱先生表示:"这个女子上来之后背部就被夹住了,一直在哭。当时就有人想碰那个紧急停车按钮,但看到上面写的擅自使用须负法律责任,就不敢碰了。我们以为坐到下一站门会打开,结果下一站开的是另一侧的门,我才会去按这个按钮的。最后地铁停了,门被打开了,工作人员过来,把被夹女子带走了。"

地铁客服称,没有突发情况不能擅自打开,打开后列车会迫停。

(摘编自东方网,2023年9月)

思考:

1. 结合案例,讨论车站紧急停车按钮在车站运营管理中的作用。

2. 结合实际谈谈,作为乘客,我们日常乘坐地铁时需要遵守哪些规则?作为车站工作人员,除了站台紧急停车按钮外,我们还可以通过何种设备操作使列车紧急制动?

单元4.1 IBP认知与操作

一、IBP的概念

综合后备盘(Integrated Backup Panel,IBP)是为提高紧急情况下车站车控室值班人员的防灾救灾能力而设置的,IBP由IBP面板、可编程逻辑监控器(PLC)、人机界面终端(其他专业提供并安装)、监控工作台构成。当中央、车站网络或计算机设备发生故障时,或在紧急情况下,车控室值班人员可直接操作IBP上的按钮、钥匙开关等,采用人工介入方式进行运行模式操作和某些设备的远程单动操作。发出的控制信号输入IBP的PLC,由PLC发出联动控制指令和某些设备的远程控制指令。另外,PLC通过通信接口和火灾自动报警系统报警控制器连接,接收火灾自动报警系统报警控制器直接传来的火灾模式指令,并将火灾模式信息传送到现场冗余PLC和BAS工作站。其控制级别高于各系统操作站。

二、IBP的组成

IBP一般由上下两部分组成,上面部分为马赛克盘面,盘面上设置钥匙按钮、指示灯、带灯按钮、标志等单元模块,用于显示设备运行状态和控制操作,值班员通过 IBP 内的按钮或开关的操作控制各系统现场设备的运行,各系统的运行状态则通过蜂鸣器、指示灯等反馈给值班员;下面部分为设备操作台,主要放置各专业系统的设备,如显示器、调度电话和监视器等。

IBP 根据盘面布置不同分为两种形式。

(1)集成模式:将车站的所有系统(或设备)的应急操作按钮和状态指示灯集成为一个操作盘,主要包括信号模块、门禁、自动扶梯和电梯、隧道通风、BAS、安全门、AFC、防淹门等系统和设备。

(2)分置模式:相对集成模式而言,是指 BAS(通风空调、给排水、动力照明等)与其他系统(设备)的应急操作盘各自独立设置。

三、IBP 的功能

正常情况下,由控制中心调度人员指挥全线路的运行;在特殊情况下(如控制中心失去某项功能时),由控制中心授权车站来完成运营管理,此时 IBP 发挥作用,通过 IBP 对本车站进行应急管理,为故障处理或抢险争取时间。

IBP 的功能主要包括:紧急情况下自动扶梯的停止、启动控制,暖通空调系统的紧急控制(模式控制)和消防联动控制,AFC 的闸机解锁或开启闸门的控制,安全门系统的开关门控制,防淹门的关门控制,门禁系统的解锁控制,列车自动控制系统的紧急停车、扣车和跳停控制等。

四、IBP 的操作

IBP 通过分区对不同系统的设备进行监控,各分区有清楚文字线条指示,由于不同城市轨道交通的 IBP 盘面模块划分有所不同,综合考虑各个城市轨道交通车站 IBP 的设计,将 IBP 划分为 7 个监控系统分区。IBP 上各监控系统分区设独立钥匙开关,以允许该分区的按钮触发。监控系统分区包括隧道通风系统区域、BAS 区域、安全门区域、自动扶梯及电梯系统区域、AFC 区域、门禁区域、信号区域。

1. 隧道通风系统区域

IBP 隧道通风系统区域盘面如图 4-1 所示。

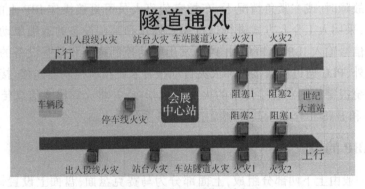

◎ 图 4-1　隧道通风系统区域盘面

列车火灾如果发生在隧道内,由隧道通风系统负责防排烟处理;列车火灾如果是发生在车站站台公共区,由车站暖通空调系统和隧道通风系统共同负责防排烟处理;当车站暖通空调系统排烟气能力不足时,隧道通风系统也可以协助排烟。

隧道通风主要有三个作用:排烟(主要作用)、提供一定的新风、引导乘客疏散。

(1)按钮介绍。

①火灾1、2按钮:在区间内进行的物理划分,把区间划分为若干个分区。根据区间发生火灾位置的不同,听从控制中心调度员的命令,按下相应的上行或下行的火灾1、2按钮,启动相应的风机和风阀。BAS 转为执行区间火灾模式。

②阻塞1、2按钮:当列车在区间内停留超过2min 时,就要启动相应的阻塞模式,根据列车阻塞在区间的位置,听从控制中心调度员的命令,按下相应的上行或下行的阻塞1、2按钮,启动相应的风机和风阀,BAS 系统转为执行阻塞模式。

③车站隧道火灾按钮:在车站站台范围着火的情况下,按下相应的车站隧道火灾按钮,BAS 系统转为执行车站隧道火灾模式。

④模式启动按钮:红色自锁带灯按钮,选择需要执行模式启动的区域,按下按钮。启动过程中该按钮的灯将会闪烁,灯常亮之后表示该模式已经成功启动。若紧急情况已解除,需解除该模式,只需要再次按下该按钮即可。

(2)注意事项。

①本模块须经环控调度员同意后方可操作。

②车站发现"火灾"或"阻塞"按钮指示灯常亮时,及时向控制中心行车调度员、环控调度员汇报。

③同一时间,火灾、阻塞模式只能启动一个,不可同时启动多个阻塞或火灾模式。

④列车阻塞在区间隧道停车时间超过3min 时,隧道通风系统执行列车阻塞模式,对隧道进行通风。

2. BAS 区域

BAS 区域盘面如图4-2 所示。

BAS 须满足两个方面的要求:一是在日常运营中为乘客和设备提供舒适及适宜的环境;二是在事故及灾害情况下进行通风、排烟、排毒、排热,起到保障生命及辅助灭火的作用。

城市轨道交通车站发生的火灾可能有站厅公共区火灾、站台公共区火灾、站厅两端设备房区火灾、站台两端设备房区火灾、列车火灾、车站外部区域火灾等。当发生火灾时,车站 BAS 负责防排烟处理。

车站 BAS 主要分为 A、B 端小系统、大系统,主要操作为模式启动、模式复位。

(1)按钮介绍。

①钥匙开关(无效/有效):钥匙旋转至"有效"位,IBP 的 BAS 操作有效,否则无效。

②模式启动按钮:红色自复带灯按钮,执行相应区域紧急模式的启动,当 BAS 控制区处于手动状态的时候,按下相应按钮系统便会执行相应的紧急模式。

③复位按钮:绿色自复带灯按钮,停止执行紧急模式,控制 BAS 恢复正常运营情况下的模式。

④自动状态指示灯:绿色圆形指示灯,当钥匙开关处于自动位时,该指示灯亮。

⑤手动状态指示灯:红色圆形指示灯,当钥匙开关处于手动位时,该指示灯亮。

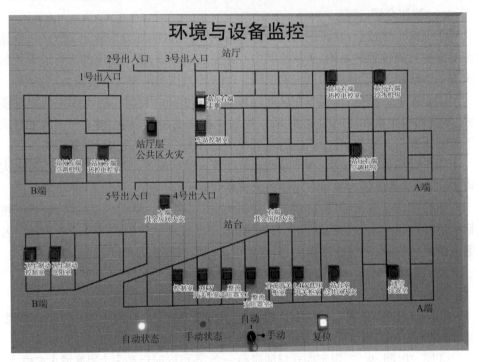

◎ 图 4-2 BAS 区域盘面

(2)操作示例。

①站厅公共区发生火灾,先用钥匙将"自动/手动"钥匙转换开关转换到手动状态,此时自动状态指示灯熄灭、手动状态指示灯亮起。

②在公共区大系统站厅层部分找到响应的启动模式按钮,按下该按钮后启动站厅公共区火灾模式。启动过程中,该按钮的按钮灯将会闪烁,模式启动成功后按钮灯稳定为红色。

③现场火灾情况恢复正常以后按下复位按钮,令系统执行正常模式。此时按钮灯闪烁,恢复正常后,按钮灯稳定绿色,再用钥匙将"自动/手动"钥匙转换开关转换到自动状态,自动状态指示灯亮起,系统恢复正常。

3. 安全门区域

IBP 安全门区域盘面如图 4-3 所示。

通过 IBP 实现紧急情况下就地控制盘的手动控制功能(打开、关闭对应上/下行所有滑动门单元),并通过指示灯表示安全门的状态。

(1)按钮介绍。

①钥匙开关(无效/有效):钥匙旋转至"IBP 有效"位,IBP 安全门对应侧控制

按钮操作有效,否则无效。

②开门按钮:绿色自复带灯按钮,分上/下行按钮,按下后可打开对应上/下行的安全门。

③关门按钮:红色自复带灯按钮,分上/下行按钮,按下后可关闭对应上/下行的安全门。

④操作允许指示灯:绿色圆形指示灯,分上/下行指示灯,分别表示该侧安全门是否处于 IBP 操作允许状态。

⑤开门到位指示灯:黄色圆形指示灯,开门到位指示灯亮起表示滑动门处于开启状态。

⑥关闭锁紧指示灯:绿色圆形指示灯,关闭锁紧指示灯亮起表示对应侧安全门关闭并处于紧锁状态。

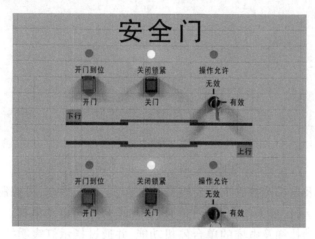

◎ 图 4-3　安全门区域盘面

(2)注意事项。

①开关门过程中相应侧开门到位和关门锁闭等指示灯均不亮。

②整侧安全门关闭后,相应侧关门锁闭灯应常亮绿色,否则安全回路不通。

③整侧安全门开启后,相应侧开门到位灯应常亮黄色,否则表示至少有一扇门未打开,则安全回路不通。

(3)操作示例。

正常运营情况下,安全门的开闭处于系统级控制下,实现自动开关。当车站发生火灾或其他紧急情况时,安全门的开阀由 IBP 控制,具体操作如下。

①将安全门模块钥匙插进锁孔,旋转至"有效"位置时,"有效"一端的灯亮起,激活 IBP 的操作。

②开关门操作。

a. 开启一侧安全门。按下对应的绿色开门按钮,此时站台相应侧的安全门全部打开(滑动门打开);同时,关闭锁紧灯熄灭,开门到位后,开门到位灯亮起。

b. 关闭一侧安全门。按下对应的红色关门按钮,此时站台相应侧的安全门全部关闭(滑动门关闭);同时,开门到位灯熄灭,关门到位后,关闭锁紧灯亮起。

c. 操作完成后,将钥匙从"有效"位置旋转回"无效"位置,恢复安全门的系统级控制模式。

4. 自动扶梯及电梯区域

IBP自动扶梯及电梯区域盘面如图4-4所示。

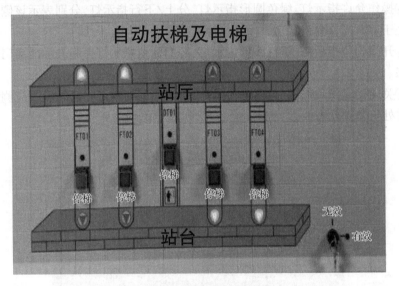

◎ 图4-4 自动扶梯及电梯区域盘面

自动扶梯及电梯监控区主要监控自动扶梯、电梯的状态,可控制自动扶梯、电梯停止与恢复运行,分为单台急停自动扶梯和单台急停自动电梯。通过IBP实现紧急情况下自动扶梯及电梯的单台停机功能,并通过指示灯表明扶梯的当前运行方向。

按钮介绍如下:

(1)钥匙开关(无效/有效):钥匙旋转至"有效"位,IBP扶梯及电梯控制按钮操作有效,否则无效。

(2)停梯(复位)按钮:红色自锁带灯按钮,按下单个停梯按钮后,按钮自锁,车站内对应的扶梯/电梯急停,同时其按钮灯亮起。

(3)扶梯指示灯:绿色三角指示灯,扶梯上/下行指示灯。亮起时对应扶梯的运行方向。

(4)钥匙开关有效位指示灯:绿色指示灯,当钥匙开关打到"有效"位时,指示灯被点亮。

5. AFC区域

当车站发生火灾等紧急情况时,需要及时疏散乘客,确保人员安全,此时AFC紧急释放就起到了至关重要的作用。当AFC闸机紧急释放按钮按下后,AFC系统执行紧急释放模式,站内闸机全部开启,使乘客可以快速脱离危险区,此时AFC闸机紧急释放按钮指示灯亮。AFC区域盘面如图4-5所示。

◎ 图 4-5　AFC 区域盘面

按钮介绍如下。

(1)钥匙开关(无效/有效):钥匙旋转至"有效"位,IBP 的 AFC 闸机控制按钮操作有效,否则无效。

(2)闸机紧急释放按钮:红色自锁带灯按钮,按下后自动释放本站 AFC 闸机,同时按钮指示灯亮起。

(3)紧急释放指示灯:闸机自动/手动触发紧急释放按钮之后,紧急释放指示灯亮起。

(4)消防联动指示灯:若消防联动触发闸机紧急释放,指示灯亮起红色。当再次按下按钮时,按钮复位,紧急释放指示灯按钮熄灭,AFC 闸机执行正常模式。

6. 门禁区域

门禁区域盘面如图 4-6 所示。

当发生紧急情况时,可通过门禁紧急释放需要通过刷门禁卡通行的门,使人员可以快速疏散。

(1)当钥匙开关在手动位置时,允许 IBP 下发释放命令。在自动位置时,禁止 IBP 下发释放命令,平时为自动位置。

(2)钥匙开关在手动位置时,按下紧急释放按钮,使按钮锁定,发出紧急放行控制命令,钥匙开关在手动位置时,再次按下紧急释放按钮,使按钮解锁,发出紧急放行取消控制命令。

(3)紧急释放按钮锁定时,"紧急释放状态"指示灯亮。紧急释放按钮解锁时,"紧急释放状态"指示灯灭。

当门禁紧急释放按钮按下后,门禁系统执行紧急释放模式,站内门禁全部开启,门禁紧急释放按钮指示灯亮。再次按下按钮,按钮复位,紧急释放指示灯按钮熄灭。门禁执行正常模式。

注意,有些城市轨道交通车站 IBP 中的门禁区域设置的紧急释放按钮是红色自锁带灯按钮,门禁紧急释放分 A、B 端(图 4-7),按下后自动释放本端所有门禁点门禁,同时按钮亮起,且配置的紧急释放指示灯是黄/红双色指示灯,门禁未处于紧急释放时,指示灯亮黄色;若本端门禁系统已执行了紧急释放,指示灯亮红色。

7. 信号区域

IBP 信号区域盘面如图 4-8 所示。

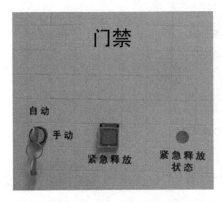

◎ 图4-6 门禁区域盘面(未按下紧急释放按钮时)　　◎ 图4-7 设置有A/B端门禁系统的示意图

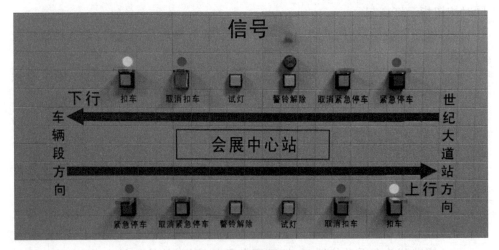

◎ 图4-8 信号区域盘面

IBP信号监控区域主要设置了针对紧急停车和与扣车操作相关的元件,以满足车站在特殊情况下的紧急和扣车使用,信号区所有按钮为自复按钮。

(1)按钮介绍。

①扣车按钮:黄色自复带灯按钮,按下后对该侧列车下发扣车命令,同时按钮上方"允许扣车"指示灯(黄灯)灭,"允许取消扣车"指示灯(红色)亮。

②取消扣车按钮:绿色自复带灯按钮,按下后终止该侧的扣车命令,同时按钮上方"允许扣车"指示灯(黄灯)亮。

③试灯按钮:白色自复带灯按钮,按下后对本方向信号区指示灯及带灯按钮进行测试。按下试灯按钮后,监控区内的与试灯按钮相关的指示灯全部点亮,松开后,按钮弹起,指示灯灭。

④警铃解除按钮:白色自复带灯按钮,按下用于切除紧急停车报警或取消紧急停车报警。

⑤紧急停车按钮:红色自复带灯按钮,与站台紧停按钮具有同等功能,按下后向该侧列车下发紧急停车命令,同时按钮上方的红色指示灯亮起,蜂鸣器报警,可

按下该按钮关闭报警。

⑥取消紧急停车按钮:黄色自复带灯按钮,若该侧处于紧急停车状态,可按下这个按钮解除紧急停车状态。若之前紧急停车状态已执行消音,此时蜂鸣器会再次报警,需再次按下警铃解除按钮关闭报警。

(2)注意事项。

设置紧急停车、取消紧急停车时,须选择正确的线路,侧式站台设置紧急停车时,两侧需要同时设置。

(3)操作示例。

正常运营情况下,信号系统采用自动控制方式;当发生紧急情况时,信号系统由 IBP 进行控制,具体操作如下。

①将信号系统模块钥匙插进锁孔,旋转至"手动"位置,激活 IBP 的操作。

②根据现场实际运营状况按下相应的控制按钮。

③操作完成后,将钥匙从"手动"位置旋转回"自动"位置,恢复正常控制模式。

> **拓展阅读**
>
> ## 武汉地铁 IBP 综合区域操作及作用
>
> IBP 综合区域如图 4-9 所示。
>
> (1)插入钥匙,将"模式"旋钮旋至"有效",触摸屏车站 BAS、隧道 BAS 具备下发命令权限,模式下发按钮由灰色变为黑色,可以实现下发紧急模式命令。
>
> (2)按下试灯按钮,按钮自复位,盘面所有区域 LED 灯点亮;试灯按钮 IBP 松开后,盘面所有区域 LED 灯点熄灭。
>
>
>
> ◎ 图 4-9 IBP 综合区域

单元4.2　紧急停车按钮的操作

一、功能及有效范围

通过设置在各站站台上的紧急停车按钮(图4-10)、车控室 IBP 上的紧急停车按钮(图4-11),实现紧急情况下对列车的控制。

◎ 图4-10　站台紧急停车按钮

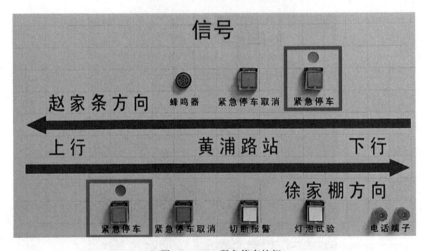

◎ 图4-11　IBP 紧急停车按钮

在紧急情况下,可通过按站台任一位置的紧急停车按钮,或者按车控室 IBP 上的紧急停车按钮,禁止列车自区间进入车站,禁止已停在车站的列车出发进入区间,对于已启动而尚未完全离开车站的列车应实施紧急制动停车,实现车站封锁的功能。

岛式站台的有效停车范围为按压侧站台的一条线路;侧式站台的为两侧站台间的两条线路;双岛式站台内侧的为中间两条线路,外侧为被按压侧的一条线路。

二、安装位置及要求

紧急停车按钮一般设置在站台两端墙面或立柱上,外形为红色的方形铁盒子,上方附有黄底黑字的提示标志,一般每侧站台设置 2 个;紧急停车按钮为非自复式按钮,使用钥匙使其复位;设置红色指示灯,当按下紧急停车按钮后,该按钮的指示灯点亮,车控室 IBP 对应站台的指示灯也同时点亮,表示该紧急停车按钮被激活。当发生危及行车安全或乘客人身安全等紧急情况时,可击碎透明盖板后按红色按钮,使未进站的列车在站台前停车,使停在站台的列车无法正常发车。车站站台紧急停车按钮安装位置如图 4-12 所示。

a) 墙面安装　　　　　　　　　　　　b) 立柱安装

◎ 图 4-12　车站站台紧急停车按钮安装位置

在车控室内的 IBP 上对应每侧站台设置 1 个紧急停车按钮,并有指示灯。当发现紧急情况需紧急停车时,按下紧急停车按钮,IBP 上对应站台的指示灯点亮,表示该紧急停车按钮被激活。当紧急情况结束后,按下取消紧急停车按钮进行复位。

三、紧急停车按钮使用条件

(1) 当车站内发生火灾、卧轨、乘客不慎掉入轨道等紧急情况时,发现情况的候车乘客或站台安全员可以按下站台紧急停车按钮;车控室行车值班员可以按下 IBP 上的紧急停车按钮,行车系统及控制中心会阻止列车驶入站内。

(2) 当车站内乘客比较多,有乘客抢上抢下的情况,或是出现乘客或乘客的东西被安全门卡到的情况时,其他乘客或站台安全员可以按下站台紧急停车按钮;车控室行车值班员可以按下 IBP 上的紧急停车按钮,此时列车会停车。

四、紧急停车按钮操作流程

紧急停车按钮操作流程如图 4-13 所示。

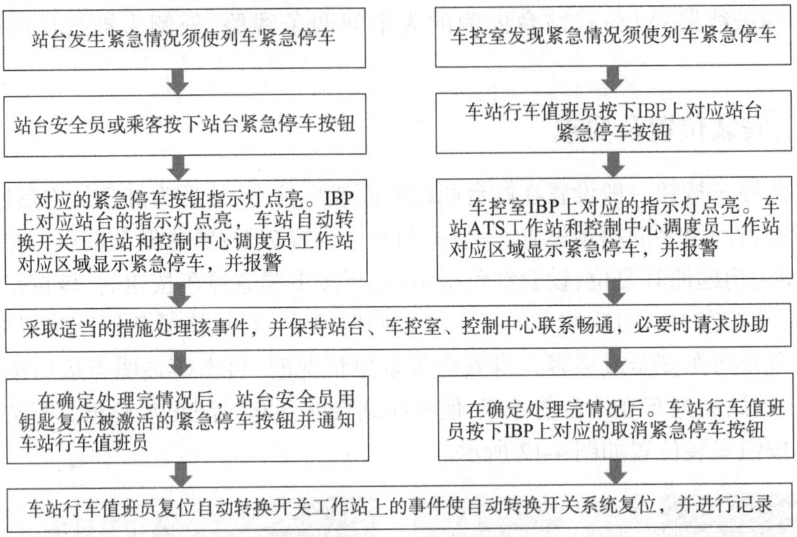

```
站台发生紧急情况须使列车紧急停车          车控室发现紧急情况须使列车紧急停车
            ↓                                      ↓
站台安全员或乘客按下站台紧急停车按钮        车站行车值班员按下IBP上对应站台
                                            紧急停车按钮
            ↓                                      ↓
对应的紧急停车按钮指示灯点亮。IBP           车控室IBP上对应的指示灯点亮。车
上对应站台的指示灯点亮,车站自动转           站ATS工作站和控制中心调度员工作站
换开关工作站和控制中心调度员工作站          对应区域显示紧急停车,并报警
对应区域显示紧急停车,并报警
            ↓                                      ↓
采取适当的措施处理该事件,并保持站台、车控室、控制中心联系畅通,必要时请求协助
            ↓                                      ↓
在确定处理完情况后,站台安全员用            在确定处理完情况后。车站行车值班
钥匙复位被激活的紧急停车按钮并通知          员按下IBP上对应的取消紧急停车按钮
车站行车值班员
            ↓
车站行车值班员复位自动转换开关工作站上的事件使自动转换开关系统复位,并进行记录
```

◎ 图 4-13 紧急停车按钮操作流程

厦门地铁 1 号线紧急停车

2022 年 2 月 10 日 16 时许,厦门地铁轨道 1 号线塘边站车控室突然响起一阵刺耳的警铃声,经紧急排查,警铃声是从塘边站站台发出的。

塘边车站工作人员介入后,现场一名年轻女子承认是其在塘边站下行站台候车时,擅自操作站台上的紧急停车按钮,之后她再次按下恢复。经核实,这名女子连续两次的操作直接造成塘边车站 IBP 报警,塘边下行进站列车已自动执行限速运行。

随后,塘边车站工作人员立即上报轨道行车调度中心,在现场确认属于误操作,一切安全后,取消此次紧急停车操作。

据厦门市交通执法支队轨道大队执法人员介绍,事件造成地铁 1 号线列车进站延误 82s,对地铁运营安全和运营秩序造成了直接影响。

根据《厦门经济特区轨道交通条例》第四十六条规定,该女子因擅自操作有警示标志的按钮、开关装置,非紧急状态下动用紧急或者安全防护装置,不当使用轨道交通设施的违法行为,面临罚款 2000 元的行政处罚。

执法部门温馨提醒广大市民朋友:乘坐地铁时应遵守地铁乘车的秩序,每一个地铁站台醒目位置均设有红色紧急停车按钮,非紧急必要时刻不得随意按下,否则将直接影响列车正常运行与市民出行。

思考:在什么情况下才能按下紧急停车按钮?紧急停车按钮的作用有哪些?近几年,国内多地地铁站发生乘客乱按紧急停车按钮的事件,造成列车紧急停车和晚点,乱按按钮的乘客被处罚,说明了哪些问题?我们应该怎么做才能减少甚至杜绝此类事件发生?

【思政点拨】

发生以下几种常见情况可以按下紧急停车按钮:①乘客跳下站台,进入轨道区间时;②物品掉下站台,影响列车运行时;③设备及物品侵入限界,阻挡列车正常进出车站时;④安全门或车门夹人时;⑤安全门或车门夹物影响行车时;⑥其他可能危及行车安全的突发性事件发生时。

近几年,乘客乱按紧急停车安全事件反映了乘客缺乏安全责任意识和对地铁常见操作按钮的认知,也反映了乘客缺乏法律意识。如果随意乱按,会涉嫌扰乱公共场所秩序,要按照《中华人民共和国治安管理处罚法》第二十三条进行处罚。即便紧急停车按钮旁边贴有提示标签,乘客还是会因为各种原因,如好奇等按下紧急停车按钮。因此,工作人员要普及和推广相关知识,并安排站务员巡视站台环境,避免乘客乱按紧急停车按钮危害行车安全和行车秩序。工作人员要帮助乘客把文明出行当作一种责任,形式一种习惯,正确使用紧急停车按钮,安全地铁、文明先行!

武汉地铁 IBP——信号系统区域介绍

武汉地铁 IBP 信号区域示意图如图 4-14 所示。

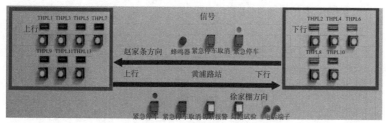

◎ 图 4-14 武汉地铁 IBP 信号区域示意图

(1)上/下行紧急停车按钮。在紧急情况下,可按下该按钮或车站站台上的站台紧急停车按钮,实现对列车的紧急控制,禁止列车自区间进入车站,实现车站股道封锁;禁止已停在车站的列车出发,或其他列车进入区间,对于已启动而尚未完全离开车站的列车实施紧急制动。站台紧急停车按钮须经人工确认后才能恢复。

(2) 上/下行紧急停车状态指示灯,紧急停车按钮按下时显示红灯,取消紧急停车后灭灯。

(3) 当按下紧急停车按钮时,蜂鸣器会自动警报;切断报警按钮,切断蜂鸣器报警,当故障恢复后又重新报警,确认故障恢复后再次按下按钮,切断蜂鸣器报警。

(4) 取消紧急停车按钮(红色自复式带铅封),取消紧急停车操作,ATP 设备向列车发送相应的列车控制命令。

(5) 灯泡试验按钮(白色自复式),试验 IBP 上 LED 灯泡功能是否正常。

(6) 信号集中站除具有非集中站信号所有功能,还将所有计轴信息都集中布置在马赛克屏上面。在现地操作工作站上设置允许复位(YFWA)按钮,在车控室的 IBP 上设置各区段的计轴复位按钮。如果操作人员需要对某区段进行复位,操作人员首先按下现地操作工作站上的允许复位按钮,该按钮的有效时间为 60s,否则需要再次按下;操作人员需要在这 60s 内按下需要进行计轴复位区段的计轴复位按钮。

技能训练

实训任务　IBP区域认知与操作

任务描述

城市轨道交通车站行车值班员的主要工作包括：监督及监视列车运行状况、设备运转情况、检查备品钥匙等；IBP的监视，如各个分区系统的巡视；施工与检修作业管理，夜间施工办理登记、管理、注销等；办理行车，依照行车调度员的命令进行办理等。某天车站站台出现列车停靠站台发生火灾/扶梯客伤/地铁安全门夹人等多种情况，如果你是该站行车值班员，请你演练操作IBP的方法尽快帮助乘客出站和解决问题。

任务目标

1. 能识别IBP各区域的名称，能介绍各区域组成部分的功能。
2. 能够掌握AFC、安全门、电梯与自动扶梯、紧急停车等在IBP上的操作方法。
3. 了解各区域组成部分操作的时机。

任务要求

1. 组内设置组长、记录观察员，进行分工和表现过程记录。
2. 完成资讯与计划相关知识和任务准备工作。
3. 进行合作学习、互评、纠错、总结。

资讯与计划

1. IBP各组成区域的认知与操作方法，完成表4-1。

IBP区域组成与操作方法　　　表4-1

序号	区域名称	功能	使用时机	操作方法	恢复方法
1					
2					
3					
4					
5					
6					
7					

2. 任务计划,完成表4-2。

任务计划表 表4-2

具体分工情况:

任务实施

1. 4人一组,利用实训室IBP设备,一人指出IBP各组成区域的名称和功能,另一人复述其名称、设备功能和演练操作方法,互相检查和纠正。

2. 每个人逐个认知各部分设备和操作方法,说出使用时机,其他人记录错误点进行点评。

实操考核

考评表 表4-3

项目	认知与操作能力			学习能力	合作能力	合计
	识别IBP各组成区域的名称和功能	会动手操作各区域的紧急操作	能说出IBP各区域使用紧急操作的时机	学习态度、完成标准(包括计划与资讯完成情况)、熟练度	小组合作互助、记录纠错	
满分	每个2分,共14分	每个4分,共28分	每个3分,共21分	每项9分,共27分	共10分	100分
得分(分)						

复习思考题

一、不定项选择题

1. (　　)是车站综合监控工作站的紧急后备盘,是系统瘫痪后的应急操作设备。
   A. FAS 盘　　　B. IBP　　　C. SIG 盘　　　D. ISCS 盘
2. 在站台上处理乘客掉落物品情况时,第一时间应当(　　)。
   A. 立即按下紧急停车按钮　　　B. 做好乘客安抚工作
   C. 报告行车调度员　　　D. 到站台上捡取掉落物
3. IBP 上控制的设备有(　　)。
   A. AFC 释放　　B. 控制通风设备　　C. 控制安全门　　D. 紧急停车按钮
4. 紧急停车按钮的作用包括(　　)。
   A. 禁止列车从区间进入车站
   B. 禁止已停在车站相应站台的列车动车
   C. 对于已启动而尚未完全离开车站相应站台的列车实施紧急制动停车

二、判断题

1. 侧式站台的紧急停车按钮按下有效控制范围为两侧站台间的两条线路。(　　)

2. 当 AFC 闸机紧急释放按钮按下后,AFC 系统执行紧急释放模式,站内闸机全部开启,AFC 闸机紧急释放按钮指示灯亮。(　　)

三、简答题

当车站发生火灾或其他紧急情况时,如何操作 IBP 进行安全门的开启?

四、案例分析题

城市轨道交通快速发展,对车站 IBP 的要求不管是外观、结构还是功能都秉承精益求精的原则。无锡地铁遵循以人为本、优质服务、追求卓越的设计理念,生产了部分 IBP 样机。

IBP 外观流畅优美,采用流线型结构,4 个单体之间夹角为 5°,整体呈现直角圆弧,每个单体都可拆卸,方便运输;在用材方面,主体结构采用优质、可靠、耐用、一体成型的钢结构材质,钢板厚度超过 2mm,厚度同比明显超过国内其他地铁 IBP 主体结构;盘面采用阻燃马赛克材料,保证设备的安全可靠;结构设计方面,下柜前后设置快卸门,方便日常维护,显示器平放于桌面,设置操作台面清洁,同时兼顾人体工程学原理,综合考虑无锡地铁运营人员的平均高度,设置合理的 IBP 柜高,便于运营人员按键操作;后上门采用后气杆支撑门专利技术,使维护更加便捷;可任意调节活动主机托盘高度,卧式和立式主机都能放置;每个柜内都设一块安装板,可以安装 PLC 模块、电源、空开等元件,每个柜内都设置维修照明,以方便维护;无论是快卸门还是气杆门,门上都设通风散热孔;为了加强柜内通风散热,每个下柜体两侧均安装风扇。

IBP 色调柔和,整体采用暖色系列,喷涂图纹为小橘纹,与工作环境十分匹配。IBP 布置采取了功能分区构思,将盘面根据各个系统功能不同划分为 9 个各自独立的区域:信号、自动电扶梯、安全门、门禁、车站环控、隧道通风、AFC 闸机、高压细水雾和消防水泵区域。IBP 界面划分清晰,专业分工明确,系统互不干扰,为车站操作人员实时操作提供很大的便利。

IBP 样机无论从外观、结构还是功能使用,都将为车站操作人员营造了一个舒适的工作环境,也为无锡地铁良好运营提供了有力的保障。

(摘编自无锡地铁官网)

思考:
1. 结合案例,讨论 IBP 在车站运营管理中的作用。
2. 阅读案例,结合实际谈谈 IBP 的组成及其功能。

模块 5
站台安全门系统

教学目标

知识目标
1. 了解站台安全门系统概念、功能和类型。
2. 了解站台安全门的门体结构。
3. 掌握站台安全门的基本操作方法。

能力目标
1. 能完成安全门日常检查及基本操作。
2. 能应对安全门常见故障并进行处理。

素质目标
1. 形成主动服务、规范、安全工作的职业意识。
2. 养成耐心细致、严谨认真的工作态度。

建议学时

12 学时

案例导入

因走错站台,南京一男子闯入地铁轨道逼停列车

2016年4月21日上午,一男子从南京地铁1号线天印大道站站台下行(迈皋桥站—中国药科大学站方向)尾端墙翻越站台安全门进入地铁轨行区。地铁站台保安发现后,迅速上报地铁调度中心。调度中心立即通知双向列车在区间内紧急停车。地铁站务人员确定男子位置后,进入轨行区将其带离,交由地铁民警处理。

据地铁公司反馈,该起擅自进入轨行区事件已造成南京地铁1号线上行列车紧急停车2分20秒,晚点3分30秒,下行列车紧急停车2分25秒,晚点2分40秒。由于该男子行为已经涉嫌扰乱地铁公共秩序,造成地铁列车晚点,根据《中华人民共和国治安管理处罚法》的规定,地铁警方依法对其处以行政拘留7日的处罚。地铁警方提醒,轨行区是地铁列车行驶的区域,内有高压电等设备,一旦人员进入轨行区可能造成伤亡,同时将严重影响地铁运营秩序。

(摘编自公众号地铁舆情资讯,2016年4月)

思考:

1. 上述案例中男子翻越的站台安全门是哪种类型?
2. 站台安全门的作用是什么?常见的地下车站、高架车站分别采用哪种类型的安全门?为什么?
3. 在有站台安全门设置的情况下,工作人员还需要注意哪些可能发生的问题?如何做好服务和监管从而保障乘客安全?

单元5.1 站台安全门系统认知

一、站台安全门门概念

根据《地铁设计规范》(GB 50157—2013),站台安全门是安装在车站站台边缘,将行车的轨道区和站台候车区隔开,设有与列车门相对应、可多级控制开启与关闭滑动门的连续屏障。

二、站台安全门系统功能

站台安全门重要的功能主要有以下三种:

(1)提高候车安全性。可以防止乘客误入或有意闯入轨行区与设备区,同时可以避免异物掉落进入轨行区,避免乘客被列车高速驶过时产生的强大负压吸住掉入轨道等,减少对列车正常运行的影响。

(2)降低运营成本。降低夏季空调的运行成本与站台站务人员等人力成本。

(3)保持良好的站台环境。站台安全门在美观、降噪等方面起改善作用。

三、站台安全门系统分类

站台安全门系统分为封闭式安全门和开放式安全门。

1. 封闭式安全门

封闭式安全门是安装于城市轨道交通车站,实行全封闭,具有密封性能的站台安全门系统,又称为屏蔽门。封闭式安全门如图5-1所示。

2. 开放式安全门

开放式安全门分为全高安全门和半高安全门。

(1)全高安全门安装于地铁、轻轨等交通车站,门体结构超过人体高度,门体顶部距离站厅顶面之间有一段不封闭空间,不具有密封性能,其总体高度为2050mm。全高安全门如图5-2所示。

◎ 图5-1　封闭式安全门

(2)半高安全门主要安装于地铁、轻轨等轨道交通地面站或高架车站,门体结构不超过人体高度,不具有密封性能,其总体高度为1500mm。半高安全门如图5-3所示。

◎ 图5-2　全高安全门

◎ 图5-3　半高安全门

高架车站、地面车站基本都采用半高安全门,地下车站一般采用封闭式安全门。

拓展阅读

2022年8月9日,北京地铁2号线朝阳门站发生一起事故,该起事故导致地铁2号线内环方向暂停运营约1小时,从中午11时50分持续到12时40分左右。

根据北京地铁通报，当日中午 11 时 50 分左右，北京地铁 2 号线朝阳门站，一名乘客翻越安全门进入运营轨道正线。市民孙先生目睹了事发经过，当时他正好要下到站台。"碰巧我瞅了眼表，大概是 11 点半，突然看到一个二十多岁的小伙子用手一撑安全门，用力一跳就翻入了地铁轨道，很多乘客都没有意识到发生了什么，之前也毫无征兆。"孙先生说。这时候地铁列车刚要进站，差不多驶入站台的五分之一处，随后列车立刻停了下来，整个过程只有几秒钟的时间。当时司机采取了紧急制动措施，列车后面的大半部分都没有驶入站台就停了下来。随即，地铁 2 号线内环方向采取接触轨停电措施，内环方向列车暂停运营，保障现场救援。

经过约 1 个小时的紧急处置，中午 12 时 40 分左右，地铁 2 号线内环方向逐步恢复运营。

据了解，由于建设年代久远，北京地铁的一些老线路在建设之初并没有设置安全门。2015 年，北京地铁集中推进了一批地铁站安全门加装工程，由于 1 号线、2 号线建设较早，站台强度不够，所以在安装安全门门体前，要先进行站台板加固工程。同时，只能加装半高安全门，其高度约为 1.5m。

在地铁 2 号线加装完安全门后，仍出现过乘客翻入轨道的情况。2017 年 8 月，东直门站曾发生过一起乘客翻越安全门跳入轨道，被卡在列车与站台间缝隙处的事故。

（摘编自《新京报》，2022 年 8 月）

思考：常见的地铁安全门是什么类型的？半高安全门一般设置在地下车站、地面车站还是高架车站？如何提醒乘客安全乘车，避免此类事故发生？

【思政点拨】

常见的地铁安全门采用的是封闭式安全门形式，能有效防止乘客翻阅安全门发生危险事故；半高安全门一般设置在高架车站。对于站台安全乘车，可以从以下三点入手，加强安全监督，为乘客提供贴心服务。

(1) 站台工作人员加强安全监督。站务员在站台上来回巡视，遇到有乘客倚靠安全门的情况，须立即上前提醒；列车进出站时，严格执行"手指口呼"接送列车的要求。

车站的公共文明引导员也需要加强安全引导，不断提醒乘客："车辆停靠时间较短，请抓紧时间上下车。"

(2) 车站设置相应提示标志，如车站安全门上张贴"禁止倚靠""当门体滑动时，请勿靠近"等警示标语。车站的立柱上也应安装"紧急停车按钮"标志。当发生紧急情况时及时使用设备处理。

(3) 司机加强瞭望观察。地铁列车在进出站时，司机要加强瞭望观察，特别是针对一些没有安装封闭式安全门的线路和车站。在运营中，遇到一些乘客手扶安全门，甚至探出手臂拍摄列车进站画面的情况，及时采取闪烁车灯或鸣笛等措施，提醒乘客注意安全。

四、安全门系统结构

安全门系统一般由机械和电气两大部分构成。机械部分主要包括门体结构和门机驱动系统。电气部分包括控制系统、监视系统及电源系统。安全门系统结构如图5-4所示。

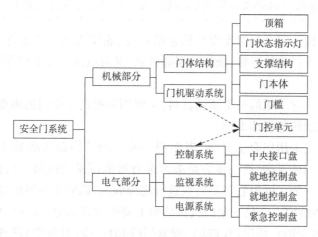

◎ 图5-4 安全门系统结构

1. 机械部分

（1）门体结构。门体结构为乘客在站台可直观看见的部分，主要由顶箱、门状态指示灯、支撑结构、门本体、踢脚板、门槛等部分组成，如图5-5所示。

①顶箱。顶箱上可装设一些导向标志，但其主要功能是对内部部件进行密封保护，并采用防电磁干扰措施。此外，顶箱内藏有重要的机械部件，保证门体的自动开关。

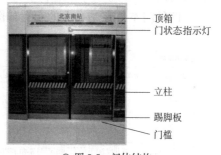

◎ 图5-5 门体结构

②门状态指示灯。在顶箱的上侧方有一个用于照明的设备灯带，灯带可以帮助乘客更好地识别顶箱表面内容。灯带是站务员巡检的内容之一，当发现有灯源损坏时，应及时通知相关人员进行维护和更换。

知识链接

门状态指示灯的作用

门体上的指示灯是一个看起来无关紧要却具有重要意义的设备，它能够帮助工作人员快速辨别各个门的状态。下面以某品牌的安全门为例，进行介绍。

屏蔽门门体
主要部件

> (1)执行开门命令:在滑动门开门过程中,门状态指示灯闪烁,在滑动门全开后常亮。
> (2)执行关门命令:在滑动门关门过程中,门状态指示灯闪烁,在滑动门关闭后熄灭。
> (3)当滑动门内部有故障时,门状态指示灯闪烁(快速闪烁)。

③支撑结构。安全门的支撑结构包括立柱、底座以及支撑组件。底座通过绝缘件与站台板进行螺栓连接,既保证牢固可靠,又可以保证安全门系统与站台板地面绝缘隔离。

④踢脚板。它采用的是不锈钢材料,主要用来提高安全门的强度,防止乘客有意或无意踢脏或踢碎门体玻璃。

⑤门槛。它采用铝合金材料,表面用一种凸凹结构做防滑处理,门槛位于所有能够滑动的门体下端,这些地方是乘客最有可能踩踏的区域。门槛主要用于避免乘客经过时摔倒。同时它与站台板进行绝缘固定,以防止乘客触电。

⑥门本体结构。它是安全门机械结构重要的组成部分,按照结构和功能一般可分为滑动门(ASD)、固定门(FIX)、应急门(EED)、端门(MSD)四种,部分站台包含司机门(DSD)。

四种门本体在站台上的布置如图5-6所示。

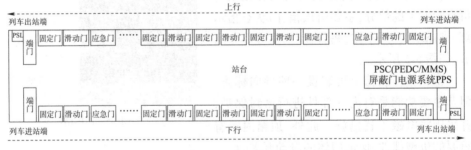

◎ 图5-6 站台门体分布

屏蔽门障碍物探测

滑动门:数量应与列车一侧客室门数量一致,位置对应。正常情况下,滑动门的开与关应由门机总承的驱动机构操作,由门控单元控制。在紧急情况下应能实现如下功能:在轨行区侧,乘客可操作设置在门扇上的把手手动开门;在车站站台侧,车站乘务员可用专门钥匙手动开门。滑动门如图5-7所示。

滑动门一般具有障碍物探测功能,当滑动关门受阻时,门操作机构能通过探测器检测到有障碍物存在并立即释放关门力,停顿2s后门全开,然后再次关门。重复关门三次仍不能关闭,则滑动门全开并报警,等待工作人员处理。

固定门:设在双扇滑动门之间,根据滑动门的间距,在满足门本体结构强度、刚度的前提下,根据轨行区边墙侧灯箱广告的可视性及视觉观感的要求,进行分块或不分块处理。固定门如图5-8所示。

◎ 图 5-7　滑动门

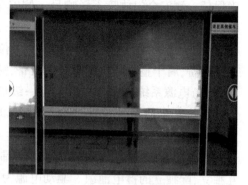

◎ 图 5-8　固定门

应急门：在门本体结构中应设置应急门，不带动力。每节车厢至少对应一扇应急门，在应急情况下使乘客能在轨行区侧手动打开逃生。应急门如图 5-9 所示。

端门：设置在站台端头，在正常情况下由列车司机或车站站务员手动打开。端门如图 5-10 所示。

◎ 图 5-9　应急门

◎ 图 5-10　端门

司机门：布置在加长的站台处。当列车不行驶到站台端头即正常停车时，为保证司机能够正常下车完成相关操作，在安全门门体上设置司机门。

（2）门机驱动系统。安全门的门机驱动系统设置在顶箱内，它由驱动电机（直流电机）、传动装置（皮带或螺杆）、自动锁紧装置及门体悬架装置组成。其中传动装置分为皮带传动和螺旋副传动两种。

滑动门利用不同类型的门机驱动系统实现门体自动开关功能。当滑动门收到开关门指令时，电机动作带动传动装置，以门悬架设备为基础带动门体开关。

2. 电气部分

安全门系统的电气部分包括控制系统、监视系统及电源系统，其中监视系统分为电源监视系统和中央接口盘（PSC）监视系统。

（1）控制系统。控制系统设备包括中央接口盘、就地控制盘、就地控制盒、门控单元、远程监视设备等。

每个车站安全门控制系统均包括两个独立控制子系统，分别监控两侧安全门，确保任一侧安全门故障不影响另一侧安全门的正常运行,某一道安全门故障不影响同侧其他安全门的正常运行。

(2)监视系统。安全门的监控主机位于中央接口盘内,是每个监视子系统的主要设备,属于整个网络的总线主设备,完成对整个系统的监视功能。

(3)电源系统。安全门系统为一级负荷供电,两路交流电输入经低压配电箱切换后给安全门系统供电。电源设备以及电源自动切换箱设置在安全门设备室内。

安全门系统供电电源驱动电源和控制电源分开设置。控制电源和驱动电源相互独立,配独立的蓄电池组。驱动电源为滑动门的驱动提供电源,控制电源为安全门的监控系统提供电源。

单元 5.2　站台安全门控制模式与操作

站台安全门的控制有系统级中央接口盘控制、站台级就地控制盘控制、紧急级 IBP 控制、就地级就地控制盒控制及手动级控制五种操作方式,由门机控制单元、通信介质和通信接口等设备组成。

系统级控制:正常情况下使用,当列车进站时,经由信号系统通过中央接口盘控制安全门。

站台级控制:由两侧站台的就地控制盘控制,优先级别高于系统级。当系统级控制不能正常实现时,列车司机或站台工作人员通过发车端就地控制盘 PSL 对安全门进行开/关门操作,实现站台级控制。

紧急级控制:当车站、区间发生火灾等紧急事件情况,需要在车站疏散时,通过设置在车控室的 IBP 上的紧急控制按钮,开启安全门。

就地级控制:在单挡滑动门处,利用就地控制盘电控方式控制滑动门的开启或关闭。

手动级控制:当滑动门因故障无法正常开门时,乘客从轨道侧通过操作手柄机械解锁将滑动门打开,站台人员从站台侧通过钥匙机械解锁将滑动门打开。

安全门控制的控制优先级如图 5-11 所示。手动级控制优先级最高,紧急级控制优先级高于系统级控制和站台级控制,系统级控制优先级最低。

一、系统级控制

信号系统通过中央接口盘控制安全门的控制方式又叫作系统级控制。

1. 主要设备

中央接口盘是安全门控制系统的主要接口设备,是安全门控制系统的核心,为车站信号室内的信号系统设备、车控室内的机电设备监控系统(BAS)、安全门设备室内的电源系统、站台端头就地控制盘、操作指示盘、IBP及所有的门机控制器/门控单元提供连接接口。

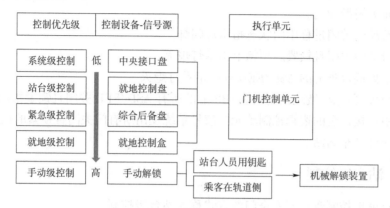

◎ 图 5-11　安全门控制系统优先级

门控单元是安全门电机的控制装置,每个滑动门单元都配置一个门控单元,控制两门扇的动作,并采集安全门的各种状态、故障信息发送至中央接口盘,门控单元执行系统级和站台级设备发来的控制命令。全高安全门的门控单元安装在顶箱内,由中央处理器(CPU)、存储单元、接口单元、电机的驱动电路及相关软件等组成。个别门的门控单元故障时,不影响同侧其他安全门的正常工作。

2. 适用范围

系统级控制是正常运行模式。当列车采用自动驾驶模式运行时,列车到站并在允许的误差(±0.5m)范围内停稳后,列车发出开/关门控制命令,控制命令经信号系统发送至安全门系统中央接口盘的逻辑控制单元(PEDC),由逻辑控制单元发信号给门控单元进行滑动门开/关门动作控制,实现安全门的系统级控制操作。

3. 操作步骤

(1)开门操作。信号系统确认列车在允许范围内停稳时,司机室操纵台上"开门允许"指示灯点亮,信号系统发出开门命令至逻辑控制单元,逻辑控制单元通过中央接口盘向每个门控单元发出开门命令,控制门控单元打开滑动门。

①滑动门依照信号系统发出的"开门"命令打开。

②开门过程中顶箱上的门状态指示灯闪烁。

③门完全打开后,门状态指示灯亮。

④中央接口盘、就地控制盘和 IBP 上的所有 ASD/EED 关闭且锁紧指示灯熄灭。

⑤从中央接口盘到信号系统的所有 ASD/EED 关闭且锁紧信号撤销。

⑥中央接口盘、就地控制盘、IBP 上的开门指示灯亮。

⑦中央接口盘向信号系统反馈门已开的信息。

(2)关门操作。在信号系统正常且列车停靠在站台的停靠范围内,列车即将离站时,司机按下关门按钮发出关门命令,来自信号系统的"开门"命令撤销,安全门将执行关门程序。

①信号系统通过中央接口盘逻辑控制单元向每个门控单元发出关门命令控制门控单元关闭滑动门。

②滑动门关闭过程中门状态指示灯闪烁。

③滑动门关闭且锁紧后顶箱上指示灯熄灭。

④中央接口盘上的 ASD/EED 开门指示灯熄灭。

⑤中央接口盘、就地控制盘和 IBP 上的所有 ASD/EED 关闭且锁紧指示灯亮。

⑥中央接口盘的逻辑控制单元向信号系统发出所有门关闭且锁紧的信号。

⑦允许列车离站。

二、站台级控制

通过就地控制盘控制安全门的方式称为站台级控制。

1. 主要设备

站台端头就地控制盘设有一个较高防护等级的外壳,安装在站台轨道侧的前端,与列车正常停车时司机室相对。就地控制盘通过硬接线与就地控制盘 PSL 相连。

2. 适用范围

当系统故障、逻辑控制单元对门控单元控制失败、列车停车位置超出限定的停车范围、信号系统与安全门系统通信故障或单道安全门故障时,由列车司机或站台工作人员在发车端的就地控制盘上对安全门进行开/关门操作。在就地控制盘(图 5-12)上将钥匙打到"开门"或"关门"位置时,滑动门的开关不受信号系统控制。

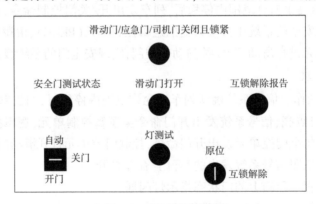

◎ 图 5-12　就地控制盘效果图

3. 操作步骤

(1) 开门操作。

①司机或站务人员用钥匙转动就地控制盘上左侧的控制开关至"开门"位置,通过就地控制盘发出开门命令。

②此时该侧滑动门全部开始打开,就地控制盘上的关门指示灯熄灭,门状态指示灯闪烁。

③当安全门完全打开后,门状态指示灯亮。

（2）关门操作。

①司机或站务人员用钥匙转动就地控制盘上左侧的控制开关至"关门"位置，通过就地控制盘发出关门命令。

②此时该侧滑动门开始关闭，就地控制盘上的开门指示灯熄灭。

③安全门全部关闭后，门状态指示灯熄灭。

④需要发车时，司机或站务人员用钥匙转动就地控制盘上的控制开关至"关门"位置，退出操作。

4. ASD/EED 互锁解除操作

（1）适用范围。滑动门/应急门无法关闭，或安全门全部关闭后由于关闭且锁紧信号无法传至信号系统或信号系统无法确认安全门是否全部关闭且锁紧而不能发车时。

（2）操作步骤。

①确认该侧滑动门全部关闭。

②站务人员用钥匙转动就地控制盘上右侧的控制开关至"互锁解除"位置，信号系统接到互锁解除信号后，重新向轨道发码允许列车发车。

③在某一道滑动门不能关闭的情况下，站务人员可用钥匙将故障滑动门从一侧所有门单元中隔离出来（手动操作，在就地控制盒上用钥匙转动模式开关至"隔离"位），并将该滑动门关闭。如仍无法发出关闭且锁紧信号，在就地控制盘上进行互锁解除操作，使列车安全离站。

④就地控制盒上钥匙开关打到"隔离"位时，该挡滑动门的门机驱动电源即被断开。若乘客从轨道侧将已处于隔离位的滑动门用手扒开，滑动门不会自动关闭，门状态指示灯点亮报警。

注意：因为"互锁解除"钥匙控制开关是自复式的，所以站务人员必须保持操作钥匙在就地控制盘上的"互锁解除"位置，直至列车驶至安全区域（列车整列驶离站台轨道区段）。若在列车未驶至安全区域站务人员就松开了"互锁解除"开关，信号系统会立即向轨道发送停车码使列车停车，造成列车紧急停车；就地控制盘上的关门且锁定指示灯亮灯，表明该侧所有滑动门关闭且锁紧，此时进行互锁解除操作无效。

三、紧急级控制

1. 适用范围

当区间发生火灾、列车迫停等紧急情况时，车站人员须对乘客进行紧急疏散时使用。

2. 操作步骤

在车站车控室 IBP（安全门专业区域）上转动某一侧安全门的钥匙开关，发出开门命令给安全门系统，使该侧所有滑动门全部打开。

以武汉地铁为例，注意在使用 IBP 打开滑动门后，恢复"无效"挡位，滑动门不会自动关闭,须在站台使用就地控制盘或就地控制盒进行手动关闭。具体内容在 IBP 的认知与操作中有讲述,此处不再赘述。

四、就地级控制

1. 主要设备

就地控制盒是在每个滑动门的顶箱里靠近门控单元的装置,它由一个四位钥匙开关组成,包括四个挡位(自动、开门、关门与隔离),钥匙只有在"自动"位时可取出。

当钥匙开关处于"自动"位置时,门控单元接收中央接口盘发来的控制信号;当钥匙开关处于"隔离"位置时,这个门的门控单元不接收任何控制命令,以便进行维修;当钥匙处于手动开门或关门位置时,门控单元不接受中央接口盘发来的控制命令,此道门的安全回路被旁路,用于应急情况使用。在逻辑关系上,开门、关门是互锁的,也就是不可能同时发出的两个命令。

2. 适用范围

当个别安全门发生故障或控制系统电源不能供电时,以及使用就地控制盘进行开关门操作无效时,站台人员可采用就地控制盒钥匙对故障门体进行手动开/关门操作。

五、手动级操作

这里主要介绍可手动操作的三种门体类型的操作适用范围和步骤。

屏蔽门(滑动门)的手动操作

1. 滑动门操作

(1)适用范围。滑动门无法正常打开时,站务人员可在站台侧用机械钥匙打开/关闭任意一扇滑动门。另外,乘客或工作人员可在轨道侧操作安全门开门把手打开任意一扇活动安全门(开门把手处有明显的指示标志)。

(2)操作步骤。由于不同城市轨道交通手动解锁装置有所区分,本部分对常见的操作方法进行描述。

方法一:站务人员或乘客在轨道侧按下滑动门中缝处的解锁按钮后,向两侧用力打开任意一扇滑动门。

方法二:站务人员在站台侧用钥匙进行操作,以机械方式打开或关闭任意一扇滑动门。如果此时滑动门的门控单元正常,则该滑动门经 10s 延时后自动关闭。

应急疏散门的手动开门

2. 应急门操作

(1)适用范围。列车进站后列车门无法对准滑动门时,保证至少有一扇应急门对准列车车门作为乘客的疏散通道。

(2)操作步骤。

方法一:乘客在轨道侧推压推杆,推杆带动门框内的解锁机构,松开应急门的上下门闩,向站台侧平推 90°,推开应急门。

方法二：站务人员在站台侧用钥匙打开应急门门闩，向站台侧平拉90°，打开应急门。

注意：每道应急门的门框上装有闭锁器，推开应急门到最大位置90°后，门体会定位，使用完毕后站务人员应确保应急门处于关闭状态，防止乘客跌入轨道。

3. 端门操作

（1）适用范围。端门是站务人员或维修人员进出隧道、进行维修的通道，也是列车在区间发生火灾或故障时，乘客从列车下到隧道后疏散至站台的通道。

（2）操作步骤。

方法一：站务人员、司机或乘客在轨道侧推压推杆，推杆带动门框内的解锁机构，松开端门的上下门闩，向站台侧平推90°，推开端门。

方法二：站务人员或司机在站台侧用钥匙打开端门门闩，向站台侧平拉90°，打开端门。

注意：

①每道端门上只有一个门扇，门框上装有闭锁器，闭锁器具有足够大的力，保证端门在手动开启后能够自动复位关闭，当端门开到90°时门体会保持定位。

②所有员工使用端门通道后必须确保端门重新关闭，防止乘客跌入轨道。

端门的手动开门

单元5.3　站台安全门日常检查与常见故障应急处置

一、安全门的运营前检查

安全门运营前检查流程及标准见表5-1。

站台安全门运营前检查流程及标准　　　　表5-1

检查项目	运营前检查流程及标准
就地控制盘指示灯状态	（1）按下灯测试按钮后，面板上所有灯都亮起并处于正常显示状态，同时蜂鸣器鸣叫。 （2）松开后，全门关闭锁紧指示灯保持常亮，其余灯熄灭。 （3）如在未测试情况下安全防护装置报警灯亮红灯，同时蜂鸣器报警，表示安全防护装置故障
就地控制盘功能状态	（1）将"自动就地控制"开关切换到"就地"位，开关安全门1次，整侧安全门正常开启和关闭。 （2）开启后，就地控制盘上的"全门关闭锁紧"指示灯熄灭；关闭后，就地控制盘上的"全门关闭锁紧"指示灯亮绿灯。 （3）检查滑动门上指示灯的状态：滑动门开启后，门头灯常亮黄灯；滑动门关闭后，门头灯黄灯灭。 （4）每侧安全门均需使用就地控制盘测试开、关门3次

续上表

检查项目	运营前检查流程及标准
安全防护装置	(1)观察安全防护装置上2个指示灯(正常均为白灯,故障为红灯和白灯),在正常情况下在安全门关闭后3s,检查就地控制盘安全防护装置启用灯是否点亮,安全防护装置报警灯是否报警。 (2)在就地控制盘安全防护装置启用灯点亮的情况下,使用异物遮挡激光光束,检查就地控制盘安全防护装置报警灯是否报警,移除异物,检查报警是否消除
就地控制盘侧面钥匙开关	(1)互锁解除钥匙开关切换到"激活"位,黄灯指示灯亮起。 (2)安全防护装置钥匙开关切换到"旁路"位,黄灯指示灯亮。(操作完成后均切换到"自动"位)
应急门状态	不需要打开,观察应急门状态指示灯,正常为熄灭,故障为黄灯
端门状态	锁闭时门锁插销正常落位,绿色推杆是否灵活,观察端门状态指示灯,正常关闭为熄灭,故障或未关紧为黄灯

二、安全门故障处理原则及相关知识

1. 安全门的应急处理原则

(1)当安全门故障时,按照"先通后复"原则快速处理。在保证安全的前提下,车站人员要尽快处理,及时向司机显示"好了"信号,司机在确保安全的情况下按时刻表的要求行车,确保列车准点运行。

(2)当运营中安全门发生异常情况时,司机、车站工作人员要及时处理,在做好行车组织的同时做好乘客广播、引导等客运组织工作。

2. 安全门故障处理相关知识

(1)旁路:旁路指安全门单元的一种工作模式,将故障门单元的控制回路从控制系统中隔离出来。

(2)断电:安全门单元打开后,可以通过断电操作使安全门保持开门状态。

(3)互锁解除:强制接通安全回路。"互锁解除"信息优先级高于"关门并锁定"信息,由站务员人为介入在就地控制盘上将互锁解除钥匙开关调整至"开"位,信号系统收到"互锁解除"信息后,列车可以自动模式进出站。互锁解除钥匙开关的"开"位需要人为保持,否则此开关会立即自动恢复到"关"位。

3. 安全门系统的安全回路(以安全门为例)

安全门系统的安全回路是由若干滑动门及应急门上的微动开关及从动继电器单元的安全继电器线圈串联组成的环形电路。当滑动门和应急门全部关闭且锁紧,所有微动开关的触点闭合导通时,整侧门安全回路才正常。安全门关闭且锁紧状态通过中央接口盘传到车站信号机房,信号设备将此状态发送给列车,在信号与安全门联锁的范围内,只有安全回路正常时,列车的自动驾驶系统能收到速度码,列车可以正常进出站,否则列车将紧急制动。

判断安全回路断开方法

以武汉地铁3号线为例,判断安全回路断开方法:就地控制盘上所有门关闭且锁紧指示灯熄灭,滑动门门头指示灯异常或应急门警示灯常亮、车控室ISCS监控故障灯亮起。

三、常见应急故障处置

城市轨道交通车站安全门作为站台边缘的安全屏障,最重要的作用是保护乘客的安全。在正常情况下,安全门是关闭的,只有当列车进站停稳且列车车门打开时,安全门才会同步开启,列车车门关闭时安全门同步关闭。每侧所有的滑动门与应急门的位置检测开关和锁闭开关串联成一个安全回路,任何一道门出现故障或处于非关闭状态,安全回路都会断开,列车就无法进出车站,此时线路运行就要受到影响,直到安全门故障得到妥善处置后,才能恢复正常。以下列出常见的几种安全门故障应急处理程序。

1. 安全门玻璃破碎或破裂(没有列车在站台)

安全门玻璃破碎/破裂(没有列车在站台)处理程序见表5-2。

安全门玻璃破碎/破裂(没有列车在站台)处理程序　　表5-2

步骤	负责人	应急故障处置	
发生	值班站长	(1)接到通知或发现有安全门破碎或破裂后,在IBP上启动站台紧急停车按钮。 (2)指示值班员、站务员及保洁人员立刻穿着个人防护装备到有关站台处理。 (3)报告行车控制主任及维修工程中心。 (4)通过广播,告知乘客不要走近故障安全门	
调查及处理	站务员、值班员、保洁人员	到达现场后,查看安全门破损状况	
		已出现部分破碎或大面积龟裂	只有细小破裂划痕
		(1)做好现场范围封锁。 (2)小心地用长杆把破损玻璃向轨旁方向打碎。 (3)在门框处粘贴封箱胶带,防止碎片溅出。 (4)清理站台上的玻璃碎片	(1)做好现场范围封锁。 (2)将破裂玻璃用封箱胶带粘贴,防止突然爆裂
		若是安全门,使用专用钥匙将该故障安全门就地控制盒打到"手动开门"位置并保持开启状态	
		(1)留守在故障安全门处维持秩序,并提醒乘客不要靠近。 (2)后续每班列车乘客完成乘降后,向司机展示"好了"手信号	

续上表

步骤	负责人	应急故障处置
跟进	值班站长	(1)把IBP上站台紧急停车按钮复位。 (2)报告行车控制主任并要求后续进站列车需要限速入站。 (3)通过广播/乘客信息显示系统,通知乘客不要靠近已打开的安全门。 (4)在车站工作日志上做好记录。 (5)跟进安全门维修情况

站台安全门玻璃破碎的处理

2. 安全门玻璃破碎或破裂(有列车在站台)

安全门玻璃破碎/破裂(有列车在站台)处理程序见表5-3。

安全门玻璃破碎/破裂(有列车在站台)处理程序　　　　　表5-3

步骤	负责人	应急故障处置	
发生	值班站长	(1)接到通知或发现有安全门破碎或破裂后,在IBP上启动站台紧急停车按钮,指示值班员、站务员及保洁人员立刻穿着个人防护装备到有关站台处理。 (2)报告行车控制主任及维修工程中心。 (3)通过广播,告知乘客不要走近故障安全门	
	行车控制主任	通知司机不要打开车门及安全门	
调查及处理	站务员/值班员/保洁人员	到达现场后,查看安全门破损状况	
		已出现部分破碎或大面积龟裂	只有细小破裂划痕
		(1)做好现场范围封锁。 (2)做好防护后,通知司机、值班站长	(1)做好现场范围封锁。 (2)将破裂玻璃用封箱胶带粘贴,防止突然爆裂
	值班站长	通知行车控制主任站台已经做好防护	(1)通知行车控制主任站台已经做好防护。 (2)在IBP上恢复紧急停车按钮
	行车控制主任	安排列车越站并以受限制的人工驾驶模式(RM)慢速驶离站台	通知司机开车门
	司机	通过广播,告知乘客站台有安全门破裂,列车需要越站	打开车门,按正常作业
	站务员/值班员	列车驶离后: (1)小心地用长杆把破损玻璃向轨旁打扫。 (2)清理站台上的玻璃碎片。 (3)在车框处粘贴封箱胶带,防止碎片溅出。 (4)若是滑动门,将该故障门就地控制盒打到"手动"位置,并保持开启状态	(1)若是滑动门,将该故障门就地控制盒打到"手动"位置,并保持开启状态。 (2)乘客乘降完毕后,向司机显示"好了"手信号

续上表

步骤	负责人	应急故障处置	
调查及处理	站务员/值班员	(1)留守在故障安全门处维持秩序,并提醒乘客不要靠近。 (2)后续每班列车乘客完成乘降后,向司机显示"好了"手信号	
	值班站长	在 IBP 上恢复紧急停车按钮	不适用
跟进	值班站长	(1)报告行车控制主任并要求后续进站列车限速进站。 (2)通过广播/乘客信息显示系统,通知乘客不要靠近已打开的安全门。 (3)在车站工作日志上做好记录。 (4)跟进安全门维修情况	

3. 安全门因不明原因自动开启

安全门因不明原因自动开启应急处理程序见表 5-4。

安全门因不明原因自动开启应急处理程序　　　　表 5-4

步骤	负责人	应急故障处置
发生	值班站长/站务员	在没有列车在站台的情况下,而综合后备控制盘受到安全门开启警报后,立即启动有关站台紧急停车按钮
		通过闭路电视监控系统监查站台的情况
		通过广播/乘客信息显示系统,通知乘客不要靠近已打开的安全门
调查及处理	值班站长	安排值班员与站务员到现场查看。 (1)如果相关安全门已开: ①确保轨道畅通,没有阻塞。 ②人工关上故障门。 ③执行跟进步骤内容。 (2)如果相关安全门关上: ①密切留意安全门的状况。 ②要求维修人员检察整个系统。 ③如有需要,根据情况按单对门不能开启、多对或整列门不能开启、单对门不能关闭、多对或整列门不能关闭等问题进行处理
	站务员/值班员	检查有关的安全门能否关上与锁闭。 (1)如能,留守在故障安全门处维持秩序,并提醒乘客不要靠近,直至维修完毕恢复正常运作。 (2)如不能,根据单对门不能关闭、多对或整列门不能关闭程序处理
跟进	值班站长	(1)报告维修工程中心。 (2)跟进维修情况。 (3)在车站工作日志上做好记录

4. 无法取得安全门锁闭信号

无法取得安全门锁闭信号应急处理程序见表 5-5。

无法取得安全门锁闭信号应急处理程序　　　　　表5-5

步骤	负责人	应急故障处置
发生	值班站长	与行车控制主任及司机确认已进行就地控制盘试灯测试
调查及处理	站务员	(1)前往有关站台。 (2)检查所有应急门及滑动门是否已在关闭状态(留意状态显示灯是否显示熄灭)。 (3)向值班站长回报检查结果
调查及处理	值班站长	向维修工程中心报告
调查及处理	站务员/司机	再开关安全门一次
如没有发现任何异常或故障,而列车仍然接收不到安全门锁闭信号,则进行以下步骤	值班站长	报告行车控制主任
如没有发现任何异常或故障,而列车仍然接收不到安全门锁闭信号,则进行以下步骤	行车控制主任	指示司机/站务员在就地控制盘上激活互锁解除功能
如没有发现任何异常或故障,而列车仍然接收不到安全门锁闭信号,则进行以下步骤	站务员	留守在站台并留意后续进站列车与安全门的状况。如有必要,与行车控制主任协商是否继续启动互锁解除功能

5.单个安全门不能开启

单个安全门开启故障处理程序见表5-6。

单个安全门开启故障处理程序　　　　　表5-6

步骤	负责人	应急故障处置
发生故障	站务员	(1)手指:×方向×号安全门门头灯。 (2)用对讲机汇报:×方向×号站台安全门门头灯不亮,开门故障。 (3)手指门头灯,口呼准确无误,汇报准确及时
发生故障	司机	发现两对及以下安全门不能正常开启时,马上进行客室广播"本站有安全门故障,请乘客从其他开启的安全门下车",报告行车调度员
发生故障	车站行车值班员	(1)报告行车调度员:"××站××站台××站台安全门不能开启。" (2)立即通知站务员前往协助处理故障。 (3)通知维调,维调通知检修人员处理
发生故障	行车调度员	通知全线司机"××站××站台××站台安全门不能开启",进入该车站时加强瞭望,注意安全
调查及处理	站务员	(1)处理故障安全门。 ①用就地控制盒钥匙将故障安全门的就地控制盒一次性转至"开门"位置(或转至"就地控制"位,手动开门)。 ②引导乘客上下车后,将就地控制盒一次性转至"关门"位置(或转至"就地控制"位,手动关门)。 (2)确认故障安全门关闭。

续上表

步骤	负责人	应急故障处置
调查及处理	站务员	手指：×方向×号站台安全门头灯。 汇报：×方向×号站台安全门头灯熄灭，关门成功。 手指口呼准确无误，汇报准确及时。 (3)显示信号。确认站台安全后，向司机(列车方向)显示好了信号。显示无误。 注意：若司机呼叫，列车没有接收到"站台门关闭且锁紧"信号(安全门安全回路不通)，则立即前往端门内，操作就地控制盘互锁解除。 (4)张贴故障纸。给故障滑动门张贴两张故障纸，每扇滑动门中间张贴1张，并按压贴纸防止脱落。 (5)故障门修复后恢复。待专业人员修复故障门后，列车出清站台后，口述列车出清站台，用就地控制盒钥匙将故障门的就地控制盒一次性转至"自动"位置，取出钥匙，撤除车门故障纸，用对讲机汇报车控室：×方向×号站台安全门故障已处理完毕
	司机	乘客上下完毕后关安全门、车门，司机凭"好了"手信号动车；动车前注意确认车门与安全门之间的空隙安全。 注意：若列车没有接收到"安全门关闭且锁紧"信号(安全门安全回路不通)，则联系车站工作人员；列车收不到安全门"关闭且锁紧"信号
	车站行车值班员	(1)维修人员到达现场后，根据车站的客流情况，安排维修人员抢修。 (2)接到抢修完毕的通知后，向行车调度员、维修调度员汇报。 (3)在维修过程中需开关整侧安全门时需报行车调度员，得到行车调度员同意后，维持好站台秩序方可操作
跟进	站务员	观察后续三趟列车到发时安全门的开关情况

6.单个安全门不能关闭

单个安全门关闭故障处理程序见表5-7。

单个安全门关闭故障处理程序　　　　　　　表5-7

步骤	负责人	应急故障处置
发生故障	站务员	发现故障门。 手指：×方向×号站台安全门头灯。 用对讲机汇报(车控室行车值班员)：×方向×号站台门安全门头灯亮，关门故障。 (手指门头灯，口呼准确无误，汇报准确及时)
	司机	发现单个安全门不能关闭时，立即通知车站派员前往协助，并报告行车调度员
	车站行车值班员	(1)立即通知站务员前往协助处理故障安全门，加强对站台的监控及广播引导乘客候车。 (2)报告行车调度员："××站××站台××站台安全门不能关闭。" (3)通知维修调度员，维修调度员通知检修人员处理
	行车调度员	通知全线司机"××站××站台××站台安全门不能关闭"，进入该车站时加强瞭望，注意安全

续上表

步骤	负责人	应急故障处置
调查及处理	站务员	(1)检查异物。手指门槽检查异物，口述确认安全门是否有异物。如有，清除异物。 (2)处理故障安全门。 用就地控制盒钥匙一次性将故障安全门的就地控制盒转至"关门"位置(或转至"就地控制"位，手动关门)。 (3)确认故障安全门关闭。 手指：×方向×号站台安全门门头灯。 汇报：×方向×号站台安全门门头灯熄灭，关门成功。 手指口呼准确无误，汇报准确及时。 (4)显示信号。确认站台安全后，给司机显示"好了"手信号，信号显示无误。 注意：若司机呼叫，列车没有接收到"安全门关闭且锁紧"信号(安全门安全回路不通)，则立即前往端门内，操作就地控制盘互锁解除。 (5)张贴故障纸。给故障滑动门张贴两张故障纸，每扇滑动门中间张贴1张，并按压贴纸防止脱落。 (6)故障门修复后恢复。待专业人员修复故障门后，列车出清站台后，口述列车出清站台，用就地控制盒钥匙将故障门的就地控制盒一次性转至"自动"位置，取出钥匙，撤除车门故障纸，用对讲机汇报车控室：×方向×号站台安全门故障已处理完毕
	司机	与站台站务员加强联系，确认乘客上下完毕后关安全门、车门，确认站台站务员手信号动车，列车出站后报行车调度员，动车前注意确认车门与安全门之间的空隙安全。 注意：若列车没有接收到"安全门关闭且锁紧"信号(安全门安全回路不通)，则联系车站工作人员；列车收不到安全门"关闭且锁紧"信号
	车站行车值班员	(1)维修人员到达现场后，根据车站的客流情况，安排维修人员进行抢修，并通知站台岗。 (2)接到抢修完毕的通知后，向行车调度员、维修调度员汇报，并通知后方站本站安全门恢复正常。 在维修过程中需开关整侧安全门时需报行车调度员，得到行车调度员同意后，维持好站台秩序方可操作
跟进	车站行车值班员	观察后续三趟列车到发时安全门的开关情况

7. 多对安全门不能开启

多对安全门不能开启处理程序见表5-8。

多对安全门不能开启处理程序　　　　　　　　　　　表5-8

步骤	负责人	应急故障处置
1	站务员	(1)发现故障或接到通知后立即赶赴现场处理。 (2)手动打开部分门(确保没有连续不能开启的门即可)上下乘客，待司机关闭车门、安全门后，查看安全门关闭情况。若如无法关闭则处理程序按多对安全门不能关闭程序处理

续上表

步骤	负责人	应急故障处置
2	值班站长	(1)接到安全门故障的信息后,及时通知巡视岗和车站督导员到站台处理。 (2)将信息报行车调度员和故障报警中心。 (3)跟进站台门维修情况,并将安全门的故障和修复情况报行车调度员
3	车站督导员	(1)接到值班站长安全门故障的通知后,立刻到站台协助处理。 (2)手动打开部分门(确保没有连续不能开启的门即可)上下乘客

8. 多对安全门不能关闭

多对安全门不能关闭处理办法见表 5-9。

多对安全门不能关闭处理办法　　表 5-9

步骤	负责人	应急故障处置
1	站务员	(1)收到故障信息后,在司机关闭车门、安全门时须逐个确认不能关闭的安全门与列车间的空隙安全。 (2)按照"没有连续的不能开启的门"的原则禁止部分安全门上下乘客,加强对未关闭安全门的监控,确保安全。 (3)维护好站台秩序,防止乘客落轨
2	车站督导员	(1)接到故障信息后,到站台处理。 (2)到故障侧端操作就地控制盘进行互锁解除
3	值班站长	(1)将故障信息报行车调度员和故障报警中心。 (2)督促、跟进安全门维修情况,并将安全门的故障和修复情况报行车调度员。 (3)安排巡视岗监控处于打开状态安全门处的乘客,防止乘客落轨

注:列车进站或停在车站时需停止对安全门的维修。

9. 滑动门夹人夹物

滑动门夹人夹物时,滑动门会打开一段距离后再次关门,障碍物清除后,门关闭且锁紧。如果障碍物未及时清除,循环三次后,门完全打开,门头灯常亮并报警。此时应立即将该滑动门就地控制盒打至"手动"位置并保证门关闭良好,如手动关闭无响应则须手动将门关闭锁紧。滑动门夹人夹物处理流程如图 5-13 所示。

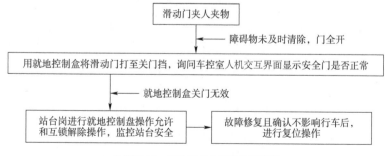

◎ 图 5-13　滑动门夹人夹物处理流程

询问车控室人机界面显示安全门是否正常（或者前往站台端门查看就地控制盘是否关闭，锁紧信号灯是否亮绿灯），如仍未恢复且未发现其他安全门报警，应立即进行就地控制盘操作允许和互锁解除操作，均打到"开门"挡位并监控站台安全情况，直至故障修复且确认不影响行车后，方可进行复位操作。

知识拓展

城市轨道交通车站安全门安全防护方法和装置

1. 物理安全防护方法

常用的物理安全防护方法是锁紧装置，即门内安装机械锁并带有高温度手把，此锁紧装置俗称轨道站台安全门——全高应急门锁。其工作原理是：当电磁铁带动滑块向上运动时，销跟随其移动，使锁舌转动并接连带动锁块转动脱离固定锁，使小球绕固定点转动，从而触发开关接通电源，继而锁紧，避免出现危险状况。这种方法是传统机械防护方法，自动化程度不够，反应比较缓慢，效果比较差，依赖于人的反应能力。

2. 红外线探测器

红外线探测器是常用的安全防护装置，其结构和原理是：一个红外线探测器至少有一个对红外线辐射产生敏感效应的物体，以及可以让红外线透过并划分区域的介质。电流-电压变换器把来自所述热电元件的电流变换成电压信号；在安全门边安装红外线发射器和红外线接收器，发射器在门上方发射红外线信号，与接收器形成保护帘幕。一旦遇到障碍，接收器所接收的红外线信号就会不均匀，而阻止门的关闭，以防发生意外。

红外线探测器的优势：环境适应性优于可见光，尤其是在夜间和恶劣天气下的屏蔽性好，比雷达和激光探测安全且保密性强，不易被干扰；与雷达系统相比，红外线系统体积小，功耗低。

技能训练

实训任务 5-1　站台安全门结构认知与操作

任务描述

2023年4月19日早高峰期间，厦门地铁2号线古地石站，一位身着长裙的乘客裙摆被车门夹住，站台工作人员发现后及时处置，列车临时停车，未对运营造成影响。2022年上海地铁15号线祁安路站一名老年女乘客下车时被站台安全门夹住，工作人员急忙上前帮助脱困，后经送医抢救该乘客仍不幸身亡。作为站务员，在车站站台乘客候车和上下车时要注意引导乘客安全乘车，在发生突发事件时及时处置。认识站台安全门门本体结构、掌握操作方法是应急处置的第一步。假设你是站务员，你遇到类似的门本体故障或者夹人事件等，如何操作门本体，解除危机？

任务目标

1. 能识别站台安全门系统的机械组成部件名称，能叙述各组成部分的功能。
2. 能够掌握滑动门、应急门、端门门本体的手动操作方法。
3. 了解不同门状态指示灯的含义及一侧站台安全门门本体数量。

任务要求

1. 组内设置组长、记录观察员，进行分工和表现过程记录。
2. 完成资讯与计划相关知识和任务准备工作。
3. 进行合作学习、互评、纠错、总结。

资讯与计划

1. 站台安全门门体（滑动门、应急门、端门、固定门）认知，完成表5-10。

站台安全门体认知　　　　　　　　　　　　　表5-10

门本体名称					
位置					
数量/每侧站台					
英文缩写					
手动开门装置	站台侧				
	轨行侧				
手动开门方式					

2. 门状态指示灯，完成表5-11。

门状态指示灯　　　　　　　　　　　　　表5-11

开门时门状态指示灯状态	
关门时门状态指示灯状态	
故障或突发情况时门状态指示灯状态	

3. 任务计划,完成表5-12。

任务计划表　　　　　　　　　　表5-12

具体分工情况:

任务实施

1.4 人一组,利用实训室站台安全门设备,一人指认站台安全门的组成部分,另一人复述其名称或一人告知其名称,另一人指认设备,互相检查和纠正。

2. 每个人逐个认知门本体结构,其他人记录错误点进行点评。

实操考核

考评表　　　　　　　　　　表5-13

项目	认知与操作能力			学习能力	合作能力	合计
	认知站台安全门门本体(滑动门、应急门、端门、固定门)	站台安全门滑动门、应急门、端门手动开门	门本体其他部分认知	学习态度、完成标准(包括计划与资讯完成情况)、熟练度	小组合作互助、记录纠错	
满分	一种门体5分,共20分	每个5分,共15分	每个5分,共25分	每项10分,共30分	共10分	100分
得分(分)						

实训任务5-2　单个站台安全门开门故障处理

任务描述

2018年3月16日8时32分,北京地铁官方微博发布消息称,地铁5号线惠新西街北口站单个站台安全门发生开门故障问题。若你是站务员,在面对单个站台安全门(滑动门)开门故障问题时,应如何及时处理,尽早恢复正常秩序?

任务目标

1. 能知晓并执行站务员岗位处理单个站台安全门开门故障的程序。
2. 会使用就地控制盒钥匙进行开关门操作。
3. 会展示"好了"含义的手信号给司机。

任务要求

1. 组内设置组长、记录观察员,进行分工和表现过程记录。

2. 完成资讯与计划相关知识和任务准备工作。

3. 进行合作学习、互评、纠错、总结。

资讯与计划

1. 单个站台门开门故障处理流程(站务员)认知,完成表5-14。

单个站台门开门故障处理流程(站务员)　　　　表5-14

步骤	内容	要求
发现故障门	手指:×方向×号站台安全门头灯。 用对讲机汇报:×方向×号站台安全门头灯不亮,开门故障	手指门头灯,口呼准确无误,汇报准确及时
处理故障站台安全门	(1)用就地控制盒钥匙将故障站台安全门的就地控制盒一次性转至"开门"位置(或转至"就地控制"位,手动开门)。 (2)引导乘客上下车后,将就地控制盒一次性转至"关门"位置(或转至就地控制位,手动关门)	扭转就地控制盒钥匙时一次性扭到位
确认故障站台安全门关闭	手指:×方向×号站台安全门头灯 汇报:×方向×号站台安全门头灯熄灭,关门成功	手指口呼准确无误,汇报准确及时
显示信号	确认站台安全后,向司机(列车方向)显示"好了"手信号	"好了"手信号显示无误
张贴故障纸	给故障滑动门张贴2张故障纸,每扇滑动门中间张贴1张,并按压贴纸防止脱落	2张故障纸均要贴好并按压
故障门修复后恢复	(1)待专业人员修复故障门,列车出清站台后,口述"列车出清站台"。 (2)用就地控制盒钥匙将故障门的就地控制盒一次性转至"自动"位置,取出钥匙,撤除车门故障纸。 (3)用对讲机汇报车控室:×方向×号站台安全门故障已处理完毕	口述无误,一次性扭转就地控制盒钥匙至"自动"位,汇报完整无误

2. 手信号操作知识储备。

(1)发车(指示)信号。

昼间:展开的绿色信号旗上弧线向列车方向做圆形转动。

夜间:绿色灯光上弧线向列车方向做圆形转动。

夜间:黄色灯高举头上左右摇动。

(2)好了信号。

昼间:用拢起的信号旗做圆形转动。

徒手:伸直手臂向行车股道画圆。

夜间:白色灯做圆形转动。

3. 分角色模拟演练。

熟悉表5-6单个站台门开启故障处理程序中司机、行车值班员、行车调度员的工作要点,并且分角色模拟演练。

4. 任务计划,完成表5-15。

任务计划表　　　　　　　　　　　表5-15

具体分工情况:

任务实施

1. 4人一组,利用实训室站台安全门设备,两两按照1+X站务员职业技能等级实操初级评分表中站台安全门操作的考核标准,互相考核站务员岗位视角的处置流程,互相记录和纠正。

2. 每个人进行司机、行车值班员、行车调度员、站务员角色扮演,模拟单个站台安全门开门故障流程处置,其他人记录错误点进行点评。

实操考核

考评表　　　　　　　　　　　表5-16

项目	认知与操作能力			学习能力	合作能力	合计
	认知站台安全门就地控制盒的4个挡位和作用,且能一次性转到对应位置	记忆单个站台安全门开门故障流程准确、规范	分岗位、角色、程序执行正确规范	学习态度、完成标准(包括计划与资讯完成情况)、熟练度	小组合作互助、记录纠错	
满分	各5分,共20分	共20分	共20分	每项10分,共30分	共10分	100分
得分(分)						

实训任务 5-3　单个站台安全闭关门故障处理

任务描述

2024年1月31日下午5时许,上海地铁3号线虹口足球场站,一扇供乘客上下车的站台安全门处于敞开状态,一名乘务员在旁看守,未设立警示牌。车站引导员表示,晚上将进行修理。作为站务员,你在面对单个站台安全门开门故障问题时,怎样及时处理,尽早恢复正常秩序?

任务目标

1. 能知晓并执行站务员岗位处理单个站台安全门关闭故障的程序。
2. 会使用就地控制盒钥匙进行开关门操作。
3. 会展示"好了"含义的手信号给司机。

任务要求

1. 组内设置组长、记录观察员,进行分工和表现过程记录。
2. 完成资讯与计划相关知识和任务准备工作。
3. 进行合作学习、互评、纠错、总结。

资讯与计划

1. 单个站台安全门关闭故障处理流程(站务员)认知,完成表5-17。

单个站台安全门关闭故障处理流程(站务员)　　表5-17

步骤	内容	要求
发现故障门	手指:×方向×号站台门门头灯。 用对讲机汇报:×方向×号站台安全门门头灯不亮,开门故障	手指门头灯,口呼准确无误,汇报准确及时
检查异物	手指门槽检查异物,口述确认站台安全门是否有异物。如有,清除异物	手指门槽,口述准确
处理故障站台安全门	用就地控制盒钥匙一次性将故障站台安全门的就地控制盒转至"关门"位置(或转至"就地控制"位,手动关门)	扭转就地控制盒钥匙时一次性扭到位
确认故障站台安全门关闭	手指:×方向×号站台安全门头灯。 汇报:×方向×号站台安全门头灯熄灭,关门成功	手指口呼准确无误,汇报准确及时
显示信号	确认站台安全后,向司机(列车方向)显示"好了"手信号	"好了"手信号显示无误
张贴故障纸	给故障滑动门张贴2张故障纸,每扇滑动门中间张贴1张,并按压贴纸防止脱落	2张故障纸均要贴好并按压
故障门修复后恢复	(1)待专业人员修复故障门后,列车出清站台,口述列车出清站台。 (2)用就地控制盒钥匙将故障门的就地控制盒一次性转至"自动"位置,取出钥匙,撤除车门故障纸。 (3)用对讲机汇报车控室:×方向×号站台安全门故障已处理完毕	口述无误,一次性扭转就地控制盒钥匙至自动位,汇报完整无误

2.手信号操作知识储备。

同实训任务5-2内容。

3.分角色模拟演练。

熟悉表5-17单个站台安全门不能关闭故障处理程序中司机、行车值班员、行车调度员的工作要点,并且分角色模拟演练。

4.任务计划,完成表5-18。

任务计划表　　　　　　　　　　　　　　　　　　　　表5-18

具体分工情况:

任务实施

1.4人一组,利用实训室站台安全门设备,两两按照1+X站务员职业技能等级实操初级评分表中站台安全门操作的考核标准,进行互相考核站务员岗位视角的处置流程,互相记录和纠正。

2.每个人进行司机、行车值班员、行车调度员、站务员角色扮演,模拟单个站台安全门关门故障流程处置,其他人记录错误点进行点评。

实操考核

考评表　　　　　　　　　　　　　　　　　　　　　　表5-19

项目	认知与操作能力			学习能力	合作能力	合计
	认知站台安全门就地控制盒的4个挡位和作用,且能一次性转到对应位置	记忆单个站台安全门开门故障流程准确、规范	分岗位、角色、程序执行正确规范	学习态度、完成标准(包括计划与资讯完成情况)、熟练度	小组合作互助、记录纠错	
满分	各5分,共20分	共20分	共20分	每项10分,共30分	共10分	100分
得分(分)						

复习思考题

一、不定项选择题

1. 安全门的英语简称为( )。
   A. PSD　　　　B. ACS　　　　C. AFC　　　　D. IBP

2. 当站台门故障时,按照( )原则快速处理。
   A. 先通后复　　　　　　　B. 先复后通
   C. 乘客优先通行　　　　　D. 以上答案均对

3. 站台安全门系统主要由玻璃门体、控制系统及( )组成。
   A. 滑动门　　　　　　　　B. 应急门
   C. 端门　　　　　　　　　D. 电源系统

4. 安全门的作用有( )。
   A. 对车站整体空间布置进行简化　　B. 降低空调系统的运营能耗
   C. 改善乘客候车环境　　　　　　　D. 防止乘客或物品落入轨道

5. 站台安全门开关门控制级有( )。
   A. 就地级控制　　B. 站台级控制　　C. 系统级控制　　D. 中央级控制

6. 站台安全门控制优先级中,( )的优先级最高。
   A. 手动级控制　　B. 站台级控制　　C. 系统级控制　　D. 中央级控制

7. 下列属于站台安全门系统门体名称的是( )。
   A. 滑动门　　　　B. 应急门　　　　C. 端门　　　　D. 推拉门

8. 单个滑动门无法关闭时,站务员在使用就地控制盒操作站台安全门时,应打在( )位。
   A. 自动　　　　　B. 手动　　　　　C. 隔离　　　　D. 任意位

9. 站台安全门控制系统中就地控制盘的英文缩写为( )。
   A. PSA　　　　　B. PSL　　　　　C. PSC　　　　D. DCU

10. ( )情况下可对站台门进行就地控制盒操作。
    A. 列车到站停稳后,车门打开,站台安全门单门无法自动开启时
    B. 列车到站后,马上操作
    C. 列车到站,车门打开3s后,整列站台安全门未打开
    D. 遇乘客想尽快下车时

11. 站台安全门应急门在( )情况下使用。
    A. 站台安全门破裂时
    B. 紧急情况下,列车进站停稳,车门未对准滑动门
    C. 列车到站后3s,滑动门未打开
    D. 任何情况下

12. 下列选项关于站台安全门基本功能说法正确的是(　　)。

　　A. 站台安全门具有障碍物检测、有障碍物故障报警功能

　　B. 可以从门头指示灯、中央接口盘柜了解站台安全门运行状态、报警信息

　　C. 可对发生故障的门机进行隔离旁路,进行隔离维修

　　D. 以上均正确

13. 站台安全门失电后,(　　)操作可以打开单挡门。

　　A. 就地控制盒　　　　　　　B. 手动解锁

　　C. 就地控制盘　　　　　　　D. IBP 盘

14. 站台安全门系统门体结构主要由固定门、端门、(　　)等部件组成。

　　A. 应急门　　　　　　　　　B. 就地控制盘

　　C. 滑动门　　　　　　　　　D. 警示标志

15. 车站现场有多个站台安全门因异物卡阻或故障等原因未正常关闭时,应先(　　)。

　　A. 用手关闭滑动门

　　B. 就地控制盒打至手动位

　　C. 就地控制盘再开关门一次

　　D. 就地控制盘互锁解除发车

16. 站台安全门的主要功能有(　　)。

　　A. 降低空调损耗　　　　　　B. 保证候车安全

　　C. 提高环境舒适度　　　　　D. 降噪

二、判断题

1. 在紧急情况下,列车停站没有对准站台安全门的滑动门,乘客可以通过手动解锁装置打开固定门。　　　　　　　　　　　　　　　　　　(　　)

2. 可以在站台侧用专用钥匙打开站台安全门,包括滑动门、固定门、应急门、端门。　　　　　　　　　　　　　　　　　　　　　　　(　　)

3. 旁路是指站台安全门单元的一种工作模式。　　　　　　　　(　　)

4. 站台安全门控制优先级最高的是站台级控制。　　　　　　　(　　)

5. 运营期间站台安全门端门应关闭且锁紧。　　　　　　　　　(　　)

6. 当确认站台安全门系统故障,列车无法正常进、出站时,通过操作就地控制盘互锁解除接发车。　　　　　　　　　　　　　　　　　　　(　　)

三、简答题

1. 站台安全门的功能有哪些?

2. 什么是站台安全门的 IBP 紧急控制?站台安全门的控制级别优先级别排序是什么?

四、案例分析题

【案例1】　　　　　　　　多个安全门故障无法关闭

某日,某车站行车值班员接到下行1012次列车司机报告,多个安全门故障。行车值班员通过综合监控系统和闭路电视系统确认下行站台编号为10、20、21的安全门故障,无法关闭。行车值班员用手台通知站台值岗的站务员携带安全门钥匙到现场处置。

站务员到达第21号安全门后,看到安全门指示灯闪烁,故障门为打开状态,随后用就地控制盘钥匙将第21号安全门打到"手动"关位,徒手关闭安全门。赶赴第20号安全门后,用就地控制盘钥匙将第20号安全门打到"手动"关位,徒手关闭安全门。由于现场多个安全门故障,站务员随即赶赴车头开启端门,用就地控制盘钥匙进行互锁解除操作,1012次列车启动,但站务员未等到1012次列车全列出清站台即松开钥匙开关,造成1012次列车紧急制动。

对于本次事件发生的原因进行分析如下。

(1)行车值班员在通知时未将多个安全门故障的信息完全告知站务员,造成站务员到现场后需要挨个对故障安全门进行手动关闭操作。

(2)站务员在列车未出清站台的情况下,即将就地控制盘钥匙打到"自动"位,导致安全回路断开,造成列车紧急制动。

(3)站务员对设备特点不熟悉、操作使用不当导致列车突然停车,虽未造成晚点,但极有可能使车内乘客摔伤。

正确处置要点如下。

(1)车站值班员确定3个安全门故障后,要立即将多个安全门故障的详细信息通知站台值岗站务员。

(2)站务员应立即到车头端门进行互锁解除操作。

(3)互锁解除操作应确认列车全列出清站台后方可复位。

(4)单个安全门故障时,站务员应将故障门置于"手动"位。乘客乘降安全由工作人员负责。

(5)多个安全门故障时,站务员应先操作互锁解除,使列车尽快出站,然后将故障门置于"手动"位。

思考:

1.安全门互锁解除操作什么时候才可以使用,操作步骤有哪些?有哪些注意事项?

2.工作人员在协同合作处置安全门故障时有哪些安全事项?

【案例2】　日前,上海地铁运营方发布了一段监控视频,上海地铁安全门夹人事件记录了上海地铁3号线金沙江路站发生的惊险一幕。地铁运营方表示,孩子当时手卡安全门近1分钟,所幸的是其他热心乘客和列车司机纷纷飞奔而来及时施救,方才脱困。

在等待列车开门时,顽皮的孩子将手扶在了站台安全门上。而随着列车开门,安全门同步开启,来不及反应的孩子手被移动的安全门护栏带动,手指不慎被带入安全门的夹缝。

此时家长赶紧半蹲抱住孩子,但一时间却无法帮其脱困。看见此景,两名正在站台候车的男乘客马上飞奔过来,帮助孩子脱困;随后,越来越多的乘客或停下脚步加入帮忙队伍,或放弃上车热心出手相救,甚至还有乘客从车厢里狂奔而来协助孩子解困;列车司机也马上停车,从驾驶室赶到事发位置进行紧急处置。

在约半分钟的紧急处理后,孩子终于脱困了。

地铁站上下车、乘坐自动扶梯,甚至在列车车厢乘坐列车时,都是儿童容易发生意外伤害的"隐患时间"。除了类似手卡地铁站台安全门外,还曾发生过儿童脚卡地铁站台间隙、在自动扶梯上摔倒、在列车车厢里奔跑受伤等意外情况。儿童天性好动,因此带孩子的家长在乘车时需要多加留意,密切关注孩子的一举一动,注意防护,以避免类似情况的发生。

思考:结合案例,当乘客在地铁站台候车时发生意外伤害时,作为地铁工作人员(如站务员、列车司机),你如何应急处理?日常应该采取哪些措施避免此类事件发生?

模块 6
乘客信息系统与车站广播系统

教学目标

知识目标
1. 了解乘客信息系统的构成与功能。
2. 掌握广播系统的组成与功能。

能力目标
1. 掌握各种不同类型的广播系统的使用方法。
2. 能利用常用广播词进行简单播报。

素质目标
培养主动服务、热情周到的工作意识与工作态度。

建议学时

6 学时

案例导入

地铁智能服务上线，引乘客争相体验

近日上海地铁有乘客在 10 号线陕西南路站乘坐地铁时发现，站内客服中心、出站闸机旁有多台人机互动的新设备，这些设备引起了不少乘客驻足使用。在使用过程中，乘客能直观地了解车站周边信息，使用站内导航、人工视频通话等功能。原来这就是 10 号线运维管理部以乘客需求为导向，不断探索智能系统在乘客服务中应用的可行性，率先在陕西南路站推出的可视乘客自助服务系统。此系统结合车站特点，聚焦个性化信息，对既有传统人工客服进行补充和替代，全面提升乘客服务水平，以此提高服务的效率和乘客的体验感。

（摘编自《上观新闻》，2023 年 6 月）

思考：乘客信息系统给乘客的乘车带来了哪些便利？

单元 6.1 乘客信息系统认知与操作

一、乘客信息系统概述

乘客信息系统（Passenger Information System，PIS）指城市轨道交通采用网络和多媒体传输、显示技术，以计算机系统为核心，以车站和车载终端为媒介，在特定的时间将指定的信息显示给指定的人群的系统。

乘客信息系统的设置是为了方便乘客的候车、乘车，让乘客通过显示屏及时了解列车的运行状态及注意事项，从容候车和乘车。

乘客信息系统在正常情况下可提供政府公告、列车时间、广告、出行参考等实时多媒体信息，并且在火灾、阻塞、恐怖袭击等非正常情况下，提供动态紧急疏散指示。乘客信息系统为乘客提供了上述各类信息，使乘客安全、高效地乘坐城市轨道交通，也使城市轨道交通安全、高效地运营。车载终端信息显示如图 6-1 所示。

◎ 图 6-1　车载终端信息显示

二、乘客信息系统组成

乘客信息系统按结构划分为运营中心子系统、车站子系统、网络子系统和车载子系统四部分。其中网络子系统分为有线网络和无线网络两部分。乘客信息系统

的结构如图 6-2 所示。

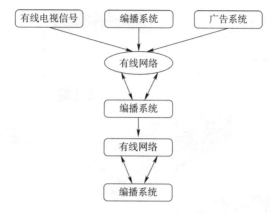

◎ 图 6-2 乘客信息系统的结构

1. 运营中心子系统

运营中心子系统在整个系统中主要负责外部信息流的采集,播出版式的编辑、视频流的转换、播出控制和对整个系统设备工作状态的监控以及网络的管理。运营中心子系统主要有中心服务器、中心播出服务器、中心操作员工作站、中心网络管理/系统监控工作站、网络视频、数字电视设备等。

整个运营中心设备构成了一个完整的播出和集中控制系统。同时,运营中心子系统还提供多种与其他系统的接口。

2. 车站子系统

车站子系统的主要构成为车站服务器、车站操作员工作站、信息播放控制器、分屏器、车站网络系统和现场显示设备等。车站子系统通过传输通道转播来自控制中心的实时信息,并在其基础上叠加本站的信息,如列车运行信息、公告信息和各类个性化信息等。

3. 网络子系统

网络子系统是基于通信系统的传输网实现具体功能的,通过在骨干传输网上组建一个典型的 IP 网络来传输从控制中心到各车站的各种数据信号和控制信号。

4. 车载子系统

车载子系统包括车载媒体信息显示系统(PIDS)、广播报警系统(PA)和视频监控(CCTV)子系统三大系统。车载乘客信息系统设备(图 6-3)分为驾驶室设备和客室设备两类。驾驶室设备包括操控屏和广播屏,通过播控主机发布信息。客室设备以客室侧门为单位,包括线路屏、媒体屏、对讲面板、广播喇叭和监控摄像头。电气柜包括广播主机和网络视频录像机(Network Video Recorder,NVR)。

车载子系统核心的问题是无线传输,目前用于车地通信的无线网络有无线局域网(WLAN)、宽带无线技术(WINMAX)、数字电视地面广播、地铁专用无线通信(TETRA)等。采用数字集群 TETRA 提供的传输通道不需要另建无线网络,但采用此方式时,传输带宽较低,车地间信息传输内容和类型有局限性,目前通常采用无线局域网方式(图6-4)。

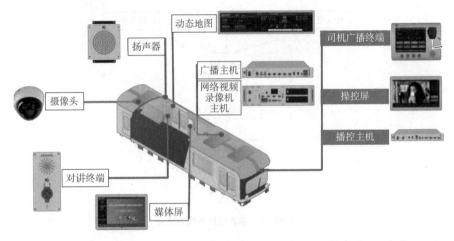

◎ 图6-3 车载乘客信息系统设备

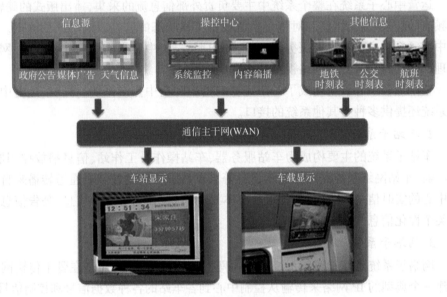

◎ 图6-4 车载子系统网络

三、乘客信息系统功能

乘客信息系统的功能如下。

(1) 具备紧急疏散程序。当事故发生时,操作员通过操作工作站的紧急疏散程序,将指定的信息显示给乘客。

(2) 通过广告增加轨道交通运营企业的收入。观看车载信息显示屏播放的节目,是大多数轻轨族、地铁族在乘车时的主要休闲方式。通过轨道交通的信息显示屏,乘客对于所播放的广告更愿意接受,更易理解。

(3) 实时信息显示。播放实时视频信号(如电视台模拟或数字节目)及其他监控视频信号,在所有液晶显示器及电子显示器全彩屏上显示。实时信息能够通过控制中心操控周时间表、日时间表、节目时间表、季度时间表等。每个显示终端将根据控制中心发来的时间表以及相关文件,根据预先编辑设定的时间表自动播放多种文件格式、日常信息,如广告信息、定时的欢迎信息、紧急信息等。

(4) 多语言支持。常有来自不同国家的乘客,因此要求乘客信息系统在提供乘客资讯方面有多种语言版本,可以播放预定义的简体中文、繁体中文以及英文信息。紧急信息可以优先覆盖预定义的播放信息,紧急信息可以手动清除。

(5) 网络传输。基于TCP/IP通信网络,无论是在网络设计还是系统设计方面都要充分考虑系统将来的扩展性。例如,控制器与等离子电视(PDP)的接口尽量采用通用接口,尽量采用软件办法解决分辨率、压缩、解压等问题。

(6) 显示系统可与系统时钟同步(针对所有终端)。在没有时钟的地方,显示屏幕提供显时服务,时钟的显示可以是数字显示或模拟时钟方式。

(7) 多媒体显示控制软件支持显示屏幕多区域分割功能,视频显示支持多样的播出功能。同屏幕显示多个子窗口,各个子窗口可支持不同的播出方式。信息播出版面效果根据需要随时更新。

单元6.2　广播系统认知与操作

一、广播系统概述

广播系统是实现集中管理的重要组成部分,在城市轨道交通行车组织、客运服务、抢险救灾、设备维护等方面具有十分重要的作用。平时,广播系统在城市轨道交通车站的不同区域为售票、检票、进站、候车、乘降、出站、换乘等乘客播报不同的服务用语和有关注意事项,为提供各项服务、维持车站秩序、有效疏散乘客、乘车先下后上、缩短列车停站时间、确保列车正点创造了条件。

二、广播系统组成

广播系统由控制中心广播、车站广播、车辆段广播三个相互独立又相互联系的子系统构成。

1. 控制中心广播

在控制中心设有行车调度、电力调度和环控调度三个播音台,三个播音台之间互锁,即只允许一个播音台播音。三个播音台分别配有广播区域选择键盘和送话器。选择控制信号经过控制与接口单元,通过脉冲编码调制(PCM)信道到达车站的控制单元,并显示在相应的播音台上。播音信号经放大,通过专用的屏蔽广播线,传送至所选车站。但各车站的播音具有优先级,从控制中心可对所有车站的所有区域播音,也可对某一个车站的某个区域有选择地播音。

2. 车站广播

车站播音台配有播音区域选择键盘和送话器,在通信室还设有前置放大器、功放及控制接口单元等设备。车站的控制键按下后,相应的选择信号经过控制和接口单元,使被选择区域的广播电路接通,并使控制中心传来的播音信号中断,即车站播音台对本站的播音具有优先权。在固定区域,可以根据列车运行实现自动广播。

为了提高播音的可靠性,每个播音区域内的扬声器分别由两个扩大器驱动,并以梳状方式排列,其中一个扩大器故障时,仍能不间断地播音及维持基本播音量。站台的广播区域还配备自动音量控制装置,以保证播音音量始终保持比此区域内噪声音量高 10dB 左右的水平,达到较好的播音效果。车站广播系统如图 6-5 所示。

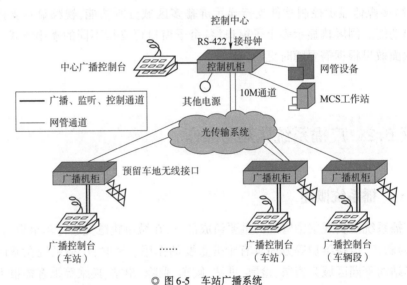

◎ 图 6-5 车站广播系统

3. 车辆段广播

车辆段广播系统设有维修值班员、信号楼控制室值班员、车场调度员使用的三个播音台,播音范围分车辆段入口区域、维修区域和停车库区域三个区域。

三、广播系统功能

1. 操作功能

控制中心行车调度员通过中心广播控制终端可对全线任意一个车站或多个车站,任意车站的任一选区或多个选区进行话筒、语音、线路等广播。车站值班员可通过车站广播控制终端对本站所有管辖范围内的全部选区、多个选区或单个选区进行话筒、语音、线路广播,通过车站广播控制台对本站所有管辖范围内的全部选区、多个选区或单个选区进行话筒、背景音乐广播。

2. 多级优先广播功能

广播系统由控制中心和车站两级控制，正常情况下以车站广播为主；事故抢险、组织指挥情况下，以控制中心防灾广播为主。为了满足运营防灾的需要，控制中心环控调度员有最高优先级。

在优先级上，环控调度员高于行车调度员，行车调度员高于维修调度员，控制中心调度员高于车站值班员，站长广播台高于站台广播员。同一广播优先级下，预存语音信息高于人工广播，通常在预存语音信息中防灾广播优先级最高。当多等级信息相继触发时，正在播放的广播中断，自动进入按序等待状态。

广播系统的优先级可根据用户需求灵活设置，包括现场广播、选择广播、紧急广播、末班车广播、服务中止广播、站台自动广播、背景音乐广播。以上除现场广播外，其他广播内容均为系统预先录制的语句。若在同一广播区（群）需要进行不同的广播，系统按表6-1所标注的广播优先权处理。

广播优先权顺序　　　　　　　　　　　　　　　　　　表6-1

广播语句类型		广播优先权			
		车站综合控制室值班员	站台值班员	无线广播	控制中心调度员
现场广播		1	3	3	2
预先录制语句	紧急广播	2	×	×	2
	服务中止广播	3	4	×	
	现场录制广播	4	4	×	
	车站控制广播	5	×	×	
	选择广播	5	×	×	
	末班车广播	6	×	×	
	站台自动广播	6	×	×	
其他	测试	×	×	×	×
	背景音乐	7	×	×	×

注：1. 表中"1"表示最高广播优先权，而"7"表示最低广播优先权，"×"表示不适用。
　　2. 如广播优先权相同，以先来先处理的原则处理或排队。

车站广播设备能处理多个语句，同时在相同或不同的广播区（群）广播。例如，广播区正在广播时，后来广播的语句可排队广播。

广播语句排队的位置以提出广播的时间及广播语句的广播优先权来决定。若即将播放的广播语句有时间性要求（如站台自动广播），而在相同的广播区正在进行其他广播，系统应自行忽略有时间性的广播要求，以避免造成时间性误播。

广播操作控制终端能显示所有广播区的广播情况，包括占用情况、现正在广播及正在排队广播的文字内容。值班员可通过广播控制台内的迷你型扬声器监听任何广播区的广播情况。

3. 预示音功能

预示音功能即在每次开始广播前均有标准的预示音发出。车站广播控制单元的语音合成模块(YH-MP)内设有预示音电路,在每次广播时,自动触发预示音电路,向选择的广播区播放预示音。广播预示音的开启和关闭,可通过车站广播控制终端控制。

4. 广播编组及设定功能

中心、车站广播控制终端及中心广播控制台均可设置 8 个编组,用户可按编组操作程序对任意站、任意广播区选择组合编组;广播时仅按编组序号图标(按键),即可对已存编组内的各广播区进行广播。广播编组及功能设定后,可以简化操作,快速地向多个广播区同时广播。

5. 平行广播功能

平行广播功能可将不同的信源通过不同的通道同时播向不同的广播区,即中心广播、行车广播、站台广播。列车到发自动广播等不同的信源,均可通过不同的通道将各音频信号同时连接到不同的广播区。

6. 应急广播功能

车站广播控制台设有"应急"广播按键,当车站广播控制单元出现故障时,可按下"应急"广播按键,将车站广播控制台的话筒广播音频通过应急通道直接送予功率放大器,对所有广播区进行应急广播。

7. 监听功能

在中心广播控制台、车站广播控制台内,均有监听电路和迷你型监听扬声器,车站值班员可通过车站广播控制终端及车站广播控制台选择监听本站任一广播区的广播内容。

8. 一键取消功能

在中心及车站的广播控制终端及控制台上均设有"一键取消"按键,当本地操作员误播或发现其他操作者误播时,均可按"一键取消"键,可立即切断所有正在进行的广播。

9. 集中录音功能

中心广播控制台、车站广播控制台及站台广播控制终端控制台均具有录音输出接口,所有现场人工话筒广播内容送往中心通信集中录音系统进行自动录音,中心、车站广播控制终端、站台监查亭广播控制终端能记录通话日期、起止时间等管理信息。预先录制的语句、现场录制的语句及线路输入的广播内容不送往集中录音系统。

10. 列车到发自动广播功能

车站广播机柜内的系统交换控制工控机设有与乘客信息系统的接口,系统交换控制工控机配置相应的语音储存器,通过乘客信息系统接收列车信息(包括列车接近、列车到达、列车离站等信息)。当收到列车某一信息时,系统交换控制工控机自动启动并播放相应的广播内容。

11. 无线广播功能

在中心和车站均有与无线系统相连的广播接口,控制中心调度员可使用广播控制终端(通过无线通信系统)对指定的列车进行广播,车站值班员可通过无线移动台(无线通信系统)对站内进行广播。

12. 广播系统与乘客信息系统联动功能

广播系统与乘客信息系统有连接的接口(系统交换控制工控机,形式为每站一个 RS-422 接口),用于接收乘客信息系统提供的列车在车站运行的乘客服务信息,包括站台自动广播信息及列车服务信息(列车接近、列车到达、列车离站)、末班车广播及站务信息、服务中止广播及站务信息、车站控制广播及站务信息等。当收到上述信息后,自动启动广播系统,播放相应的广播内容。

13. 双语广播功能

广播控制终端选取中文预制录音语句对车站进行广播时,系统能自动使用普通话及英语的相应录音语句进行广播。

四、广播类型及广播词

城市轨道交通列车的广播分为常规广播、特殊广播、紧急广播、人工广播、列车服务广播和推广信息广播六种。其中列车服务广播和推广信息广播能够为乘客提供更好的帮助和遏制乘客乘车时的非正常行为。广播类型及广播词用语见表6-2。

广播类型及广播词用语　　　　　表6-2

广播类型		广播词用语
常规广播	到达广播	列车前方到站是××站,下车的乘客请提前做好准备。如为换乘站则为:列车前方到站是××站,××站是换乘站,下车后请乘客按标志牌的提示换乘到×号线地铁,去往沿途各站。谢谢
	离开广播	××站到了
特殊广播	运营延误	乘客请注意,本次列车的运营将稍微延迟。敬请原谅
	列车故障慢行	各位乘客,因××原因,本次列车将以慢速行驶。敬请原谅
	故障延误	由于设备故障,本次列车的运营将延误。敬请原谅
	退出服务到站清客	各位乘客,本次列车将停止运营服务。请您携带好随身物品,在站台等候下次列车
	区段运行	各位乘客,本次列车的终点站是××站,给您的出行带来不便,敬请谅解
	紧急停车	各位乘客,列车现在是紧急停车,请您握紧扶手,防止滑倒、碰伤。谢谢您的配合
紧急广播	区间清客	请注意!列车无法继续运行,请乘客前行到车头方向,按照工作人员的引导去往下一站。请您注意安全,不要拥挤,避免发生损伤

续上表

广播类型		广播词用语
紧急广播	疏散乘客（区间）	请注意！因发生紧急情况，请乘客前往就近的驾驶室按指示标志放下紧急踏板离开列车。请您注意安全，不要拥挤，避免发生损伤
	紧急撤离（列车在站台）	请注意！因发生紧急情况，请乘客立即离开车厢。请您注意安全，不要拥挤，避免发生损伤
	乘客报警	乘客请注意！现在列车×号车厢上有乘客需要帮助，前方站的工作人员已收到通知并准备好提供帮助。列车到站之前，请附近的乘客帮忙照顾，谢谢配合
	列车通过	本次列车将在××站通过不停车，去往××站的乘客请在站台等候后续列车。由此给您带来的不便，敬请谅解
	车门故障	乘客请注意！现在列车×号车厢的×号车门不能开启。下车的乘客请从其他车门下车，由此带来的不便，请您谅解
	封站	各位乘客请注意！奉上级指示，现在×线××站至××站列车的运营服务将暂停。去往受影响车站的乘客，请按照指示标志转乘××公司提供的免费接驳专车。给您带来的不便，敬请谅解
列车服务广播		列车关门时，请不要靠近车门。请小心列车与站台之间的空隙。请紧握扶手，谢谢配合！列车运行中，请不要倚靠车门，谢谢配合
推广信息广播		乘客您好！乘车时，请不要倚靠或手扶车门，以免发生危险。 各位乘客，乘车时请先下后上，有序乘车。乘客您好！乘车时请将座位让给有需要的人，谢谢配合！ 各位乘客请注意！地铁车厢内严禁饮食、吸烟、乱扔杂物，共同协助保持好车厢环境，谢谢配合！各位乘客，乘车时请不要携带易燃、易爆等各种危险品进站乘车，谢谢配合

思政课堂

2023年12月28日，乘坐长沙地铁的乘客都听到了一句特殊的广播报站："2023即将到站，对过去的自己说一声再见，今年辛苦了！下一站2024，愿我们不慌不忙、闪闪发光！"

长沙地铁这段报站音在网络出圈。不少网友表示："听到这报站音瞬间破防了。""被治愈了。"

其实，这并不是长沙地铁第一次展现它的"浪漫"。过去三年里，无论是大学开学季、女性的专属节日，还是列车上的都市夜归人，都收到过长沙地铁独特的"报站祝福"。

2023年9月的大学开学季,长沙地铁同样用一则则暖心的站台语音,为初来这个城市的年轻人送上祝福:"你是人间星光,感谢你跨越山海,奔赴星城,愿你每一刻都闪闪发光。"

这是2023年的开学季,长沙市委组织部(市委人才工作局)联动湖南天闻地铁传媒等,以"欢迎你,星同学"为主题,为来长沙的大学新生带来的开学仪式感。在开学之际,长沙地铁各大高校站点和交通枢纽站点内都滚动播放着这些开学季的祝福语音,用长沙独有的方式迎接新同学在这座城市开启新生活。

听到这段报站音,有网友留言:"在地铁站被暖到了。"

(摘编自《潇湘晨报》,2023年12月)

思考:广播系统带给乘客的便利有哪些?广播词如何体现城市地铁的人文关怀?如何利用广播系统提升乘客乘车体验?

【思政点拨】

地铁报站提示音是每天都能听到的声音,它在我们生活中扮演着重要的角色,帮助我们准确地了解自己的位置和目的地。随处可见的显示终端与各种环境协调搭配,给地铁增添了一份高端、时尚的人文气息,让乘客感受到暖心,提升乘车体验,提高乘客对地铁服务的满意度。

(1)使用温馨的语言:在播报中使用礼貌、温和的措辞,如"亲爱的乘客们""感谢您的配合"等,这样的语言更容易让人感到亲切和温暖。

(2)关注特殊群体:在播报中特别提醒照顾老人、儿童、孕妇以及行动不便的乘客,如"请给需要的乘客让座""请您注意扶好孩子"等,体现出对特殊群体的关怀。

(3)节日祝福:在特定节日或纪念日,通过播报向乘客发送节日祝福,如"新年快乐"让乘客感受到节日的氛围和温暖。

(4)安全温馨提示:在提醒安全事项时,不仅强调规则,还可以加上关切的话语,如"为了您和他人的安全,请排队候车,不要靠近站台边缘",这样的话语既关心乘客的安全,又显得非常贴心。

(5)流畅的情绪表达:播报时的语气应当流畅自然,充满情感,避免机械单调,这样可以更好地传达出暖心的感觉。

(6)及时的鼓励和感谢:在高峰时段或其他需要乘客配合的情况下,及时通过广播感谢乘客的合作,鼓励大家共同维护良好的乘车环境。

(7)紧急情况下的安慰:如果发生故障或其他紧急情况导致乘客滞留,地铁工作人员应该通过广播系统及时提供相关信息,并安慰乘客,让他们知道工作人员正在积极处理问题,减轻他们的焦虑感。

总之,地铁工作人员通过语音播报传递出的关心、尊重和感谢,能够营造出一种温馨和谐的乘车环境,让乘客在繁忙的都市生活中感受到一丝温暖和人文关怀。

知识拓展

地铁常用的标准英语广播用语

1. 提醒站台候车乘客

①The train bound for ×× is arriving. Please stand behind the yellow line.

开往××方向的列车即将进站,请站在黄色安全线以外候车。

②Please wait in line and let passengers get off first.

请排队等候列车,先下后上。

③Please move along the platform to the middle of the train for easier boarding.

请往站台中部走,那里比较容易上车。

④Please stand back and keep away from the screen doors.

请远离站台安全门。

⑤Please mind the gap between the train and the platform.

请小心列车与站台之间的缝隙。

⑥Please take care of your children and belongings.

请照顾好小孩,看管好随身物品。

2. 提醒下车乘客

①For safety reasons, please use our lift if you have a baggage or bulky items. Thank you for your cooperation.

为了您的安全,请携带大件行李的乘客使用升降电梯。谢谢您的合作!

②When using the escalators, please stand firm and hold the handrail. Please don't run or walk in the wrong direction. Thank you!

乘坐自动扶梯时,请站稳扶好,不要逆行。谢谢!

③Please have your ticket ready before you reach the exit gate. Thank you!

请出站前提前准备好车票,谢谢!

3. 提醒乘客设备故障

Dear passengers, your attention, please! ×× is out of work because ××. Passengers are advised to ××. We apologize for any inconvenience this might cause. Thank you for your cooperation.

各位乘客请注意,由于××原因,××设备目前停止运行,建议您××。给您带来的不便敬请谅解,感谢您的配合。

技能训练

实训任务　广播系统操作

任务描述

2023年5月25日17时20分许,武汉地铁3号线王家湾站,成女士带着5岁的儿子准备坐地铁前往菱角湖站回家。开往宏图大道方向的列车到站后,男孩蹦蹦跳跳先上了车,妈妈在后面赶来时列车门已关闭。

"平时他自己会下车回家的,对路也很熟悉。"一开始成女士并不太着急,她乘坐下一班车到站后径直回了家,却发现儿子并不在家中,当即慌了,赶紧返回地铁站求助。

(摘编自《长江日报》,2023年5月)

如果你是当日值班的工作人员,你将如何利用相关广播设备进行处理?

任务目标

1. 了解广播类型。
2. 掌握车站广播词,了解英文广播词。
3. 了解突发事件的广播。

任务要求

1. 组内设置组长、记录观察员,进行分工和表现过程记录。
2. 完成资讯与计划相关知识和任务准备工作。
3. 进行合作学习、互评、纠错、总结。

资讯与计划

1. 广播系统内容,完成表6-3。

广播类型及用语　　　　　　　　　　　　　　　　　　表6-3

广播类型		广播词用语
常规广播	到达广播	
	离开广播	
特殊广播	运营延误	
	列车故障慢行	
	故障延误	
	退出服务到站清客	
	区段运行	
	紧急停车	
紧急广播	区间清客	
	疏散乘客(区间)	
	紧急撤离(列车在站台)	
	乘客报警	

续上表

广播类型		广播词用语
紧急广播	列车通过	
	车门故障	
	封站	
列车服务广播		
推广信息广播		

2. 任务计划，完成表6-4。

任务计划表 表6-4

具体分工情况：

任务实施

1. 4人一组，两两结队，交替进行。

2. 每组一人辨别广播类型，另一人抽取对应场景，复述广播词用语；另一组负责记录错误点并进行点评。

实操考核

考评表 表6-5

项目	广播系统内容		学习能力	合作能力	合计
	广播类型辨别	广播词内容（随机抽取5个场景）	学习态度、完成标准（包括计划与资讯完成情况）、熟练度	小组合作互助、记录纠错	
满分	一个广播类型10分	每个10分，共50分	每项10分，共30分	共10分	100分
得分（分）					

复习思考题

一、不定项选择题

1. 车站子系统的主要构成为车站服务器、(　　)、分屏器、车站网络系统和现场显示设备等。
   A. 车站操作员工作站　　　　B. 流解码器
   C. 运行信息　　　　　　　　D. 信息播放控制器
   E. 控制信号

2. 网络子系统是基于(　　)的传输网实现具体功能的。
   A. IP 网络　　　　　　　　B. 数字电视设备
   C. 通信系统　　　　　　　D. 无线局域网

3. 城市轨道交通列车的广播分为常规广播、(　　)、(　　)、人工广播、(　　)和推广信息广播六种。
   A. 特殊广播　　　　　　　B. 紧急广播
   C. 定时广播　　　　　　　D. 列车服务广播
   E. 到站信息广播

4. 车载子系统最核心的问题是(　　)。
   A. 无线传输　　　　　　　B. 无线局域网
   C. 数字电视广播　　　　　D. 数字集群

5. 在语音播报时使用下列文明用语正确的是(　　)。
   A. 您好　请　谢谢　对不起　再见
   B. 喂　再见　那位　这位
   C. 您好　再见　谢谢　快走
   D. 嘿　你好　不好意思

6. 车站广播应以(　　)引导乘客安全、快捷地乘坐城市轨道交通为原则。
   A. 及时　　B. 完整　　C. 清晰　　D. 准确

二、判断题

1. 乘客信息系统简称 PIS 系统。　　　　　　　　　　　　　　　　　(　　)
2. 乘客信息系统按结构可以划分为四个部分：运营中心子系统、车站子系统、网络子系统和车载子系统。　　　　　　　　　　　　　　　　　　　(　　)
3. 传统的乘客信息系统只有车站的信息向导,有全网概念,系统功能较强。
   　　　　　　　　　　　　　　　　　　　　　　　　　　　　　　(　　)
4. 广播系统由控制中心广播、车站广播、车辆段广播三个完全独立的子系统构成。
   　　　　　　　　　　　　　　　　　　　　　　　　　　　　　　(　　)

5. 广播系统由控制中心和车站两级控制,正常情况下以车站广播为主;事故抢险、组织指挥情况下,以控制中心防灾广播为主。　　　　　　　　　（　　）

三、简答题

1. 简述乘客信息系统的概念。
2. 简述广播系统的功能。
3. 简述乘客信息系统各部分的功能。
4. 简述广播系统的控制及广播优先级。
5. 假设一列列车由于前方隧道内发生事故被迫停车等待,车站工作人员应该如何进行播报通知?

四、案例分析题

自 2023 年 10 月起,细心的乘客或许会发现,在上海地铁 1 号线人民广场、汉中路等车站站台显示屏上,增加了用"绿、黄、红"表示该路线运营情况的三色图,如同高架道路上的路况显示,使乘客对目前的线路运营情况一目了然。

客流实时信息显示系统通过后台自动设置,实时监控城市轨道交通各线路区段客流及特定位置的客流密度与运营状态,并根据即时运营状态进行着色,形成了具备上海城市轨道交通自身特点的三色全网图,便于乘客查看、判断。

绿色:运营畅通状态。

表示站点和列车能够持续提供正常服务,乘客可畅通地到达目的站点。

黄色:运营拥挤状态。

表示运营服务能力饱和,包括列车或车站处于满员或拥挤状态,车站可能实行临时性限流措施;建议乘客选择等待或者换乘其他显示为绿色的线路乘行,绕开拥挤区段。

红色:运营中断状态。

表示乘客乘行路径阻断或车站关闭,包括列车延误 15min 以上或可能延误 15min 以上、线路/区段停运、站点运营服务停止、换乘停止等状态;建议乘客换乘其他显示为绿色的线路或者换乘地面公交。

据悉,客流实时信息显示系统试运行初期,主要依据线路区段即时进站客流与该区段实际运力供应之比计算分析运营拥挤状态,同时酌情辅以人工调节干预,来增强显示的准确性。未来,上海地铁还将利用列车实时载重计算等技术手段,进一步提高运营状态自动描述的精准度,不断完善系统功能。

（摘编自微信公众号上海地铁）

思考:结合案例,分析乘客信息系统在出行中的作用。

模块 7
车站消防系统

教学目标

知识目标
1. 了解城市轨道交通火灾的特点、城市轨道交通消防的基本要求。
2. 掌握火灾应急处理流程。
3. 掌握各类灭火器的使用步骤、适用场景。

能力目标
1. 能正确识别消防标志。
2. 能正确使用干粉灭火器。
3. 能应对安全门常见故障并进行处理。

素质目标
培养冷静处置、按规执行、沉着细致的危机处理素养。

建议学时

12 学时

> **案例导入**
>
> **英国地铁超级火灾，为全球敲响消防警钟**
>
> 　　在圣潘可拉斯站，有一段长达 42m 的自动扶梯连接站台和售票大厅。1987 年 11 月 18 日的傍晚 7 时 34 分，一名乘客向地铁工作人员报告，在经过扶梯时闻到浓烈的焦臭味，隐约可见火焰从缝隙中冒出。工作人员立刻报警，6 分钟后，消防人员抵达现场，但他们迅速认识到这不是一场一般的火灾。
>
> 　　当他们准备灭火时，扶梯下的小火迅速升级，沿着扶梯如火焰喷射器般蔓延，数十秒内吞噬了整个扶梯，火势迅速蔓延至售票大厅。当时正值下班的高峰期，大厅里人头攒动，突然爆发的火灾引发了乘客的恐慌，踩踏事件不可避免。同时火势越发猛烈，几乎将周围所有的物体化为灰烬。根据官方统计数据，这场火灾导致 31 人丧生，100 多人受伤，其中很多尸体被烧成焦炭。
>
> 　　根据专家的说法，自动扶梯下堆积了大量可燃垃圾，如食品包装等，他们怀疑是扶梯下的润滑油堆积，遇到一根烟蒂时，发生了火灾。当时英国地铁还未禁止吸烟。剑桥大学燃烧动力专家利用超级计算机对这一假设进行了模拟，结果与这场火灾的情况惊人相似。因此，火灾的真正原因是扶梯下积存了大量可燃物。此次火灾后，英国地铁宣布禁止吸烟，明确规定要定期检查消防设备并增加报警设备。这是世界地铁历史上的第一次大规模火灾，无疑为全球各地的地铁系统敲响了警钟，然而代价惨重。
>
> （摘编自《星环观点》，2021 年 7 月）
>
> 思考：
> 1. 这场火灾是否可以避免？
> 2. 在拥挤的车站中是否应该设置消防系统？
> 3. 如果在候车过程中遇到火灾该如何应对？

单元 7.1　车站消防认知

一、轨道交通车站火灾的特点

　　城市轨道交通车站具有智能化的特点，按建筑形式一般可分为地面车站、地下车站和高架车站，列车运行区间也对应分为地面区间、地下区间和高架区间。地面车站和高架车站与区间火灾的特点与地面智能建筑和高架道路没有大的差别，而地下车站和地下区间隧道，如发生火灾与地面相比，其火灾危险性更大且具有以下特点。

1. 空间小、人员密度大、流量大

地下车站和地下区间隧道是通过挖掘的方法获得建筑空间的,隧道外围是土壤和岩石,只有内部空间没有外部空间,且仅有与地面连接相对空间较小的地下车站的通道作为出入口。相对空间小、人员密度大、流量大是其极为显著的特点。一旦发生火灾等灾害,与在地面建筑发生同样火灾事故相比,地下车站和地下区间隧道火灾状况更加难以控制,后果也会更加严重。由于城市轨道交通车站与隧道存在上述构造上的特殊性,与地面建筑相比,其发生火灾时的特点主要表现为:

(1) 含氧量急剧下降。
(2) 烟雾与毒气弥漫。
(3) 主动排烟性、排热性差。
(4) 火情探测和扑救困难。
(5) 人员疏散困难。

2. 易发生电气火灾

城市轨道交通机电设备是由车辆、通信、信号、供电、自动售检票、暖通空调、给排水等数十个机电系统设施和设备组成的庞大复杂的系统,各种强弱电电气设备、电子设备,不仅种类数量多而且配置复杂,供配电线路、控制线路和信息数据布线等纷繁复杂,一旦出现绝缘不良或短路等情况,极易发生电气火灾,并沿着线路迅速蔓延。

3. 火险隐患多,火灾损失大

城市轨道交通不仅功能复杂,而且客流量大,人员复杂,乘客所带物品、乘客行为等难以控制,消防安全管理难度大,潜在火险隐患多,一旦起火,控制、扑救、疏散不当,势必损失巨大。

二、消防系统的基本要求

为了确保城市轨道交通消防安全,一旦发生火情,消防系统和设备必须做到可靠运行,万无一失。无论使用哪一种产品都必须满足以下基本要求。

(1) 火灾自动报警系统在有火情发生时,能及时、准确地探测和发出火警信号,并显示火情发生的地点、时间等内容。

(2) 火灾自动报警系统能及时联动防排烟系统、固定灭火等系统,显示各系统运行状态等。

(3) 除报警功能外,火灾自动报警系统应具有自动检测、故障报警、监视和控制、事件记录等功能。

(4) 机电设备监控系统(EMCS/BAS)、固定灭火系统(消火栓系统、水喷淋系统和细水雾灭火系统)、防排烟系统等在收到火灾自动报警系统报警信号后,应能按各系统运行状态和相应联动工况要求,控制和监测相应设备,显示各系统运行状态等,同时应能将各系统运行状态或结果反馈给火灾自动报警系统。

(5)火灾自动报警系统和机电设备监控系统应具有中央控制级、车站控制级和现场控制级。

(6)消防设备必须具有备用电源,当主电源失电时,能及时启用备用电源,确保消防系统正常运行。

(7)消防控制室(或车站综合控制室)的消防控制设备除自动控制外,对重要的消防设备还应能手动直接控制。

三、消防标志

1. 消防标志的意义

以往的火灾事故往往在发生事故的初期,人们看不到消防标志,找不到消防设施,而不能采取正确的疏散和灭火措施,以致造成大量人员伤亡。因此,消防标志不单是消防救援人员处理火险的好帮手,也是群众在火灾危急关头的救命符。

2. 红色消防标志牌

红色消防标志牌用于说明各种消防设备、设施安装的位置,引导人们在发生火灾时采取正确合理的行动。常见的红色消防标志牌如图7-1所示。

◎ 图7-1 常见的红色消防标志牌

3. 绿色疏散标志

绿色疏散标志设置在疏散通道和主要疏散路线的地面或靠近地面的墙上,可以更有效地帮助人们在浓烟弥漫的情况下,及时识别疏散位置和方向,迅速沿绿色疏散标志顺利撤离。常见的绿色疏散标志如图7-2所示。

◎ 图7-2　常见的绿色疏散标志

知识拓展

1. 火灾分类

根据《火灾分类》(GB/T 4968—2008)，火灾分类如图7-3所示。

◎ 图7-3　火灾分类

2. 火灾等级

公安部办公厅《关于调整火灾等级标准的通知》(公消〔2007〕234号)根据《生产安全事故报告和调查处理条例》(国务院令第493号)规定的生产安全事故等级，按照一次火灾事故造成的人员伤亡情况和直接财产损失的严重程度，将火灾等级划分为四类，即特别重大火灾、重大火灾、较大火灾和一般火灾。火灾等级划分见表7-1。

火灾等级划分　　　　　　　　　　　　　　　　　　表7-1

火灾等级	人员伤亡(人)		直接经济损失(元)
	死亡	重伤	
特别重大火灾	≥30	≥100	≥1亿
重大火灾	10～30(不包括30)	50～100(不包括100)	5000万(含)～1亿
较大火灾	3～10(不包括10)	10～50(不包括50)	1000万(含)～5000万(不包括5000万)
一般火灾	<3	<10	<1000万

单元 7.2　火灾自动报警系统认知

一、火灾自动报警系统概述

火灾自动报警系统(Fire Alarm System, FAS)的主要功能是通过在城市轨道交通车站、主变电所及车辆段等建筑内按规范设置感烟、感温或红外线等探测器对火灾进行监测,将火灾报警信息传送到车站及控制中心,并自动联动防灾设备运行,达到火灾预警及防灾救灾的目的。

火灾自动报警系统能够在火灾初期,将燃烧产生的烟雾、热量和光辐射等通过感温、感烟和感光等火灾探测器变成电信号,传输到火灾报警控制器,并同时显示火灾发生的部位,记录火灾发生的时间。

一般火灾自动报警系统与自动喷水灭火系统、室内消火栓系统、气体灭火系统、防排烟系统、通风系统、暖通空调系统、防火门、防火卷帘等相关设备联动,自动或手动发出指令、启动相应的装置。

二、火灾自动报警系统的功能及组成

1. 功能

火灾自动报警系统的主要功能如下。

(1)探测火灾灾情:通过设置在现场的各种探测器,如感烟探测器、感温探测器、火焰式探测器等,探测火灾的灾情,把现场探测模拟数据传送回火灾自动报警控制盘。

(2)自动判断功能:对现场传送回来的探测器数据进行分析判断,以确定是否发生火灾。

(3)监控消防设备设施:对消防设备,如防火阀、消防水泵、防火卷帘门、排烟风机等进行状态监视以及紧急控制。

(4)火灾早期报警与人员疏散:当判定为火灾时,火灾早期报警与人员疏散报警控制盘发出声光报警,通知在场值班人员,并且通过设置在现场的警铃、警笛、消防广播等通知人员疏散。

2. 组成

全线火灾自动报警系统由控制中心级和车站级两级监控管理构成。控制中心级实现对全线火灾自动报警系统集中监视和管理。车站级在各车站、车辆段、停车场设火灾报警控制器,对其所管辖范围独立执行消防监控和管理。火灾自动报警系统主要由控制中心级设备,车站级设备,现场各类探测器、输入模块、输出模块、控制模块、手动火灾报警按钮、消防电话等设备,以及全线设备维修维护系统等组成。火灾自动报警系统组成如图 7-4 所示。

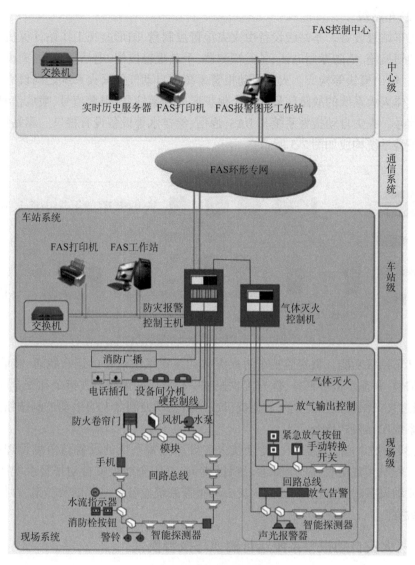

◎ 图7-4 火灾自动报警系统组成

(1)控制中心级。

①控制中心级设备。配置监控管理操作终端和历史资料存档管理操作终端。其功能是：以图形和文本两种方式处理事件；对事件进行合理分类及过滤筛选；通过分析事件存储文件，了解何时发生何事，便于分析事件发生的原因。

②控制中心功能。监视全线火灾自动报警系统设备的运行状态，接收全线各车站、车辆段、停车场、主变电所等发送的火灾报警信息，监控设备的运行状态及故障信息。当接收到各种报警信号或故障信息时，及时以地图式画面在火灾自动报警系统工作站上显示信息，打印各类信息报警时间、地点，启动火灾报警的声光报警信号，并储存和实时打印故障、设备维修等其他各项记录；记录存档，按信息类别进行历史资料档案管理。

(2)车站级。

①车站级设备。车站级设备由火灾报警控制盘、图形监视工作站计算机、双电源自动切换箱、消防专用电话、各类探测器、手动报警按钮、电话插孔、隔离模块、输入模块、输出模块等构成。火灾自动报警系统与自动气体灭火系统之间设有接口，接收气体灭火系统的故障信号和每个保护区的预警信号、报警信号、喷放信号、手/自动信号。火灾自动报警系统与BAS、通信、给排水等设备设有接口。车站级火灾自动报警系统构成如图7-5所示。

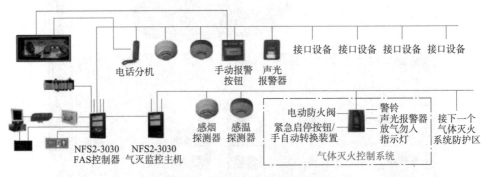

◎ 图7-5 车站级火灾自动报警系统构成

②车站级功能。负责监视车站火灾自动报警系统设备的运行状态，接收火灾报警信号，并显示报警部位，优先接收控制中心发出的消防救灾指令和安全疏散命令；通过火灾报警控制盘上的数据接口或消防联动控制盘上的手动控制按钮，向其联锁系统发出模式指令。

(3)维护中心。维护中心是全线火灾自动报警系统的设备与信息管理中心，保证工作站实现接收、显示、储存、统计、查询、打印全线火灾自动报警系统所有设备和联动设备的状态信号，建立火灾自动报警系统设备维修计划及档案，存储全线历史数据。

三、火灾自动报警系统运行模式与报警模式

1. 运行模式

城市轨道交通各车站的火灾自动报警系统必须处于24h不间断正常工作状态，其运行模式分为正常运行模式和非正常运行模式，均可采用手动和自动两种控制模式。由控制主机与BAS联合完成系统所设计的对火灾工况各种联动动作的设定，控制盘通过触摸按钮开关或双连开关实现对系统的手动/自动控制转换，正常运行模式为自动控制位。

(1)正常运行模式。

系统处于自动控制状态时为正常运行模式。控制机由UPS供电，对车站的机电设备进行监视。火灾自动报警系统监控对象包括手动报警器、感烟探测器、温感探测器、警铃、电话、广播、排烟阀、防火卷帘门、消防泵、喷淋泵、电梯、非消防电源控制柜等。

在自动控制模式下,当有火灾报警发生时,车站的消防设施按火灾工况自动进入联动运行模式。

(2)非正常运行模式(交流供电失电等情况)。

火灾自动报警系统控制主机处于手动控制时为非正常运行模式,当有火灾报警发生时,工作人员须就地对联动设备进行单点操作,操作对象包括警铃、电话、广播、排烟阀、防火卷帘门、新风机、消防泵、喷淋泵、电梯、非消防电源控制柜等。

在手动控制模式下,其控制方式采用单地址点控制,监控内容有各种设备反馈信号、报警信号及故障信号。

2. 火灾报警模式

(1)自动确认模式。当系统运行模式转换开关处于"自动"位时,系统处于自动确认模式。在同一个报警区域内,如有一个智能探测器报警,同时有一个手动报警按钮报警,或者任意两个及两个以上智能火灾探测器同时报警,系统自动确认火灾报警,并立即自动生成相应的火灾联动程序,火灾报警控制器立即执行火灾联动程序。火灾报警控制器接收信号并发出指令,按预先设置的程序启动相关消防设备,进入火灾运行模式,并将信息传送控制中心。

(2)人工确认模式。当系统运行模式转换开关处于"手动"位时,系统处于人工确认模式。当系统内任何一个探测器报警后,或系统内任何一个手动按钮报警后,系统立即自动生成相应的火灾联动程序,由值班人员通过闭路电视监视系统或到报警现场确认火灾情况。如果现场确发生火灾,值班人员须通过火灾确认按钮对火灾报警信息进行人工确认,经人工确认后,火灾报警控制器立即执行火灾联动程序,火灾自动报警系统启动相关消防设备并将信息上传控制中心。如果现场无火灾情况,值班人员可以复位报警点设备或通过输入密码屏蔽报警点设备。

(3)消防联动模式。火灾自动报警系统实现火灾报警、火灾探测及消防联动功能,火灾时控制和监视排烟、防烟防火阀处于动作状态,控制相关消防设备的启动,接收其状态反馈信号,并将信息上传控制中心。

火灾自动报警系统与设备监控系统设有通信接口,火灾报警后,火灾报警控制器发出指令,设备监控系统执行指令,启动相应的设备按预先设置的火灾模式运行。火灾自动报警系统指令具有最高优先权。

四、火灾自动报警系统发生报警或故障的确认

1. 正常运行情况下,各设备的正常状态

(1)图形监视工作站计算机应正常工作,画面上无任何事件。

(2)火灾报警控制器操作盘:信息按钮左边的灯亮,按下信息按钮,信息栏内显示的内容只有无人值班。系统正常运行灯亮,其余灯均不亮,面板上无其他内容。

(3)控制显示联动板(广播手动、系统手动):广播切换位于"手动"位置,系统切换位于"手动"位置,系统封锁位于"封锁"位置,保证切换开关的钥匙在控制显

示联动板上。

(4)充电器:处于打开状态,正常的两个灯(交流电、直流电)亮。

(5)打印机:处于不间断工作状态,走纸须正常,打印字迹应清晰。

(6)消防电话主机、消防电话分机、便携式消防插孔电话、电话插孔:工作正常。

(7)各类探测器、模块、手动报警器、感温电缆、警铃:工作正常。

(8)充电装置、DC 24V 电源箱自动切换装置:工作正常。

(9)所有设备外观无损坏。

2. 火警确认

当火灾自动报警系统报警时,应及时对报警点进行确认,并到现场查看。若确有灾情,应及时采取灭火措施,以灭火时间最短为原则,并汇报行车调度员和环控调度员。

火灾自动报警系统操作盘如图 7-6 所示,在火灾自动报警系统正常运行期间,操作盘有声报警,报警灯长亮,❷处红色报警灯全亮,另有长响蜂鸣声,同时❹处灯闪烁,为报火警。

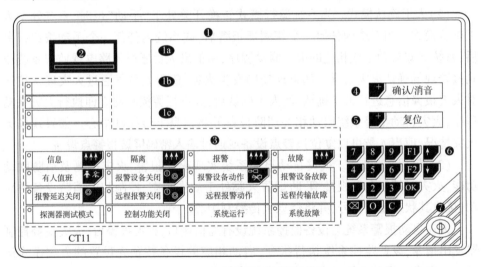

◎ 图 7-6　火灾自动报警系统操作盘

(1)首先在图形监视工作站上或火灾自动报警系统操作盘上❸的报警栏内查看火警位置,再按❹进行确认。

(2)利用对讲机、电话或其他方式通知临近人员立即查看现场。

(3)如是火警,当确定是火灾后,根据火灾报警处理流程进行处理。

3. 火灾自动报警系统报故障的确认

当火灾自动报警系统发生故障时,黄色故障灯亮,应及时对该点进行确认,现场察看,并正确地将故障内容汇报给行车调度员和环控调度员。

(1)图形监视工作站上出现新的故障:最上面一栏的相应提示灯会闪,在事件表中读取新的内容,做好记录并进行确认(如果新的事件和火灾自动报警系统主机是重复的,按照火灾自动报警系统主机显示的信息进行登记)。

(2)火灾自动报警系统主机出现新的故障:有声报警,并且图7-6中❹处的指示灯闪烁。

4. 信息查看操作

(1)首先在操作盘上(图7-6中❸中)信息、故障两个按钮左边有灯点亮的栏内查询新的信息或故障(如果是新的内容还未确定会在该信息前有一个"+"号),读出相应的信息或故障,并做好记录。如果在信息栏内查询到的是探测器警告,则表明该区域有预警,利用对讲机或其他方式通知临近人员立即查看现场。

(2)按图7-6中❹对新的信息或故障进行确认消音。

(3)将新的问题及时报环控调度员,由环控调度员报设备调度员,由设备调度员通知相关专业人员进行检修。

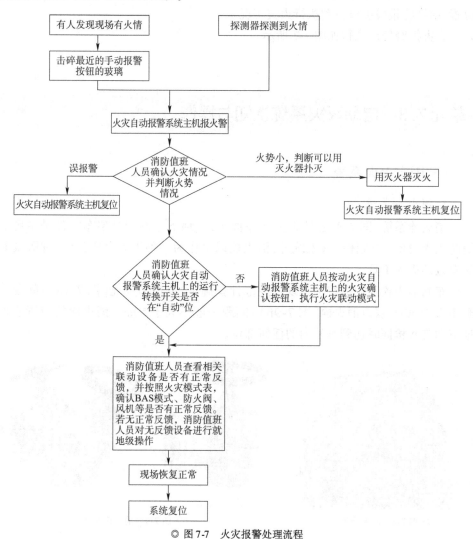

◎ 图7-7 火灾报警处理流程

五、火灾报警处理流程

车站火灾自动报警系统在火灾发生时的处理流程如下。

(1) 在收到火灾报警时,值班人员在火灾自动报警系统控制盘上或图形监视终端上确认后,应立即携带对讲机、插孔电话等通信工具,迅速到达报警点确认。

(2) 如未发生火情,应查明报警原因,采取相应措施,并认真做好记录。

(3) 如确有火情发生,应立即用通信工具向车控室反馈信息,利用现场灭火器材进行扑救。

(4) 车控室值班人员根据火灾情况启动有关消防设备,通知有关人员到场灭火,报告单位值班领导,并应拨打119向消防队报警。

(5) 情况处理完毕后,恢复各种消防设备至正常运行状态。

(6) 如消防报警系统处于"手动"位置,应立即由原"手动"位置转换至"自动"位置,由消防报警主机自动执行火灾工况。

火灾报警处理流程如图7-7所示。

单元7.3 自动灭火系统认知与操作

一、固定灭火系统

1. 消火栓系统

消火栓系统(图7-8)在轨道交通地面车站、地下车站和高架车站都是主要的消防灭火设备,除气体灭火系统外,消火栓以水作为一种灭火介质,是一种既及时又有效的灭火工具。

车站消火栓间距应按国家现行规范计算确定,单口消火栓[图7-9a)]间距一般不大于30m,双口消火栓[图7-9b)]间距一般不大于50m。消火栓的布置应保证有两支水枪同时达到车站内的任何部位。

◎ 图7-8 消火栓系统

a) 单口消火栓

b) 双口消火栓

◎ 图7-9 消火栓类型

室内消火栓的具体操作如下。

(1)用手按消火栓旁边的启动按钮,打开消火栓的箱门。

(2)从消火栓箱中取出水带、水枪。

(3)检查水带及其接头是否完好。若有破损,则严禁使用。

(4)向火场方向展开、铺设水带,避免扭折。

(5)将靠近消火栓端的水带与消火栓进行快速连接,即在连接时将连接扣准确插入滑槽,按顺时针方向拧紧、紧牢(以防脱开高压水伤人)。

(6)将水带的另一端与水枪快速连接,即在连接时将连接扣准确插入滑槽,按顺时针方向拧紧、拧牢(以防脱开高压水伤人)。

(7)连接完毕至少 2 人紧握水枪,对准火场(勿对准人,防止高压水伤人)。

(8)按逆时针方向缓慢打开消火栓阀门至最大,对准火源根部进行喷水灭火。

消火栓使用方法如图 7-10 所示。

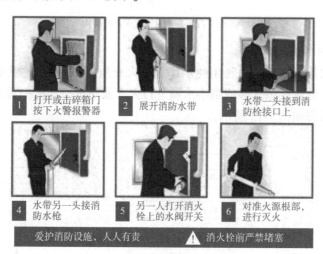

◎ 图 7-10　消火栓使用方法

2. 自动喷水灭火系统

自动喷水灭火系统(图 7-11)主要是对初期火灾进行遏制,能有效避免城市轨道交通内的财产损失和危及人身安全。

◎ 图 7-11　自动喷水灭火系统

自动喷水灭火系统的结构如图7-12所示。

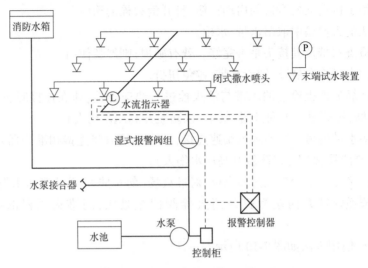

◎ 图7-12　自动喷水灭火系统结构

3. 高压细水雾灭火系统

高压细水雾灭火系统是利用纯水作为灭火介质,采用特殊的喷头在特定的工作压力下将水分解成细水雾或细小水滴进行灭火或防护冷却的一种固定式灭火系统。其运行流程如图7-13所示。

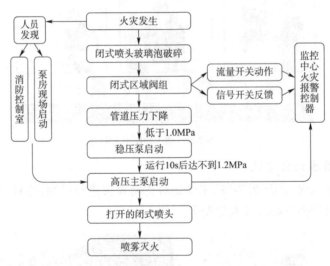

◎ 图7-13　高压细水雾灭火系统运行流程

4. 气体灭火系统

城市轨道交通的火灾自动报警系统都是由自动报警系统和自动消防系统两部分组成的。前者是对初期火灾的探知和报警,后者是对火灾的及时扑灭和有效防护。二者紧密配合,组成一个功能完备的消防报警系统。这种与报警系统配合的自动消防系统就组成了城市轨道交通气体灭火系统。

二、移动灭火系统（灭火器）

1. 灭火器工作原理

灭火器的种类较多，常用的灭火器有水型灭火器、泡沫灭火器、干粉灭火器、二氧化碳灭火器。不同类型的灭火器，适用于扑救不同物质引起的初期火灾，其内部结构和操作使用方法也各不相同。

（1）水型灭火器。水型灭火器（图7-14）内部充装的灭火剂是清洁的水，为了提高灭火的性能，在清水中加入适量添加剂，如抗冻剂、湿润剂、增黏剂等。

（2）泡沫灭火器。泡沫灭火器内部充装的是水和泡沫灭火剂，可分为空气泡沫（机械泡沫）灭火器和化学泡沫灭火器两种类型。泡沫灭火器的作用如下。

◎ 图7-14 水型灭火器

①冷却作用。当泡沫被喷洒到燃烧的油品表面时，由于油品表面的热作用，泡沫中的水被汽化，从而吸收了所接触部分的油品表面的热量，达到冷却的目的。

②窒息作用。泡沫的窒息作用主要表现为可以降低油品表面附近的氧气浓度，直到使油品与大气中的氧气完全隔开。

③遮断作用。在灭火过程中，泡沫可使已被覆盖的油品表面与尚未被覆盖的油品表面的火焰隔离开来。

④淹没作用。淹没作用是高倍数泡沫灭火的重要原理，通过泡沫将被保护对象淹没，使淹没空间缺氧，不能继续燃烧，最终实现灭火。

（3）干粉灭火器。干粉灭火器（图7-15）是指充装干粉灭火剂的灭火器，由喷管、喷嘴、压力表、保险销、按压阀、瓶身等组成。

（4）二氧化碳灭火器。二氧化碳灭火器（图7-16）是利用二氧化碳做灭火剂进行动力喷射的一种灭火器具。

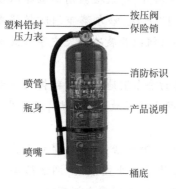

◎ 图7-15 干粉灭火器

◎ 图7-16 二氧化碳灭火器

2. 灭火器操作

这里以常见的干粉灭火器操作为例进行介绍。手提式干粉灭火器使用时，应

灭火器设备的操作

手提灭火器的提把,迅速赶到火灾现场,在距离起火点 5m 左右处,将灭火器直立放稳。在室外使用时,注意占据上风方向。使用前先将灭火器上下颠倒几次,使筒内干粉松动。使用时应先拔下保险销,如有喷射软管,须一只手握住其喷嘴(没有软管,可扶住灭火器的底圈),另一只手提起灭火器并用力按下压把,干粉便会从喷嘴喷射出来。干粉灭火器在喷射过程中应始终保持直立状态,不能横卧或颠倒使用,否则不能喷粉。

干粉灭火器的操作方法如图 7-17 所示。

1.提起灭火器

2.拔下保险销

3.用力压下手柄

4.对准火源根部扫射

◎ 图 7-17　干粉灭火器的操作方法

3. 灭火器管理

加强灭火器的运行管理是为了规范灭火器的日常管理、使用与维护,同时确保火灾发生时,灭火器能有效发挥灭火作用,及时将火灾扑灭于初期状态,保证城市轨道交通工作人员和乘客的安全,使损失降到最低。

> **拓展阅读**
>
> 　　为进一步满足"全灾种、大应急"职能任务需要,加强地铁火灾事故灭火救援技战术研究,规范地铁火灾扑救处置程序,有效检验消防救援队伍应对处置地铁火灾事故作战能力,2023 年 5 月 17 日晚,哈尔滨市消防救援支队在哈尔滨地铁 1 号线博物馆站协调各相关部门组织开展地铁火灾事故灭火救援实战演练。
>
> 　　演练模拟晚高峰期间处于运营状态的哈尔滨地铁 1 号线博物馆站站台层电焊不慎将广告宣传栏引燃,火势迅速燃烧并释放大量浓烟,站台内有近 300 名乘客亟待疏散,情况万分危急。
>
> 　　发生火灾后,工作人员立即拨打 119 报警电话,并将火警信息上报地铁集团安全指挥部。1 号线博物馆站立即启动应急处置预案,调派微型消防站人员组织扑救初期火灾,站内工作人员有序组织被困群众撤离。
>
> 　　接到火警后,哈尔滨市消防救援支队指挥中心按照地铁火灾事故调派编

程,一键式调派轨道交通大队、地下建筑灭火救援专业队、供水专业队、战勤与通信保障分队到场进行处置,支队全勤指挥部随行出动。地铁集团、公安、医疗、交通等联动单位第一时间到场履职。最终,本次演练取得圆满成功。

(摘编自黑龙江新闻网,2023 年 5 月)

思考:地铁火灾的特点有哪些?定期组织消防演练的目的是什么?日常乘车过程中,如何提醒乘客注意火灾隐患?

【思政点拨】

地铁火灾的特点包括疏散困难、烟气扩散迅速和火情探测与扑救困难等。定期组织消防演练的目的在于提高火灾应急处理能力,保障人民生命财产安全,增强社会防火意识,发现并消除安全隐患,以及提高应急处置能力。通过模拟实际火灾场景进行演练,有效地准备应对火灾事故,从而最大限度地减少伤亡和财产损失。

地铁发生火灾时,作为地铁车站工作人员,应迅速采取一系列措施帮助乘客脱险。

首先,确保及时的火情报告和信息沟通。一旦发现火情,应立即通过紧急救援电话或手动报警按钮通知消防部门和地铁公司,提供火灾发生的地点、程度、扩散方向及受困人数等详细信息;同时,开启车站通风排烟系统,控制烟气在起火层,不进入安全区。

其次,组织有序的应急疏散。根据火灾的具体位置和情况,指导乘客使用楼梯和自动扶梯(已断电)向站厅层或地面疏散。在此过程中,确保所有可用的排烟风机启动,形成向下的气流,防止烟气蔓延至站厅;同时通过应急广播、信息显示或人员直接管理等方式,告知乘客疏散路线和注意事项。

最后,协调各类人员执行各自职责。包括安检员、售票员、站务员、保洁员、保安员及民警等,按照要求各司其职,有效地疏导人流,确保乘客能迅速而有序地撤离危险区域。

技 能 训 练

实训任务7-1　消火栓的使用

任务描述

消火栓作为重要的灭火设备,为确保火情第一时间得到控制,每位车站站台工作人员都应该掌握其操作使用方法。因此,掌握消火栓的使用操作方法是十分重要的。

任务目标

1. 能识别消火栓的位置。
2. 能够掌握消火栓的操作步骤。

任务要求

1. 组内设置组长、记录观察员,进行分工和表现过程记录。
2. 完成资讯与计划相关知识和任务准备工作。
3. 进行合作学习、互评、纠错、总结。

资讯与计划

1. 消火栓及消防水带的使用,完成表7-2。

消防栓及消防水带的使用　　　　　　　　　　　　表7-2

设备	操作方法
消火栓	1.使用方法 (1)(　　):打开消火栓箱,取出水带。 (2)(　　):右手呈虎口形握住水带的两个接头,用五指扣压水带的外圈。同时,左手拇指和四指分别插入水带两头接口,并握紧两个水带头,两手协同用力托住水带,用力向正前方抛出,左手握水带头向上抽拉,使水带向正前方摊开。 (3)(　　):右手将水带接头与消火栓接头对接,并顺时针转动至卡紧为止。 (4)(　　):打开阀门,迅速拿起另一头水带接头,将水枪头接到水带接口上,将消火栓消防阀轮按逆时针方向转动打开。 (5)灭火:射水时采取包围灭火战术,以阻止火势和烟雾向四周扩散,以便有效控制直至将火扑灭。注意,用水灭火时如遇电气火灾,应(　　　)。 2.注意事项 (1)注意火场与消火栓的距离,车站内消防水带和消防软管长度一般为25m。 (2)用消火栓时,应注意着火物品是否带电,若属带电物品,必须先(　　　)方可用水灭火。 (3)定期检查消火栓,确保消火栓水压正常,物品齐全

2. 任务计划,完成表 7-3。

任务计划表　　　　　　　　　　　　　　　　表 7-3

具体分工情况:

任务实施

1. 4 人一组,两两结队。利用消火栓设备,一队一人做拉水带工作,另一人确认消火栓状态;二队做安全防护,查漏补缺。

2. 两两交替逐个进行操作,其他人记录错误点进行点评。

实操考核

考评表　　　　　　　　　　　　　　　　　　表 7-4

项目	认知与操作能力			学习能力	合作能力	合计
	判断着火物体是否带电,检查消火栓物品是否齐全	正确拉出消防水带至着火点,判断水压	消火栓 5 个操作步骤,正确出水	学习态度、完成标准(包括计划与资讯完成情况)、熟练度	小组合作互助、记录纠错	
	每项 10 分,共 20 分	每项 10 分,共 20 分	每步 5 分,共 25 分	每项 10 分,共 30 分	共 5 分	100 分
得分(分)						

实训任务 7-2　灭火器的使用

任务描述

2023 年 9 月 9 日早,有网友反映,西安地铁 3 号线行驶到延平门—科技路时,不知什么东西烧着了,车厢出现烟雾,乘客被紧急疏散。上午 8 时 30 分左右,西安地铁发布突发运营信息称,由于一乘客的充电宝冒烟,现场乘客使用了列车灭火器,造成车厢烟雾较大。灭火器是车厢内重要的消防设施,正确操作可以第一时间处理初起火灾,因此,作为车站工作人员,熟练操作灭火器是十分重要的。

(摘编自西部网,2023 年 9 月)

如果你是站务员,面对上述情况,你如何使用灭火器?

任务目标

1. 能认识灭火器的组成。

2. 能够判断灭火器是否可用。

3. 掌握灭火器的使用步骤。

任务要求

1. 组内设置组长、记录观察员，进行分工和表现过程记录。
2. 完成资讯与计划相关知识和任务准备工作。
3. 进行合作学习、互评、纠错、总结。

资讯与计划

1. 灭火器认知与使用，完成表7-5。

灭火器认知与使用　　　　　　　　　　　　　　　表 7-5

步骤	内容
选择灭火器	认识灭火器的组成（图7-18）  ◎ 图7-18　灭火器的结构组成
检查灭火器	判断火势，正确选用灭火器。对灭火器进行检查，看是否能正常使用。[将压力情况（图7-19）填写至方框内] 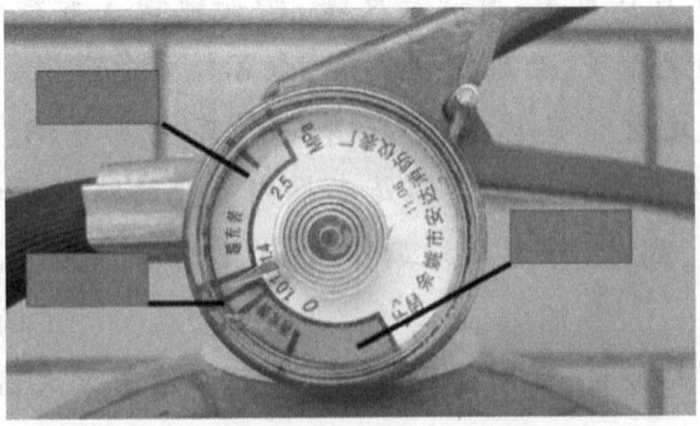 ◎ 图7-19　灭火器压力表显示 压力：____ MPa

续上表

步骤	内容
使用灭火器	站在上风位置,迅速采取正确的操作方法,将火源扑灭。 (1)灭火时,使用者站在(　　)方向。 (2)灭液体火灾时,不能直接向液面喷射,要由(　　)及(　　),在离燃烧物10cm左右的位置快速晃动,覆盖燃烧面,切割火焰。 (3)不适用于扑救电压超过50kV的带电物质火灾。灭火操作步骤如下。 一摇——防止灭火器内灭火剂凝固,影响灭火效果。 二拔——拔出(　　)。 三瞄——瞄准(　　)。 四压——压灭火器手柄。 五扫——左右扫射。 灭火器使用步骤如图7-20所示。 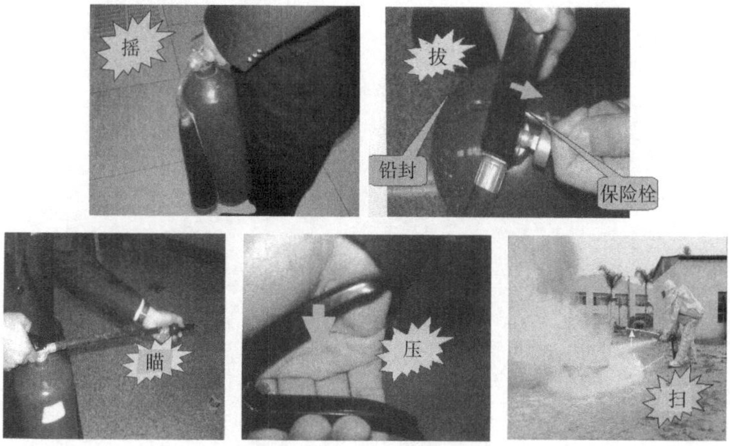 ◎ 图7-20 灭火器使用步骤

2.任务计划,完成表7-6。

任务计划表　　　　　　　　　　　　　　　　　表7-6

具体分工情况:

任务实施

1.2人一组,逐个利用灭火器设备操作。

2.一人进行操作,另一人记录错误点并进行点评。

实操考核

评价表 表7-7

项目	认知与操作能力			学习能力	合作能力	合计
	识别灭火器型号	检查灭火器状态	正确操作灭火	学习态度、完成标准（包括计划与资讯完成情况）、熟练度	小组合作互助、记录纠错	
满分	共10分	共20分	共30分	每项10分,共30分	共10分	100分
得分（分）						

复习思考题

一、不定项选择题

1. 人行通道内消火栓间距不应超过（　　）。
   A. 25m　　　　B. 45m　　　　C. 50m　　　　D. 30m
2. 泡沫灭火器适用于扑救（　　）火灾。
   A. A类火灾　　　　　　　　B. B类火灾
   C. C类火灾　　　　　　　　D. D类火灾
3. 依据《火灾分类》(GB/T 4968—2008)，带电火灾属于（　　）。
   A. E类火灾　　B. F类火灾　　C. C类火灾　　D. A类火灾
4. 在车站的设备用房，由于仪器众多、设备复杂，在此类相对封闭的区域以（　　）为主。
   A. 消火栓　　　　　　　　B. 气体灭火系统
   C. 自动喷水系统　　　　　D. 灭火器
5. 以下不属于消火栓系统的是（　　）。
   A. 消防泵房　　B. 阀门　　C. 管道附件　　D. 防火门

二、判断题

1. 全线火灾自动报警系统由控制中心级和车站级两级监控管理构成。（　　）
2. 城市轨道交通各车站的火灾自动报警系统可以不用24h处于不间断工作状态。（　　）
3. 绿色疏散指示标志设置在疏散通道和主要疏散路线的地面或靠近地面的墙上，可以更有效地帮助人们在浓烟弥漫的情况下，及时识别疏散位置和方向，迅速沿发光疏散指示标志顺利撤离。（　　）
4. 火灾分类中按照一次火灾事故造成的人员伤亡情况和直接财产损失的严重程度，将火灾等级划分为三类，即特别重大火灾、重大火灾和一般火灾。（　　）
5. 常用灭火器的类型有水型灭火器、泡沫灭火器、干粉灭火器、二氧化碳灭火器。（　　）

三、简答题

1. 城市轨道交通消防系统包括哪些设备？
2. 城市轨道交通火灾有何特点？
3. 火灾自动报警系统由几部分组成？
4. 简述干粉灭火器的使用步骤。

四、案例分析题

4月,北京地铁4号线列车在行驶途中发生火灾事故,引起了广泛的关注。据了解,火灾原因是列车车底的电路过载。事故发生后,地铁工作人员采取了紧急疏散乘客的措施,并及时通知相关部门进行灭火处理。最终,事故造成多列列车受损,数百名乘客被疏散,但所幸没有造成人员伤亡。

(摘编自中国新闻网)

思考:结合案例,分析当车站或列车出现火情时,消防系统如何发挥作用。

模块 8
低压配电与照明系统

教学目标

知识目标
1. 了解低压配电系统的供电方式及构成。
2. 了解低压配电系统的分布及负荷分类。
3. 熟知照明系统的功能和负荷分类。
4. 掌握照明系统的事故及应急照明工作原理。
5. 了解低压配电与照明系统的日常巡视注意事项。

能力目标
1. 能辨别各等级低压配电与照明系统负荷。
2. 能正确识别低压配电系统设备。
3. 能进行低压配电与照明系统应急处理。

素质目标
具备团队合作意识和安全风险防控意识。

建议学时

8 学时

案例导入

市区发生大面积停电，市民被困地铁 40 余分钟

6 月 6 日晚 8 时 45 分，上海市静安、普陀等多个中心城区突然发生大面积停电事故，造成地铁 2 号线中山公园至南京东路区段停电故障，运营受阻，许多乘客被困在地铁里 40 余分钟。

据市电力公司介绍，此次大面积停电事故可能是一个 22 万 V 的电网出现波动引起。出现故障后，抢修队伍以最快速度查明故障点，并在第一时间组织抢修。最终在 21 时 48 分，所有的抢修工作全部完成，停电区域的供电全面恢复。

（摘编自《京华时报》）

思考：

1. 案例中地铁 2 号线受城区停电影响同时遭遇停电故障，说明城市轨道交通的供电电源是什么？

2. 地铁系统中，地铁列车和车站中机电设备用电电压值是否相同？电压值为多少？

3. 你认为地铁车站中哪些设备比较重要，当发生突发情况无法保证所有设备正常供电时，你有什么好办法？

单元 8.1　城市轨道交通供电系统认知

城市轨道交通系统中的电力供应来自城市电网，将高压电通过输送或变换，以适当的电压等级输送到城市轨道交通系统，其输送过来的电源包括两部分：一部分送给城市轨道交通车辆作为牵引电源，另一部分送给城市轨道交通车站作为低压配电与照明系统电源。

城市轨道交通供电系统由外部供电系统和内部供电系统两大部分组成。其中外部供电系统包括外部电源（城市电网）和主变电所，内部供电系统包括牵引供电系统、动力照明供电系统和电力监控系统。其中，牵引供电系统由牵引变电所和牵引网组成。

城市轨道交通供电系统组成如图 8-1 所示，城市轨道交通供电系统结构如图 8-2 所示。

由图 8-1 和图 8-2 可知，城市轨道交通牵引变电所为牵引供电系统供电，城市轨道交通降压变电所为低压配电与照明系统供电。电力监控系统（SCADA 系统）贯穿整个供电系统的监视控制部分，对全线变电所及沿线设备实行集中监视和控制。

城市轨道交通供电系统中，低压配电与照明系统占重要地位，其可靠性、安全性决定了各类机电设备、照明设备的运行质量和车站的运营安全，尤其体现在非正

常工况下,城市轨道交通供电系统是城市轨道交通正常运营不可缺少的电力保障。

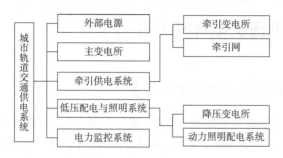

◎ 图8-1　城市轨道交通供电系统组成

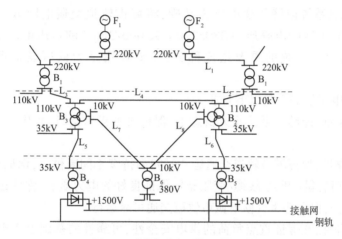

◎ 图8-2　城市轨道交通供电系统结构图

F_1、F_2-城市电网发电厂;B_1-城市电网区域变电站;B_2、B_3-城市轨道交通电网主变电站;B_4、B_5-城市轨道交通牵引变电站;B_6-城市轨道交通降压变电站;L_1~L_8-传输线路

城市轨道交通为何用直流电,不用交流电?

众所周知,城市电网引进的电源全部为交流电,但是传输到城市轨道交通列车的电源要求是直流电。这是由于城市轨道交通的站间距离短,接触网的周围环境狭窄,绝缘安全距离小,接触网电压不能选得很高。但考虑到接触网线路的电压损耗,接触网电压又不能太低,所以城市轨道交通采用直流1500V供电更为妥当。同时,接触网结构也比较简单,因此城市轨道交通几乎都采用直流供电制式。

另外,在电压大小差不多的情况下,直流电在传输时电能传输效率也优于交流电。因此,1500V直流电完美解决了电能传输问题,也有城市采用750V直流电。

单元 8.2　低压配电系统认知

一、低压配电系统主要功能及要求

低压配电系统主要为车站电气设备(消防设备、通信信号设备、售检票设备、空调通风设备、给排水设备等)提供 AC 380V 三相或 AC 220V 单相电源,主要功能是将低压电力安全、可靠、合理地配置给各个用电负荷。

低压配电系统以降压变电所为基础,将城市轨道交通电网 AC 35kV 或城市电网 10kV 中压配电降压为 380/220V 或 660/380V 的低压电。变电所是城市轨道交通配电系统的重要组成部分,主要作用是为低压设备提供和分配电能。

低压配电系统需满足以下要求。

(1)安全性:能够尽量防止人身触电、保证设备正常运行,发生火灾时保证正常供电。

(2)可靠性:保证城市轨道交通运营时间内持续不间断供电,保证运营高峰时期的用电负荷容量(开关/线缆/变压器),保证良好的电力质量,保证过电流、过电压的继电保护,保证恶劣气候下城市轨道交通可靠运行。

(3)合理性:在保证重点负荷的供电安全性、可靠性的基础上实现经济运行,节约电能。

二、低压配电系统构成和分布

1. 低压配电系统构成

电网电压通过降压变电所将电能输送到各用电负荷,整个输配电系统由三个部分组成,即供电系统、输电线路和用电负荷。相应地,低压配电系统也对应上述三个部分,即低压配电室开关柜、低压电缆线路和低压配电箱。

变电所内设有低压开关柜,各级设备的负荷电源都从低压开关柜接引,通过低压电缆线路向各个用电设备配电,如图 8-3 所示。

2. 低压配电系统设备室分布

变电所低压室、低压配电室各 1 座,分别布置在站台层的两端,各负责半个车站及区间的负荷;环控电控室布置在站厅层的两端,各负责半个车站的环控负荷;照明配电室 2 座分别在站台和站厅层的两端;蓄电池室 2 座,位于站台层的两端。

三、低压配电系统配电方式与负荷分类

车站两路电源引自降压变压器二次侧,两路电源互为备用,切换;一路分进线断开,三级负荷切除;火灾时切断三级负荷,二级负荷要人工现场切除。

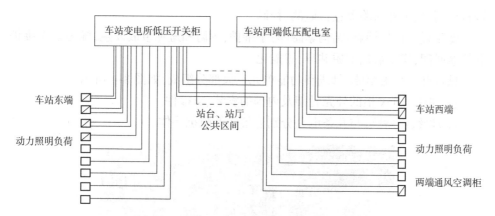

◎ 图 8-3 低压配电系统组成

低压配电系统设备按用途分为动力设备和照明设备，按用电设备的用途不同和重要程度分为一级负荷、二级负荷和三级负荷。

(1) 一级负荷是指直接影响行车安全、乘客安全、疏散安全的用电负荷，包括通信、信号、火灾自动报警系统、EMCS、AFC、应急照明、站厅和站台照明、出入口照明、安全门、电梯、排水泵、雨水泵、回排风机、排热风机、组合式空调箱、小系统排烟风机。

一级负荷的供电是从Ⅰ、Ⅱ段母线（两路引自变电器电源）各引一路电源到设备附近，在设备末端设有双电源自动切换箱，一级负荷为节省投资而共用一个双电源自动切换箱就近配电。

(2) 二级负荷是指间接影响消防、疏散安全的用电设备，包括自动扶梯、污水泵、车站设备管理区用房照明等。

二级负荷的供电是从Ⅰ或Ⅱ段母线引一路电源，当所在母线故障时母联开关投入，由另一母线供电。当电网只有一路电源时，允许将其从电网中切除（由人工切除）。

(3) 三级负荷是指与行车、消防、疏散无直接关系，用于增加乘客舒适度的用电负荷，包括一般照明、商业照明、冷水机组、冷冻泵、冷却泵、冷却塔风机等。

三级负荷的供电是由三级负荷总开关引来一路单电源，一路总进线电源故障时自动被切除，须人工复位。在火灾情况下，火灾自动报警系统直接切断三级负荷总电源。

四、低压配电系统常用设备

1. 低压开关柜

低压开关柜是将一个或多个低压开关设备和与之相关的控制、测量、信号、保护以及调节等设备，由制造厂家负责完成所有内部的电气和机械连接，用结构部件完整地组装在一起的一种组合体。

中控室的计算机系统通过与低压开关柜联网，既可对各供配电回路的电参数进行监测,也可对断路器进行监测、控制。

低压开关柜的特点:结构紧凑、易于维护,预防和避免事故发生,缩短设备维护和检修时间,实现数据资源共享,智能化。

低压开关柜由柜体、母线和功能单元三大部分组成,如图8-4所示。

(1)柜体:开关柜的外壳骨架及内部的安装、支撑件。

(2)母线:一种可与几条电路分别连接的低阻抗导体。

◎ 图8-4 低压开关柜

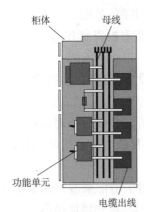

◎ 图8-5 低压开关柜内部结构

(3)功能单元:完成同一功能的所有电气设备和机械部件(包括进线单元和出线单元)。抽屉式功能单元可以在检修时将功能单元从柜体中抽出,在与开关柜完全隔离的情况下进行检修和操作。低压开关柜内部结构如图8-5所示。

2. 电缆与电线

电缆应用于由低压柜馈出至配电箱、双电源箱、控制柜回路,配电箱馈出至设备的连接,电缆绝缘电压等级为1000V。

电线应用于照明设备的连接、配电箱的出线,其绝缘电压等级为500V。

3. 低压配电其他相关设备

除了以上低压配电设备外,城市轨道交通车站庞大的动力照明系统当中还有大量其他配电设备。总体来说,这些设备主要起到电能的上级接收和设备电能的供应控制作用。低压配电设备主要有以下几类。

(1)环控设备就地配电控制箱,安装于车站各环控设备附近,用于维修调试各环控设备时的就地控制操作。

(2)防淹门控制柜,安装于过江隧道两端防淹门控制室及车控室内,用于防淹门的操作控制。

(3)雨水泵控制柜,安装于地下隧道入口处雨水泵控制室内,用于对地下隧道入口处雨水泵运行控制。

(4)废水泵、污水泵、集水泵控制箱,安装于车站废水泵、污水泵及集水泵用电设备附近,用于对废水泵、污水泵和集水泵运行控制。

(5)区间隧道维修电源箱,安装于正线区间隧道内,约80m设置一台,提供隧道内设备维修作业时所需要的电源。

(6)电源配电箱、电源切换箱,即动力配电箱,安装于车站各动力用电设备(如自动扶梯、水泵、信号设备、通信设备、自动售检票设备)附近,提供设备所需的电源。电源配电箱如图8-6所示。

(7)防火阀电源配电箱,安装于车站防火阀相对集中处附近,提供给防火阀关闭电磁阀动作所需的电源。

◎ 图8-6 电源配电箱

(8)自动扶梯应急停机按钮,安装于车站控制室内,用于在发生紧急情况时自动扶梯应急停机的控制。

五、低压配电系统控制方式

在自动化程度较高的城市轨道交通系统中,车站设备在不同情况下将采用不同的通断电方式。正常情况下一般为综合控制,维修时一般为就地控制。

1. 综合控制

综合控制方式是指在车站综合控制室内有BAS,实现对风机、空调、水泵等设备的控制与监视,并将采集的信息送至中央控制室。

2. 就地控制

就地控制是指在设备附近,便于直接控制的控制方式。例如,自动扶梯一般都采用就地控制方式,事故状态下才会采用综合控制室联动控制方式,以紧急停止扶梯运行。

除了以上两种控制方式,环控电控室可对各环控设备进行控制,以保证环控设备的整体运行。例如风机等,既可通过综合控制室进行控制,也可以由环控电控室控制。

单元8.3 照明系统认知与控制

照明系统是城市轨道交通车站的重要组成部分,城市轨道交通车站照明系统负荷容量大,供电时间长。在城市轨道交通系统中,照明系统的用电量仅次于通风空调、自动扶梯的用电量。因此,了解整个城市轨道交通照明系统,对节约能源、降低投资和运营成本、维护系统具有重要意义。

一、照明系统的功能及设计原则

1. 照明系统的功能

城市轨道交通车站照明系统在车站设备当中起着至关重要的作用,因为城市轨道交通车站中的地下光环境较为特殊,主要表现为长期没有自然光,导致车站内外光度差异大。城市轨道交通车站照明如图8-7所示。因此必须对地下照明进行精密的设计,使照明系统具有如下功能。

◎ 图8-7 城市轨道交通车站照明

(1)保证站内环境的明亮和乘客的舒适性。

(2)保证车站照明能够辅助乘客更好地完成乘车等活动,并能够保证在特殊、危险时刻乘客的疏散活动。

(3)随着人们生活品质的提高,车站照明系统设计也需具备一定的艺术感染力和文化内涵。

2. 照明系统的设计原则

城市轨道交通车站照明须满足多方面的功能要求,因此在设计过程中,应符合以下基本原则。

(1)避免让出入车站的人员感受到过大的亮度差别。照明系统在不同区域均有一定的照度要求,见表8-1。

某城市轨道交通部分照明系统照度要求　　　表8-1

位置	照度(lx)	度量位置	位置	照度(lx)	度量位置
车控室	300~500	工作面	站台值勤室	300	桌面
出入口(有盖)	300	地面	自动扶梯两端	250	地面
站长室	300	桌面	楼梯间	200	地面
客务中心	300	桌面	站台边缘	200	地面
公安值班室	300	桌面	站厅一般范围	180	地面
设备室	300	桌面	票闸范围	180	地面
会议室	300	桌面	售票机范围	180	地面

(2)保证停留在车站内人员的安全和舒适。

(3)光源的光色和灯具的安装位置都不能与信号图像相混淆。

(4)照明方式应按照视觉工作程度、照度、显色性、配光及布置方法等因素选择。

(5)灯具要按照照度布置充足、均匀,维修方便,使用安全的原则选择。

(6)灯具安装布置整齐美观,与建筑空间相协调,光线射向适当,无眩光、无阴影。

(7)注重节能环保,照明系统应在不同时间进入不同模式,设置不同的开关时间,见表8-2。

某城市轨道交通照明系统在不同季节开关时刻表　　　　表8-2

季节	春季	夏季	秋季	冬季
	3—5月	6—8月	9—11月	12月至次年2月
开关时间	开:先天 17:30 关:次日 06:30	开:先天 18:30 关:次日 06:00	开:先天 17:00 关:次日 07:00	开:先天 16:30 关:次日 08:00

(8)灯具样式设计及布局具有一定的时代感,反映车站的主题文化,如图8-8所示。

◎ 图8-8　北京地铁平安里站灯具样式设计及布局

3.城市轨道交通照明常用灯具的选择

灯具选择要从照度的要求、颜色以及节能的角度来考虑。例如,地下照明采用荧光灯,事故照明采用白炽灯,区间照明及站台下、折返线检查坑、车辆段检查坑内的安全照明采用节能灯。目前,LED灯具因其节能耐用的特点逐渐被广泛应用。

另外,不同位置的照明需要具备不同的特点,应进行特别的设计。

(1)区间照明灯具应具有防水、防尘和耐腐蚀的特点,灯具应具有一定的遮光性能。光源一般采用60W的白炽灯和节能型荧光灯。

(2)车站站厅照明、站台公共区照明以嵌入式格栅灯和筒灯为主。

(3)无吊顶房间照明采用吊管形式的荧光灯和筒灯。

(4)有吊顶房间照明采用嵌入式格栅灯、筒灯和吸顶灯。

(5)有火灾危险的场所照明采用防爆灯。

二、照明系统的组成

城市轨道交通车站照明系统主要由照明供电系统、照明用电系统、照明配电系统及照明控制系统组成。

1. 照明供电系统

城市轨道交通车站照明供电系统采用 AC 380V 三相五线制、AC 220V 单相三线制供电,通过将城市 10kV 的电网经城市轨道交通降压变电站降为 AC 380V/220V 的电压后输入车站,作为整个车站的照明供电系统。

城市轨道交通车站照明系统的供电范围主要为车站的照明设备、设施及线路等。

2. 照明用电系统

城市轨道交通车站照明用电系统主要包括站台、站厅公共区的各类照明设备。城市轨道交通车站的地下区域特征及城市轨道交通运营性质决定了城市轨道交通车站内照明种类的多样化及照明设备的多样化。随着科技的发展,城市轨道交通车站也在试用新的环保照明系统,如采用 LED 半导体发光二极管照明。相比荧光灯,LED 半导体发光二极管使用寿命长,节省电力;作为冷光源,输出热量少,可减少空调的用电量,但初期投资成本高。

> **拓展阅读**
>
> **20 座车站全部换成 LED 灯,预计年节电 520 万 kW·h**
>
> 　　北京地铁 6 号线一期运营已有十余年,为促进线路发展,解决灯具老化问题,提升车站整体照明效果,北京地铁公司启动 6 号线灯具改造工程。截至 2023 年 2 月,顺利完成地铁 6 号线一期海淀五路居站至草房站 20 座车站公共区照明灯具节能改造工作。
>
> 　　本次改造升级各类照明设施约 6.4 万支,普通荧光灯升级为 LED 灯,新更换的灯具具有光源亮度更高、显色性更好、能耗更低等特点。同时,新灯具的使用可以大幅降低照明维修频次,节省人工成本。同时,此项改造每年能节约用电 520 万 kW·h,减少二氧化碳排放 3141t。北京地铁公司将在总结 6 号线一期车站灯具节能改造经验的基础上,推动开展 7 号线、8 号线北段、10 号线二期、9 号线、6 号线东延共 5 条线路车站照明灯具 LED 的提级治理,提高车站照明照度,改善乘客候车环境,实现节能降碳目标,打造"节约型地铁"。
>
> (摘编自《北京日报》,2023 年 2 月)

照明用电系统一般可以根据以下原则来进行适当分类。

(1)根据照明位置分类。根据照明设备、设施及线路位置,照明用电系统大致分为以下四个部分。

①站台、站厅公共区的一般照明,节电照明,应急照明和广告照明。

②车站出入口的一般照明、事故照明与广告照明。

③设备及管理用房的一般照明、事故照明及出入口的疏散引导指示照明。

④电缆廊道的一般照明及区间隧道的一般照明和事故照明。

(2)根据照明属性分类。根据照明属性及其作用的不同,照明用电系统分为不同的类型,主要有节电照明、标志照明、出入口照明、站台站厅照明、广告照明、应急照明以及疏散引导指示照明等。

不同属性的照明用电系统分别在不同的领域发挥各自的作用。例如,标志照明可以保证乘客更为清晰、快速地获取标志,从而作出准确的判断;疏散引导指示照明可以保证乘客快速疏散。

(3)根据各场所照明负荷的重要性分类。

一级负荷:公共区疏散引导指示照明、工作照明、节能照明、应急照明。

二级负荷:设备区域一般照明、各类指示牌照明。

三级负荷:广告照明、装饰照明。

其中,一级负荷为最重要的负荷,它能保证在紧急情况下车站的正常工作和乘客的安全疏散;二级负荷是城市轨道交通车站隧道、站厅站台内设置灯具最多的一种照明,这种照明用来保证乘客在城市轨道交通车站里安全地候车和上下车。

3.照明配电系统

照明配电系统根据其属性、用途及重要性的不同,配电方式也各有不同。

(1)站台、站厅等一般照明。一般情况下,车站站台、站厅的两端各设置一个照明配电室,室内集中安装各类照明配电控制箱。在站台两端各设置一个事故照明装置室。一般照明、节电照明、设备及管理用房照明的电源,分别在降压所的低压柜两段母线上各馈出一路电源,与照明配电室的两个配电箱连接,以交叉供电方式为站台、站厅、设备及管理用房供电。

(2)应急照明。应急照明是车站发生突发状况的"救命灯"(图8-9),保证其正常供电尤为重要。正常使用时采用交流双电源供电,任选一路供电,另一路作为备用电源。当供电电路失电时,则另一路接入电路供电,保证车站的应急照明。

◎ 图8-9 应急照明

应急照明电源是由低压所的低压柜两段母线上各送出一路电源,经应急照明配电室再送出给各应急照明设备。同样,疏散引导指示照明由应急配电箱分配给单独回路供电,如此设计可保证应急照明不受到其他照明负荷的干扰,在事故发生时仍然可以正常使用。

当两路电源均失电后,应急照明自动转换为由车站两端设备的应急照明电源装置——蓄电池供电。

(3)广告照明。广告照明分布于站台和站厅公共区,并采用日光灯灯箱的形式,一般由照明配电室内的配电箱统一分配供电。在某些城市轨道交通车站,三级负荷的广告照明与正常的其他照明的供电电源是分开的。

◎ 图8-10　青岛地铁8号线过海段区间隧道照明

（4）区间隧道照明。区间隧道照明（图8-10）均安装在两侧壁，一般照明由设在站台两端隧道入口处的区间隧道一般照明箱配出，每间隔20m设置一个，一般为70W的高压钠灯；疏散照明每隔20m设置一个，一般为36W的荧光灯；指示照明（出口指示牌照明）每间隔50m设置一个。各不同属性照明交叉设置。

拓展阅读

照亮海下5.4km

青岛地铁8号线大洋站—青岛北站区间下穿胶州湾，全长约7.9km，其中海域段5.4km，是国内最长的地铁过海隧道。区间照明系统的施工完成，点亮了青岛地铁8号线过海段，不仅可以实现隧道内轨道车冷滑时通车牵引照明、热滑时的安全运行，而且避免了临时照明常见的标高问题导致的各专业间的施工交叉碰撞，更重要的是避免了临时照明的不稳定性，实现了隧道内紧急情况下正常照明和应急照明的及时切换，保证了照明的安全稳定及持续性。

过海隧道机电安装项目采用"机械+人工"的运输模式，仅用10余天的时间，就完成了48km配管、240km电线电缆的敷设，以及3200盏灯具的安装。

（摘编自中国山东网，2020年7月）

【思政点拨】

面对诸多困难及风险，青岛地铁8号线全线参建人员以时不我待、只争朝夕的冲劲、攻坚克难的干劲、锲而不舍的韧劲，坚守初心，笃定前行，精心组织，合理调整工序，发扬了"特别能吃苦，特别能战斗"的精神，为点亮及推进青岛地铁8号线北段建设不懈努力，为其他专业施工创造了有利的前提条件。

4. 照明控制系统

为保障城市轨道交通车站照明系统的正常工作，采用多种控制设备，主要有三级控制方式：就地级控制、照明配电室集中控制和站控室EMCS集中控制（自动控制）。

（1）就地级控制。各设备及管理用房进门处设有就地开关箱（盒），可控制相应设备及管理用房的工作照明。区间隧道照明由设于隧道两端入口处的区间隧道照明配电箱控制。

（2）照明配电室集中控制。照明配电室内设有相应照明场所的照明配电箱（图8-11），可用于室内集中控制相应场所的工作照明、节电照明、应急照明及广告照明。

正常情况下，配电箱所有开关均应全部合上，以便通过就地级控制和站控室EMCS集中控制相应场所的照明。

（3）站控室EMCS集中控制。EMCS可监控站台、广告照明的工作状态，站厅公共区的一般照明、节电照明、广告照明的工作状态。此外，根据需要，应急照明也可在EMCS监控中对其进行控制。在EMCS集中控制下，事故照明应具有火灾自动报警系统集中强启动功能，照明系统通过读取车站列车接发系统或乘客引导系统的信息，合理启闭站台灯具。

站控室EMCS集中控制的主要功能如下。

①具有系统联网自动控制及人工控制的功能。

②按车次信息自动启闭灯具和降功率二次节能。

③人工干预功能。可对列车晚点、更改站台股道、加开临时列车和车次停运进行人工干预。

④查询功能。可按站台、车次等，查询照明工作情况，也可按通道、终端查询设备参数。

⑤检错功能。线路、接口设备、终端逻辑控制及编译码器故障均能自动显示在监视器上，对操作人员的错误操作具有汉字提示及操作指导功能。

⑥直接发送功能。可直接向任一控制终端发送干预信息。

除了以上控制方式外，控制照明的配电箱、低压配电室的开关柜也可以对照明系统进行控制。

◎ 图8-11 照明配电箱

照明控制优先级顺序

设备用房照明:就地级控制＞照明配电室集中控制＞EMCS集中控制＞低压配电室控制。

站厅、站台公共区照明,出入口照明,广告照明,站台板下安全照明:照明配电室集中控制＞EMCS集中控制＞低压配电室控制。

应急照明:照明配电室集中控制＞EMCS集中控制＞蓄电池室控制＞低压配电室控制。

区间照明:隧道口就地控制箱控制＞EMCS集中控制＞蓄电池室控制＞低压配电室控制。

5.城市轨道交通系统停电应急处理

城市轨道交通车站如果突发停电,其影响和范围是巨大的。在应对车站大面积停电时,城市轨道交通工作人员应以"安全第一"为方针,在事故处理过程中坚持"统一指挥、快速反应、各司其职、密切配合"的原则,力争尽快修复故障、恢复正常运营,减小事故造成的影响,具体应做到以下几点。

第一,把乘客的安全放在第一位,在乘客安全得到保证的基础上,最大限度地提高服务质量水平。

第二,在事故发生后的第一时间,车站值班人员和列车司机就应利用广播向乘客发布相关信息,稳定乘客情绪,引导乘客配合城市轨道交通工作人员的指挥有序地进行疏散。

第三,告知乘客列车运行状况,必要时可劝导乘客选择其他交通方式出行。

当车站停电时,车站客运组织工作分成以下几个方面进行。

(1)车站人员疏散。当车站动力供电中断影响乘客正常出行,或列车牵引供电中断造成停站的列车无法继续运行时,需要进行车站人员疏散。

车站照明中断后,车站工作人员应安抚乘客情绪并寻求乘客配合,同时立即将存放在车站的大功率应急照明灯布置在车站关键部位,以利于乘客的有序疏散。在疏散过程中,要打开所有闸机通道和边门,关闭自动售票机,并及时播放应急广播进行引导。此外,还要在关键点位进行人员布控,包括闸机、楼梯(电扶梯)口和出入口,这些地点都是容易造成乘客拥堵的关键"节点",需要重点加强引导和防范。此外,对站台两端端门也应进行控制,防止乘客误入区间。在此过程中,车站人员应联系驻站民警维持好疏散秩序,并重点做好对特殊乘客(老、弱、病、残、幼等)的照顾。在条件允许的情况下,尽可能做好对已购票乘客的票务处理工作,如退票或授权乘客持票在限定期限内再次乘坐城市轨道交通。如果形势紧急,则应以疏散为主。待乘客全部疏散完毕后,对车站进行关闭,并在所有出入口发布闭站公告。

(2) 区间人员疏散。当列车牵引供电中断造成列车在区间无法运行并在短时间内无法恢复时,需要对列车上的乘客进行区间疏散,列车在区间疏散应得到行车调度员的许可。列车在区间停车后,司机应第一时间与行车调度员联系,确认故障情况,听从行车调度员的指挥。在停车过程中,司机应保证列车通风系统正常运行,并通过列车广播对乘客进行引导,稳定乘客情绪。在疏散之前,行车调度员应通知车站派人进入区间进行引导。引导人员在进入区间之前,应按规定穿着荧光背心,携带通信工具及应急照明设备。如果区间有岔线或临时存车线,还应在这些部位安排人员进行防护,以防乘客进入,在站台端头也应安排人员进行接应。环控调度员则应负责开启区间照明,启动环控"列车阻塞"模式,对区间进行送风。

当车站接应人员到达故障车停留位置以后,行车调度员下达区间疏散的命令,司机打开距离车站较近一端的列车紧急疏散门进行疏散。当乘客由区间进入车站后,再按车站人员疏散程序将这部分乘客疏散出站。

(3) 地面交通接驳。如果大面积停电发生在客流高峰时段,影响范围广且短时间内不易恢复,为及时将乘客转移,减轻车站压力,应及时启动地面交通接驳方案,联系城市客运管理部门,安排公交车和出租车进行支援。在与公交客管部门进行联系时,应当说明城市轨道交通车站出入口的位置、预计疏散的乘客人数以及需要接驳的公交车(或出租车)数量。

常见电光源

白炽灯是较早出现的光源,即第一代光源。白炽灯将灯丝加热到白炽的程度,利用热辐射发出可见光,具有显色性好、结构简单、使用灵活、能瞬时点燃、无频闪现象、可调光、可在任意位置点燃、价格便宜等特点。

卤钨灯也是一种热辐射光源,灯管多采用石英玻璃制成,灯头一般为陶瓷制造,灯丝常做成螺旋形直线状,灯管内充入适量的氩气和微量卤素碘或溴。卤钨灯的发光原理与白炽灯相同,但比普通白炽灯光效高,寿命长,光通量更稳定,光色更好。

荧光灯是一种低压汞蒸气放电灯,具有表面亮度低、温度低,光效高,寿命长,显色性较好,光通量分布均匀等特点,被广泛用于精细工作照度要求高或长时间紧张视力工作的场所。

LED 灯利用发光二极管作为光源,具有发光效率高,光线不含红外线和紫外线,无辐射,而且可靠耐用,维护费用极为低廉等特点。

城市轨道交通照明应选用高效、节能、环保的光源。目前,城市轨道交通车站一般采用白炽灯和荧光灯。LED 灯将是未来室内照明的主流。

技能训练

实训任务 低压配电与照明系统操作与巡检

任务描述

低压配电与照明系统是确保城市轨道交通车站正常运行不可缺少的重要部分,其运行状态直接关系整个城市轨道交通车站的日常运作。车站工作人员应能够根据城市轨道交通车站低压配电与照明系统的实际运行情况,采取有效的维护管理措施,并定期检查低压配电与照明系统的运行状态,确保城市轨道交通车站低压配电与照明系统处于良好的运行状态。低压配电与照明系统的主要设备有哪些?低压配电与照明系统在运行过程中,车站工作人员巡查时的主要内容包括哪些?

任务目标

1. 能识别低压配电与照明系统的主要设备。
2. 能够掌握低压配电与照明系统的巡检项目。
3. 能够发现低压配电与照明系统运行中出现的问题。

任务要求

1. 组内设置组长、记录观察员,进行分工和表现过程记录。
2. 完成资讯与计划相关知识和任务准备工作。
3. 进行合作学习、互评、纠错、总结。

资讯与计划

1. 低压配电和照明系统的主要设备,完成表8-3。

低压配电和照明系统   表8-3

系统名称	设备位置	设备名称	设备功能	设备状态
低压配电系统				
照明系统				

2. 低压配电和照明系统的巡检项目,完成表8-4。

表8-4

准备工作	
日常巡检项目	

3. 任务计划,完成表8-5。

任务计划表　　　　　　　　　　　　　表8-5

具体分工情况：

任务实施

1. 教师先进行示范操作,然后学生2人一组实际操作,小组间可互相检查和纠正。

2. 分组实操完毕后,每组抽选一名学生进行检验,记录成绩。

实操考核

评价表　　　　　　　　　　　　　　　表8-6

项目	认知与操作能力			学习能力	合作能力	合计
	低压配电设备认知	照明系统设备认知	低压配电与照明系统的巡检过程	学习态度、完成标准（包括计划与资讯完成情况）、熟练度	小组合作互助、记录纠错	
满分	一种设备5分,共20分	一种设备5分,共20分	每项5分,共30分	共20分	共10分	100分
得分(分)						

复习思考题

一、不定项选择题

1. 城市轨道交通中为列车和动力照明提供动力能源的是( )。
   A. 环控系统　　　　　　　　B. 供电系统
   C. 照明系统　　　　　　　　D. 火灾自动报警系统

2. 城市轨道交通车站照明系统控制方式可分为 EMCS 集中控制、照明配电室集中控制和( )。
   A. 控制中心综合控制　　　　B. 车站级控制
   C. 就地级控制　　　　　　　D. 配电箱控制

3. 轨道交通标志的照明可采用( )。
   A. 内部照明和外部照明　　　B. 内部照明和应急照明
   C. 外部照明和应急照明　　　D. 一般性照明

4. 城市轨道交通动力照明供电系统由( )组成。
   A. 牵引变电所　　　　　　　B. 降压变电所
   C. 牵引网　　　　　　　　　D. 动力照明配电系统

5. 下列城市轨道交通供电系统负荷中,属于二级负荷的是( )。
   A. 应急照明　　　　　　　　B. 站台工作照明
   C. 自动扶梯　　　　　　　　D. 污水泵

6. 下列城市轨道交通供电系统负荷中,属于三级负荷的是( )。
   A. 区间隧道照明　　　　　　B. 清洁电源
   C. 广告照明　　　　　　　　D. 商品零售电源

7. 下列城市轨道交通供电系统负荷中,属于一级负荷的是( )。
   A. 通信设备　　　　　　　　B. 信号设备
   C. 防灾报警设备　　　　　　D. 消防用电

8. 站台安全门在车站用电负荷中属于( )负荷。
   A. 一级　　　B. 二级　　　C. 三级　　　D. 四级

9. 以下用电属于一级负荷的有( )。
   A. 电动列车　　B. 商业用电　　C. 自动扶梯　　D. 通信信号用电

10. 信号设备属于( )负荷。
    A. 一级负荷　　B. 二级负荷　　C. 三级负荷　　D. 四级负荷

11. 城市轨道交通站内广告照明在车站用电负荷中属于( )负荷。
    A. 一级　　　B. 二级　　　C. 三级　　　D. 四级

12. 车站供电一级负荷包括( )。
    A. 通信系统　　B. 牵引供电系统　　C. 事故照明　　D. 电扶梯

二、判断题

1. 低压配电与照明系统的运行管理,可保障设备处于安全受控状态,为车站正常运营提供必要的基础条件。（   ）
2. 应急照明装置带有蓄电池,当进线电源交流失压后,装置电源切换柜自动切换为蓄电池直流电源,向外供电。（   ）
3. 根据各场所照明负荷的重要性,照明负荷分为三个等级,其中节电照明、事故照明、疏散诱导指示照明为三级负荷。（   ）
4. 正常照明包括工作照明、节点照明、广告照明设备及附属用房照明、安全照明、标志照明等。（   ）
5. 大面积停电时,车站用电负荷两路电源正常时,应让乘客在列车上等待恢复。（   ）

三、简答题

1. 城市轨道交通低压配电系统用电负荷等级是如何划分的?
2. 城市轨道交通低压配电系统的控制方式有哪些?
3. 简述城市轨道交通车站照明系统的设计原则。

四、案例分析题

2013年12月29日14时16分,杭州地铁1号线凤起路站、西湖文化广场站、武林广场站内发生短暂停电。停电发生后,涉及的3座车站电子显示屏及电梯均停运,但乘客没有遭遇"摸黑"乘车。地铁公司方面启动了应急预案,工作人员开启备用电源照明。车站内手扶电梯停运后,地铁工作人员在出入口引导乘客步行,以免突然来电造成危险。断电期间,自动售票机无法工作,采用人工售票。

据调查,事故原因是凤起路站、武林广场站、西湖文化广场站发生电力跳闸,导致车站停电。停电共持续了10min左右。之后,停电车站均恢复电力供应,未造成列车延误。

(摘编自中国新闻网,2013年12月)

思考:

1. 地铁车站供电是通过什么设备进行? 是否与列车供电系统相同?
2. 案例中的电梯、自动售票机属于几级用电负荷? 地铁车站中属于一级用电负荷设备的有哪些?
3. 结合案例分析当车站发生停电时应采用哪些应急措施。

模块 9
车站给排水系统

教学目标

知识目标
1. 了解车站给排水系统的功能。
2. 掌握车站给水与排水方式。
3. 掌握车站给排水系统的分类。

能力目标
能根据流程完成车站给排水系统的应急处理。

素质目标
形成安全第一、乘客为主的职业素养。

建议学时

10 学时

> **案例导入**
>
> **雨水涌向地铁站，上班出行遇困难**
>
> 　　2016 年 5 月 28 日早上 7 时左右，一场暴雨，暴露了广州地铁 2 号线茶山站周边排水系统不畅的问题。有市民在朋友圈发出照片，整个地铁茶山站出入口陷入了"汪洋大海"。有网友在照片后发出感叹："都说东莞人是开车去坐地铁，现在怕是要开船才能去坐了吧。"也有网友对地铁站周边的排水系统表示了担忧："是当初设计施工没有考虑好吗？要是雨水倒灌到地铁站，那该怎么办呀？"
>
> 　　上午 9 时多，雨逐渐停了，地铁站周边的积水才慢慢退去，没有造成雨水倒灌到地铁站里的情况，不过，茶山站的 3 个出入口却因此封闭了 2h 多。
>
> （摘编自央视网，2016 年 5 月）
>
> 思考：
> 1. 给排水系统在地铁系统中起什么作用？
> 2. 在修建其他公共建筑设施时，是否也要考虑修建给排水系统？

单元 9.1　车站给排水系统认知

　　城市轨道交通车站是工作人员工作和生活的区域。无论是工作人员，还是空调等设备，均离不开水，同时，雨季来临时，为保证地下车站安全，排水系统也是重要的方面。

一、给水系统

1. 车站给水系统功能

城市轨道交通车站给水（包括消防用水）系统设备主要功能如下。

(1) 提供城市轨道交通运营所必需的生产、生活、消防等用水。

(2) 提供完整的水消防系统，保证城市轨道交通安全、正常运营。

(3) 收集并排出生产、生活、消防等产生的废水、污水，以及地下结构渗漏水、雨水等。

2. 车站给水方式

城市轨道交通的生产、生活及消防水源取自城市自来水供水管网。消防用水为两路供水，城市轨道交通地下车站内不设消防蓄水池，消防增压水泵直接从供水管道抽水加压供消防使用，生产、生活用水为单路供水。

车站给水方式可分为以下三个独立系统。

(1) 车站生产、生活供水系统。生活给水系统由水源（城市自来水）、水池、水泵、水塔（水箱）、气压罐、管道、阀门、水龙头等组成。生活给水设备如图 9-1 所示。

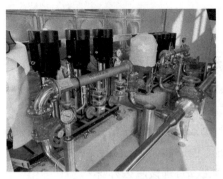

◎ 图9-1 生活给水设备

生活给水主要有直接供水和水泵供水两种方式。

①直接供水方式。地下车站生活、生产给水由车站附近的大口径自来水管引出。先引出两路口径为DN200管道,在其中一路管道上再引出一路口径为DN80~DN100的管道,作为车站的生产、生活水总管道。生产、生活用水主要用途如图9-2所示。这种供水方式属于直接供水,是多数车站主要采用的供水方式。

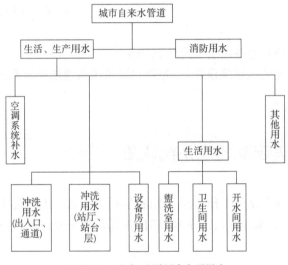

◎ 图9-2 生产、生活用水主要用途

> **知识链接**
>
> DN:管道的公称直径,也称公称通径,这个尺寸是外径与内径的平均值。
>
> 公称直径是用于表示管道、容器、管道附件等标准化直径系列的名称,它是一个名义尺寸,不是实际测量的尺寸。

②水泵供水方式。除了直接供水方式,部分车站还采用水泵供水方式。该供水方式由低位水池、高位水箱和水泵等组成,如图9-3所示。

(2)消防给水系统。地下车站的消火栓系统由城市自来水管网引入两路水源进入车站消防泵房,泵房内设有两台单级离心水泵直接从供水管道中抽水加压,消防泵房外的消火栓管道在车站内呈环状布置,并与区间隧道内的消火栓管道连通,每个地下车站消火栓增压水泵负责1/2区间隧道内消火栓的增压。消防给水布置示意图如图9-4所示。

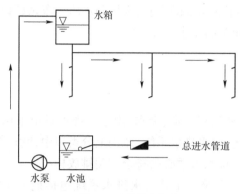

◎ 图9-3　水泵供水方式

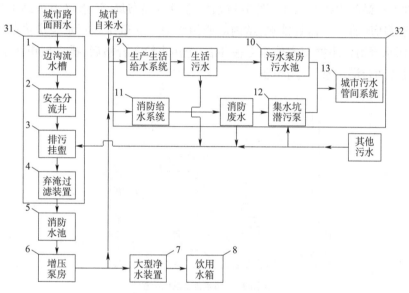

◎ 图9-4　消防给水布置示意图

水幕系统设备用于车站的防火分隔水幕喷头,设在各站站台层的每个自动扶梯口,由市自来水管网两路供水,消防泵房内设有两台IS型单级离心水泵,该系统增压水泵同样直接从供水管道中抽水加压,管道在车站内呈环状布置,水幕系统管道不与其他管道相接,每个车站管网独立组成环路。

(3)冷却循环给水系统(空调用水)。地下车站须设置冷却循环给水系统。冷却循环给水系统主要由冷却塔、循环水泵、补充水和管道及配件组成。冷却循环水泵设置在车站的冷水机房内,冷却塔一般设置在车站主体结构的地面上,冷却塔台数与冷却循环泵台数对应,一般至少2台,不考虑备用,从生产、生活给水管上引出一根支管作为冷却循环补充用水,接至冷却塔。

3.车站用水量

城市轨道交通地下车站的生产、生活给水管网是独立的内部供水系统,从两根接自市政管网的消防进水管中的任一根接出生产、生活给水管后进入车站,呈枝状布置,保证车站生产、生活用水的水质、水量和水压。车站还设开水间,内设电加热开水器,以满足车站职工的饮水需要。

二、排水系统

1. 车站排水

地下车站的排水种类有污水、废水、雨水。排水系统采用分流制,分为污水排水系统、废水排水系统、雨水排水系统,原则上分类集中,就近排入市政下水道。污水须设污水检测井,排水水质必须符合有关排放标准。

(1)车站污水排水系统。车站污水排水系统包括地下车站污水排水系统、高架及地面车站污水排水系统。

地下车站污水排水系统(图9-5)须结合卫生间布局,污水仅为车站工作人员和乘客厕所所有卫生器具排水,站内厕所污水通过管道排入污水泵房内的污水集水池,污水经潜污泵抽至室外压力窨井后,经污水检测合格后,排入城市污水管道,一般设置两台潜污泵,一用一备。

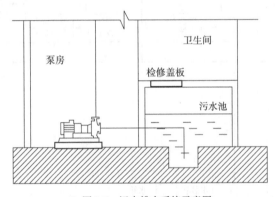

◎ 图9-5 污水排水系统示意图

高架及地面车站污水排水系统由污水井收集高架及地面车站的污水后,以重力流方式纳入排水点。全线污水纳入市政污水管前,均要设置化粪池,且化粪池位置应当得到市排水管理部门认可。

(2)车站废水排水系统。车站废水分为隧道结构渗水,站厅、站台地面冲洗水,环控机房和各类排水泵房洗涤盆排水以及消防废水。车站主排水泵房设置在车站内线路最低点,一般结合车站端头井布置。

城市轨道交通车站出入口排水系统剖面示意图如图9-6所示。

(3)车站雨水排水系统。车站雨水排水系统包括地下区间峒口雨水排水系统、泵房、地下车站局部雨水排水系统、高架车站雨水排水系统、高架区间雨水排水系统。

一般在车辆段出入段线峒口和地下、高架区间连接的峒口处设置雨水泵房。雨水经泵提升后,通过压力窨井,就近纳入排水点。

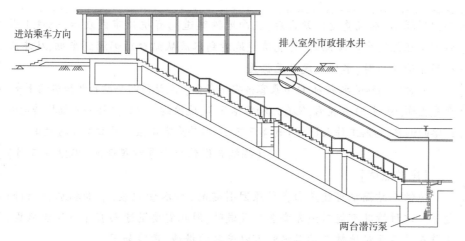

◎ 图9-6　城市轨道交通车站出入口排水系统剖面示意图

> **知识链接**
>
> 峒(dòng)口：指岩坑、窑洞、矿坑等因人为因素形成的深洞。"峒"同"洞"，但"洞"多为水流冲击而成的深坑。通常轨道交通隧道地势较低的部分称为"峒口"。

2. 排水泵设置

线路最低处设区间主废水泵站，中间风井处设辅助废水泵站，隧道洞口设雨水泵站，卫生间设污水泵房，最低处设主废水泵房，出入口自动扶梯下、局部下沉地段设局部废水泵房。

3. 地下车站的排水方式

地下车站主要有以下四个独立系统。

(1) 地下车站废水由设在站厅、站台的地漏，将废水排入车站轨道两侧明沟和站台板下排水沟后汇集至车站端头废水池内由排水泵提升，排入市政排水管道。

(2) 污水由厕所的下水管道汇集至污水池，然后由排污泵提升排入城市污水管道或地面化粪池。

(3) 出入口雨水汇集至出入口的集水池后，由排水泵提升排入市政排水管道。

(4) 地下结构渗漏水汇集于就近的集水池，由排水泵提升排出车站。

> **拓展阅读**
>
> 5月18日下午，杭州地铁金沙湖站出现大量积水，杭州地铁1号线列车暂时在金沙湖站停车，车站临时关闭。现场视频显示，杭州地铁金沙湖站站顶

部出现漏水,水流蔓延到站台后,流向地铁隧道。有杭州市民表示,地铁1号线列车在经过金沙湖站时,她能清楚地看到水流从站台顶部滴到车厢,从车厢撤离出地铁口时,水位一度升至膝盖。

受金沙湖站进水影响,许多乘客被安排在金沙湖站前四个站的九和路站下车。李先生称,19时20分左右,他在九和路站下车,地铁站台内的广播一直播报着运营线路的调整,站内工作人员比平时多了不少,引导乘客前往A出口乘坐接驳车。

(摘编自微信公众号红星新闻,2022年5月)

【思政点拨】

地铁车站漏水可能是由多种原因引起的,如水管破裂、暴雨积水、结构问题等。这种情况可能对乘客安全构成威胁,因此需要迅速而有序地组织撤离。工作人员在面对地铁车站漏水时可以采取的措施、步骤如下。

(1)确认情况:确定漏水的位置、规模和可能的原因,评估是否会影响车站结构的完整性以及电气系统的安全性。

(2)启动应急预案:根据地铁公司的应急预案,立即启动应急响应程序,确保所有工作人员了解自己的角色和职责。

(3)通知相关部门:联系地铁控制中心、紧急服务部门(如消防、医疗急救)、地铁安保部门和其他必要机构。

(4)疏散乘客:使用广播系统向乘客发出清晰的指令,告知他们发生了漏水事件,并提供撤离指示。

通过车站内的标志和工作人员的引导,指定安全的撤离路线。

如果有必要,关闭受影响区域,并安排工作人员在重要位置指挥交通,确保乘客沿指定路线撤离。

为老人、儿童、残障人士提供特别帮助,确保他们安全离开。

(5)维持秩序:确保乘客冷静、有序地移动,避免恐慌和拥挤。如果乘客情绪紧张,工作人员应保持镇定,并通过沟通来安抚乘客。

(6)切断危险源:如果漏水是由管道爆裂等原因导致的,尽快关闭相应的水源或电源,以防止情况恶化。

(7)监控状况:持续监控漏水情况和乘客撤离进度,随时调整应急措施。

(8)后续处理:确认所有乘客已安全撤离后,进行必要的清理和维修工作,并彻底检查车站的安全状况。在确保安全之前,不允许乘客重新进入车站。

(9)调查原因:事后,组织专业团队调查漏水的原因,并总结经验教训,改进应急预案。

(10)信息发布:通过媒体和社交网络及时发布事故信息和后续进展,以减少公众的不安情绪,并提醒其他乘客注意安全。

总之,以上步骤可能需要根据实际情况进行调整,但关键是要确保乘客的安全,并迅速有效地应对突发事件。

单元9.2 车站给排水系统主要设备及其控制

一、车站给排水系统设备认知

车站给排水系统的主要设备包括各种阀门、水泵和自动清洗滤清器等。

1. 阀门

车站给排水系统的阀门主要有闸阀、蝶阀、止回阀、排气阀和安全阀等。下面主要介绍前三种。

闸阀(图9-7)是常见的阀门之一,具有如下特点:

(1)介质通过阀体时流动方向不变,因而产生的流动阻力小。

(2)安装没有方向性。

(3)开启缓慢,不会产生过大的冲击。

(4)结构复杂,外形尺寸大。

(5)闭合面磨损快,维修不方便。

车站采用的蝶阀按驱动方式不同分为手动蝶阀[图9-8a)]和电动蝶阀[图9-8b)]两种。

蝶阀质量轻、体积小、气密性好、操作简便,在90°回转范围内即可实现启闭功能。

止回阀(图9-9)是指利用阀前、阀后的压力差使阀门自动完成启闭,从而控制管道中的介质向指定方向流动的阀门。当介质倒流时,止回阀能自动关闭,从而阻止介质逆向流动。车站给排水系统采用的止回阀主要包括排水泵站和市政给水引入管上的橡胶瓣止回阀。

a)手动蝶阀　　b)电动蝶阀

◎ 图9-7　闸阀　　◎ 图9-8　蝶阀　　◎ 图9-9　止回阀

2. 水泵

车站给排水系统采用的水泵主要有潜水排污泵,又称潜污泵(图9-10)和消防泵(图9-11)。两种水泵都属于离心泵,但因所适用的环境不同,结构上也存在差异。因为潜污泵的电动机部分必须完全淹没于水面以下运行,所以它对防水的要求较高;而消防泵的扬程较高,一般是多级泵。

◎ 图9-10 潜污泵

◎ 图9-11 消防泵

> **知识链接**
>
> 消防泵扬程:消防泵的扬程是指泵能够输送水到达的最大高度,通常以符号 H 来表示,单位为 m。扬程与泵的出口压力直接相关,出口压力越大,扬程也就越大。不同型号的消防泵具有不同的出口压力,因此它们的扬程也会有所不同。

3. 自动清洗滤清器

自动清洗滤清器一般用于给水处理前的预过滤及污水排放前的过滤。

自动清洗滤清器正常工作时,被滤液体从过滤器的进水口流入,经滤芯过滤后从滤芯的内侧流向外侧,再从滤清器的出水口流出。污物被截留在滤芯的内部,随着截流污物的增多,进、出水口的压差会增大。当压差达到设定值时,压差开关发出信号,控制器启动自动清洗程序。过滤器清洗时自动排污阀开启,同时电动机带动滤芯内的不锈钢刷刷除滤芯内部的污物。污物随水流经自动排污阀排出。达到设定的清洗时间后,排污阀关闭,同时电动机停止转动,过滤器重新进入正常过滤状态。

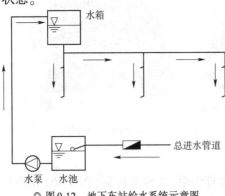
◎ 图9-12 地下车站给水系统示意图

二、车站给排水系统控制方式

1. 给水泵站的控制

地下车站生产和生活给水由车站附近的大口径自来水管引出,作为车站的生产、生活用水总管道(图9-12),并在地面设有水表井,装有水表和阀门。供水管道一般沿车站风道、出入口等部位进入车站,管道在车站内呈枝状形式布置。

2. 排水泵站的控制

（1）排水泵站均采用就地水位自动控制运行，就地设置电器控制箱。

（2）车站控制室内通信显示水泵运行情况（开泵、停泵、运行时间等）和高低水位报警。

（3）车站废水泵站、区间泵站（包括消防增压水泵）等主要泵站均采用双电源供电。当集水池高水位时，上述主要排水泵站均可双泵并联启动排水。在车站废水泵站、污水泵站和区间隧道内的排水泵站等主要排水泵站，均加装了应急排水接口装置，以便在设备维修等情况下应急排水之用。

技 能 训 练

实训任务　给排水系统应急处理

任务描述

8月14日上午8时30分左右,有网友反映上海地铁桂林公园站漏水。从网友提供的照片来看,站厅内天花板有漏水现象,地上湿了一片,地上放置着小心地滑的黄色警示牌。桂林公园站是上海地铁12号线和15号线的换乘站。当天上午,记者从上海地铁了解到,地铁工作人员发现情况后,第一时间到场查看情况,并查找出水点。该事件系消防管道漏水导致,地铁工作人员及时采取措施,排除地面积水。事件未对桂林公园站两条线路运营造成影响。如果你是工作人员,应如何处理?

任务目标

1. 能根据漏水现象初步判断漏水部位。
2. 能够掌握各种故障现象应急处理步骤。

任务要求

1. 组内设置组长、记录观察员,进行分工和表现过程记录。
2. 完成资讯与计划相关知识和任务准备工作。
3. 进行合作学习、互评、纠错、总结。

资讯与计划

1. 给排水故障现象及处理,完成表9-1。

给排水故障现象及处理　　　　　　　　　　　表9-1

项目	现象	步骤	评价	备注
排水系统	发现故障水泵	(1)发现或接报生活水泵有故障时,值班人员应立即停止故障水泵运行,开启备用水泵。 (2)水泵的变频器发生故障时,应立即关闭变频器,由专人手动操作控制水泵,根据管网压力控制水泵启停。 (3)及时报告主管工程师安排维修		
	垂直管网漏水	(1)发现或接报垂直管网漏水时,值班人员应立即关闭故障区域的水泵。 (2)排空管网的积水后,更换或修补破损管道。 (3)如一时无法修复,应报告主管工程师		
	地下水池出水管漏水	(1)发现或接报地下水池出水管漏水时,值班人员应立刻关闭水池出水阀和水泵。 (2)立刻通知主管工程师,由其安排维修,并在事后写出维修报告		

续上表

项目	现象	步骤	评价	备注
排水系统	污水井出现异常	（1）发现或接报污水井水位过高时，值班人员应立即手动开启污水泵抽水。 （2）若污水泵故障，立刻使用备用潜污泵将水抽至室外排污管道。 （3）立刻报告主管工程师，由其安排维修水泵或控制电路并于事后写出维修报告		
	通知乘客	（1）给排水系统发生故障后，主管工程师应预计修复时间。 （2）4h 内可修复的故障，由车站中心通过车站广播通知车站乘客		

2.任务计划，完成表9-2。

任务计划表　　　　　　　　　　表9-2

具体分工情况：

任务实施

4 人一组，规范流程，互相检查和纠正。

实操考核

考评表　　　　　　　　　　表9-3

项目	认知与表达能力			学习能力	合作能力	合计
	准确认识故障现象	根据步骤汇报故障	语言表达准确程度、是否清晰流畅，处理是否得当	学习态度、完成标准（包括计划与资讯完成情况）、熟练度	小组合作互助、记录纠错	
满分	一种现象5分，共20分	每个故障5分，共20分	每个故障5分，共20分	每项10分，共30分	共10分	100分
得分（分）						

复习思考题

一、不定项选择题

1. 车站给水系统的主要任务是满足城市轨道交通生产、生活和消防用水对（　　）的要求。
   A. 水质、水量、水压　　　　　　B. 水温
   C. 浓度　　　　　　　　　　　　D. 密度

2. 车站排水系统的主要任务是及时排除（　　）。
   A. 生活污水　　　　　　　　　　B. 生产废水、事故消防废水
   C. 敞开式出入口部分的雨水

3. 下列（　　）是生产、生活给水系统组成设备。
   A. 水流指示器　　B. 水塔（水箱）　　C. 排水泵　　D. 水泵适配器

4. 下列选项中，城市轨道交通宜采用（　　）。
   A. 生活和生产分开的给水系统
   B. 生活和消防分开的给水系统
   C. 生活、生产和消防分开的给水系统
   D. 生活、生产和消防共用的给水系统

二、判断题

1. 地下车站的排水种类有污水、废水、雨水和污染水。（　　）
2. 雨水排水系统包括地下区间洞口雨水排水系统，泵房、地下车站局部雨水排水系统，高架车站雨水排水系统，以及高架区间雨水排水系统。（　　）
3. 车站给排水系统采用的水泵主要有潜污泵和消防泵。（　　）

三、简答题

1. 简述车站给排水系统的组成。
2. 简述城市轨道交通车站给排水系统的功能。
3. 给排水系统的相关设备有哪些？
4. 污水的来源主要有哪些？

四、案例分析题

5月29日，河南洛阳遭遇暴雨天气，因连续降雨，洛阳地铁1号线上海市场站出现进水现象。晚上9时左右，洛阳地铁1号线上海市场站因强降雨发生漏雨，整个站台处全是积水。网友上传的多段网络视频显示，河南洛阳地铁1号线上海市场站内，水流从站内一道横梁上流下来，站内地面出现了较大面积积水，有工作人

员设置沙袋对积水进行封堵;上海市场站的地面上,多辆警车和印有"抢险排水"字样的施工车停在现场,多名抢险人员正在进行作业,有现场人员称情况比较严重。

(摘编自《每日经济新闻》,2023 年 5 月)

思考:城市轨道交通给排水系统可能会发生哪些故障？一旦发生故障,应该怎样处置？

模块 10
车站暖通空调系统

🌸 教学目标

知识目标

1. 了解车站暖通空调系统的分类。
2. 熟知车站暖通空调系统的功能和组成部分。
3. 熟知车站暖通空调系统各子系统的设备。
4. 掌握车站暖通空调系统的运作原理。

能力目标

1. 能判定当车站发生不同情况时,车站暖通空调系统的各子系统如何运作。
2. 能结合车站大系统、小系统、空调水系统、隧道通风系统的运作模式以及 IBP 的操作方法,处理相应的情况。

素质目标

形成主动服务,规范、安全工作的职业意识和敬业奉献、认真负责的工作态度。

🌸 建议学时

12 学时

案例导入

认识北京地铁 5 号线暖通空调系统

北京地铁 5 号线南起丰台宋家庄站,经天坛、崇文门、东单等站,北至昌平天通苑北站,线路全长约 27.5km,其中地下线约 21.5km。全线共设有 23 个车站,其中 16 个地下车站,1 个地面车站,6 个高架车站。地铁工程中地下车站及区间除车站出入口、风亭及地下线路两端隧道洞口外,基本与大气隔绝。暖通空调系统的任务是对地下车站及区间隧道内的温度、湿度、风速、事故工况排烟等进行全面控制。车站两端分别设置新风井及排风井各一座,风井面积因通风量而异。

北京地铁 5 号线暖通空调系统制式采用闭式系统,开/闭式运行。暖通空调系统由以下四部分组成:车站公共区空调通风/区间通风系统(大系统)、设备管理用房空调通风系统(小系统)、空调水系统(水系统)和其他区间通风系统(中间风井、洞口空气幕及射流风机)。

隧道通风系统中车站的公共区夏季采用空调控制,其余季节通过通风换气。车站公共区空调通风机与置于车站的区间隧道风机合二为一,即车站空调通风兼顾区间隧道风机的功能,采用变频控制,工况不同,风量不同,从而实现节能运行的目的。

地铁运营正常时,通风空调设备排除余热和余湿,为乘客创造一个往返于地面与列车内的过渡性舒适环境。隧道通风机通过送/回风管对车站公共区进行通风换气。当区间夜间通风和区间隧道阻塞时,通过控制组合风阀转换开关实现区间的通风换气。风机根据运行模式的要求进行正转或反转运行,以达到向车站和区间隧道送风、排风的目的。同时,该风机兼顾车站及区间火灾事故通风,通风空调设备具有排烟功能,可以为乘客和消防人员提供必要的新风,形成一定的迎面风速,引导乘客安全撤离。

思考:
1. 结合案例,讨论分析暖通空调系统的组成及功能。
2. 结合实际,讨论暖通空调系统在地铁运营中的重要意义。

单元 10.1 车站暖通空调系统认知与控制

一、车站暖通空调系统概况

1. 概念

城市轨道交通车站暖通空调系统是指对车站站厅、站台、隧道、设备及管理用房等场所的环境进行空气处理的系统,主要是调节指定区域的空气温度、湿度、空气流速和空气品质等主要因素,以此来创造一个适合城市轨道交通车站设备正常运转、人员安全舒适的人工环境。

2. 分类

城市轨道交通车站暖通空调系统可分为开式系统、闭式系统和安全门式系统。

(1) 开式系统。隧道空气与周围空气的自由交换称为开式系统,它通过机械通风或列车的活塞效应将空气由隧道中间引入隧道,当列车快要到达车站时打开排风减压井排出,车站通过站台底部排风系统排风。开式系统主要用于北方,我国采用该系统的有北京地铁1号线。

(2) 闭式系统。闭式系统是一种地下车站内空气与室外空气基本不相连通的方式,即城市轨道交通车站内所有与室外连通的通风井及风门均关闭,夏季车站内采用空调,仅通过风机从室外向车站提供所需空调最小新风量或空调全新风。区间隧道则借助列车行驶时的活塞效应将车站空调风携带到区间,由此降低区间隧道内的温度。区间隧道内的空气温度较同样运行条件下的屏蔽门式系统低,并在车站两端部设置迂回风通道,以满足闭式运行活塞风泄压要求。我国采用该种形式的有广州地铁1号线、上海地铁2号线、南京地铁1号线和哈尔滨地铁1号线等。

(3) 屏蔽门式系统。在车站站台与行车隧道之间安装一道带门的透明屏障所组成的一个系统,简称屏蔽门式系统。这道安全门隔绝了行车隧道与车站站台的空气,使列车从外部带来的热空气不能进入车站站台,减少站内空调的运行负荷,而列车通道的通风是由站台底部的排风系统通过隧道风井抽进新鲜室外空气,并且通过列车的活塞作用使隧道空气与由站台底部排风系统吸进的室外空气进行交换以实现隧道的冷却来实现的。采用该系统的有香港新机场线、深圳各地下线、广州地铁2号线、广佛地铁、上海地铁除2号线外的各地下线、杭州地铁1号线、苏州地铁1号线、重庆地铁1号线、成都地铁1号线、长沙地铁1号线等。

3. 功能

(1) 当乘客往返于地面、车站与列车时,为乘客提供安全、舒适的环境。

(2) 当列车阻塞在区间隧道时,通风系统向阻塞区间提供通风,保证列车空调正常工作,维持列车车厢内乘客在短时间内能承受的环境条件。

(3) 在车站或区间隧道发生火灾时,通风系统进行有效排烟,为乘客和工作人员提供必要的新风和通风,使得乘客和工作人员能安全迅速疏散,为消防人员灭火创造条件。

(4) 满足城市轨道交通车站内管理用房及设备用房的温度、湿度要求,提供良好的工作环境和保证设备正常运行环境。

4. 组成

城市轨道交通车站暖通空调系统一般分为隧道通风空调系统和车站通风空调

系统两大系统,如图 10-1 所示。隧道通风空调系统包括区间隧道通风系统及车站区间排热系统,车站通风空调系统包括车站公共区通风空调系统(车站大系统)、车站设备管理用房通风空调系统(车站小系统)、空调水系统。

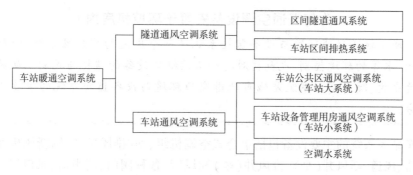

◎ 图 10-1 车站暖通空调系统的组成

二、车站通风空调系统运作

1. 车站公共区通风空调系统

车站公共区通风空调系统简称车站大系统,包括车站公共区部分(站台、站厅、人行通道)的空调、通风(兼排烟)系统。某城市轨道交通车站大系统原理如图 10-2 所示。

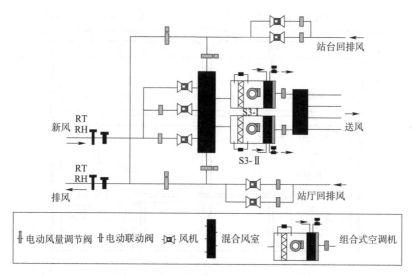

◎ 图 10-2 某城市轨道交通车站大系统原理图

需要说明的是,地面车站、高架车站公共区域由于散热散湿条件好,无空调通风系统,只有车站设备管理用房通风空调系统。

(1)车站大系统设备。车站大系统按车站 A、B 两端分别独立设置,主要设备一般集中、对称地分布于车站站厅层两端的通风空调机房(有的放置在环控机房内),每端通风空调机房各负责半个车站公共区的空调、通风与排烟。

知识链接

为何暖通空调设备安置于环控机房内？

城市轨道交通环境与设备监控系统是一个庞大的综合性系统，既包括对风、水等的环境控制，也包括对整个车站机电设备的监视与控制。从某种角度来说，暖通空调系统是城市轨道交通环境与设备监控系统的重要组成部分。

车站大系统的主要设备包括组合式空调机组、回/排风机、空调新风机及相应的管道、风道、新风井(亭)、排风井(亭)和风管、各种阀门、消声器、风口等。大系统的机房内一般分别设置1～2台组合式空调机组，每台机组对应1台回/排风机，有的城市轨道车站每端还设置1台空调小新风机、1台排烟风机，通过风管向车站公共区输送冷风，这些设备和管路便组成了能力强大的大系统。

站厅层空调采用上送上回形式，站台层采用上送上回与下回相结合的形式(在列车顶部设置轨顶回/排风管将列车空调冷凝器的散热直接由回风带走；同时在站台下设置站台下回/排风道，直接将列车下面的电器、制动等发热和尘埃用回风带走)。车站典型断面气流流程图如图10-3所示。

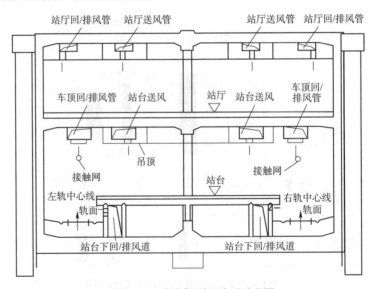

◎ 图10-3 车站典型断面气流流程图

(2)车站大系统作用。车站大系统通过空调或机械通风来排除车站公共区的余热余湿，为乘客创造一个舒适的乘车环境，并在发生火灾时通过机械排风方式进行排烟，使车站内形成负压区，使新鲜空气由外界通过人行通道或楼梯口进入车站站厅、站台，便于乘客撤离和消防人员灭火。

(3)大系统运行模式。运营模式上，车站大系统分正常运行的空调和通风模式,以及火灾情况下的排烟模式。正常运行时根据不同需求,在空调季分小新风、全新风、节能工况以及通风季机械送、自然排,机械排、自然送等模式。

①正常运行工况,根据室外空气的温湿度状况,全年分为三种运行模式:最小新风空调模式、全新风空调模式、通风模式。

a. 最小新风空调模式。当室外新风焓值大于车站的回风点焓值时,回风与部分新风在组合式空调机组的混合段,经处理后送入站厅、站台公共区。

b. 全新风空调模式。当室外新风焓值小于或等于车站回风混合点焓值,且其干球温度大于空调送风点温度时,采用全新风。

c. 通风模式。当室外新风的温度小于空调送风点的温度时,系统采用通风模式。公共区的空调机组风机、回/排风机根据负荷变化进行变频风量调节。

②火灾事故运行工况。站厅火灾时开启站厅排烟系统排除烟气,由出入口自然补风;站台发生火灾时,开启站台排烟系统、轨行区排热风机排除烟气,由出入口自然补风。

(4) 车站公共区火灾大系统排烟模式。

①站厅火灾排烟模式如图 10-4 所示。

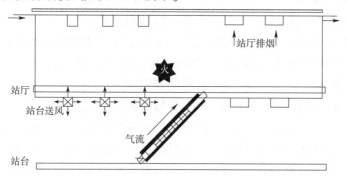

◎ 图 10-4 站厅火灾排烟模式

站厅层发生火灾时,停止车站冷水系统;控制风管的相关风阀开/闭,向站台层送风,停止向站厅层送风,站厅层进入排烟状态,使得站厅层对地面、站台层形成负气压,阻止烟雾向站台层蔓延,并形成地面楼梯通道的逃生气流通道。

②站台火灾排烟模式如图 10-5 所示。

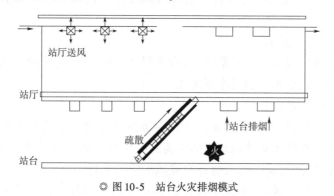

◎ 图 10-5 站台火灾排烟模式

站台层发生火灾时,停止车站冷水系统;控制风管的相关风阀开/闭,向站厅层送风,停止向站台层送风,站台层进入排烟状态,使得站台层对站厅层形成负气压,阻止烟雾向站台层蔓延,并形成地面楼梯(扶梯)通道的逃生气流(风速不低于1.5m/s)通道。

2. 车站设备管理用房通风空调系统

车站设备管理用房通风空调系统简称车站小系统,包括车站管理用房及设备用房的空调、通风(兼排烟)系统。

(1)车站小系统设备。车站小系统设备一般位于车站站厅层两端的环控机房和小系统通风机房内,主要包括轴流风机,柜式、吊挂式空调机组及各种风阀。

(2)车站小系统作用。车站小系统通过对各用房的温湿度等环境条件的控制,为管理、工作人员提供一个舒适的工作环境,为各种设备提供正常运行的环境。在火灾发生时,车站小系统通过机械排风方式进行排烟,有利于工作人员撤离和消防人员灭火。在气体灭火的用房内关闭送、排风管进行密闭灭火。

(3)车站小系统空调及通风的设置形式。由于各种用房的设备环境要求不同,温湿度要求也不同。根据各种用房的不同要求,小系统的空调、通风基本上根据以下四种形式分别设置独立的送风和(或)排风系统。

①需空调、通风的用房,如通信、信号、车站控制、环控电控、会议等用房。

②只需通风的用房,如高、低压,照明配电,环控机房等用房。

③只需排风的用房,如洗手间、储藏间等用房。

④需气体灭火保护的用房,如通信、信号设备,环控电控,高、低压等用房。

(4)小系统火灾排烟模式。管理用房及设备用房发生火灾时,大系统停止运行,小系统按设定火灾模式运行。立即组织机械排烟或隔断火源和烟气;与火灾相邻的内通道,设有排烟系统的立即进行排烟;着火区所在端的内走道和车控室立即进行加压送风;气体保护房间执行气体保护模式。对用气体灭火的房间设排风及送风系统。

3. 空调水系统

空调水系统的作用是为车站内空调系统制造冷源并供给车站空调大、小系统中的空气处理设备(组合式空调箱、柜式风机盘管),同时通过冷却水系统将热量送出车站。

(1)空调水系统设备。

空调水系统一般采用闭式系统,由冷水机组、冷冻水泵、冷却水泵、冷却塔、膨胀水箱、水处理器、分水器和集水器组成。

(2)空调水系统组成。

①空调冷冻水系统:该系统是由车站冷冻站为空调大系统和小系统提供循环冷冻水的系统。冷冻水系统的水量随负荷的变化而变化,为避免能源浪费或不足,多用变水量系统,可在需要时及时补充或减少冷冻水量。

②空调冷却水系统:该系统主要设备为冷却塔和冷却水泵。其中冷却塔就近

设在室外通风良好处,便于及时冷却已被加热的空调水,循环冷却水通过冷却塔进行降温处理,用于冷却冷水机组冷凝器和压缩机,水质不受污染。冷却水和冷冻水系统结合完成了一个制冷循环,实现制冷。空调水系统的运行原理将具体阐述空调水的制冷。

空调水系统制冷原理如图10-6所示。

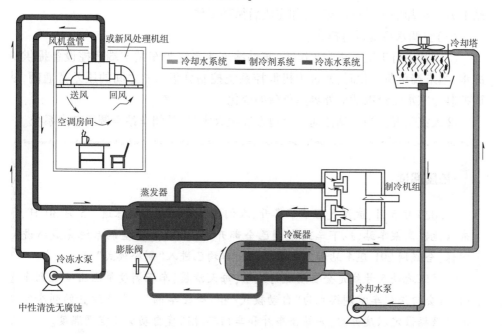

◎ 图10-6　空调水系统制冷原理

空调制冷原理:空调制冷就是通过制冷剂的状态变化(气态→液态,放热;液态→气态,吸热)将一个地方(蒸发器周围)的热量带到另一个地方(冷凝器周围)。其中四个必要组成部分分别为压缩机、冷凝器、节流(膨胀)装置、蒸发器。空调制冷的循环原理如图10-7所示。

具体来说,气态的制冷剂先经过压缩机的高压压缩,再经过冷凝器的冷凝彻底转变为液态的制冷剂,在此过程中

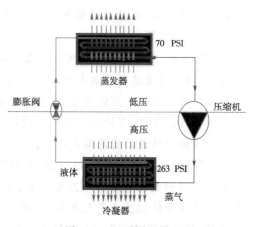

◎ 图10-7　空调制冷的循环原理

释放能量;再经由膨胀阀的降压和蒸发器的热量吸收转变为气态的制冷剂,在此过程中吸收外界的能量。

将此原理应用于城市轨道交通空调水系统即实现空调水制冷。如图10-6所示,空调水系统为设备或管理工作房供应冷冻水,左侧(红色)水为冷冻水,右侧(绿色)水为冷却水。

在制冷剂变化过程中,冷冻水和冷却水完成自身循环,以便再次用于制冷剂的热量释放和吸收。

①冷冻水循环原理。冷冻水释放热量给制冷剂变成有制冷效果的水,送到组合式空调机组以及风机盘管等设备内部,以冷却混合风,送到站台、站厅以及设备用房。

②冷却水循环原理。冷却水吸收制冷剂的热量,失去冷却的功能后,被抽到车站上方的冷却塔中进行冷却,冷却完成后循环工作。

(3)空调水系统运行模式。

①正常运行工况。正常工况下,车站冷冻水系统为车站末端环控设备提供冷冻水,当末端负荷变化时,通过主机群控系统控制分集水器之间的压差旁通阀,从而控制冷冻水流量以适应外界热负荷的变化。

②火灾工况。当车站任何一个地方发生火灾时,关闭车站空调所有水系统。

拓展阅读

2023年5月,武汉气温节节攀升,人们已体会到初夏的味道。5月30日,武汉地铁高架车站、地下车站空调已全部开启,3000余套空调系统完成清洗维保,全线网291座车站和上线运营的列车均已进入"制冷模式"。

武汉地铁5号线是全自动运行线路,每天清晨,车场调度员点击唤醒列车时,就会勾选列车空调模式为"自动模式"和"冷暖车厢"。上线运营的列车空调会根据设定温度开启,并结合车外和车内环境温度自动调节空调温度。

为做好全自动运行线路的空调保障工作,5号线相关技术人员定期维护列车空调设备,定期对过滤网进行清洗、消杀,检查空调机组,确保车内温度适宜。

5月初,武汉地铁全线网列车已全面完成了空调深度清洗、保养及调试工作,以确保温度达到开启条件时列车空调"即开即用",为乘客提供更加舒适健康的乘车环境。空调开启后,为了保证设备运行稳定性,机电专业检修人员会严格按照日检、月检的作业要求进行维护。

根据地铁设计规范国家标准,武汉地铁车站站厅温度控制标准为30℃以下,站台温度控制在28℃以下,列车客室温度控制在24~26℃范围内。通常家用空调控制温度设置为26℃左右,车站空调控制温度是否偏高呢?

武汉地铁相关负责人表示,地铁是人员密集、短时间逗留的公共场所,从进站、候车到上车,或从下车到出站这一过程,时间往往在5min左右甚至更短,其余时间均在地铁车厢内。

据介绍,车站空调有别于一般舒适性空调,一方面,考虑站外温度较高,为避免温差较大带来的不适,车站温度设置为"站外30℃+—站厅30℃—站台28℃—车厢26℃"这一逐步降低的阶梯温度。另一方面,由于人员停留时间较短,出于响应国家节能降耗、低碳出行的号召,地铁车站空调温度主要考虑乘客由地面进入地铁车站有较凉快的感觉,满足"暂时舒适"。

有人喊热,有人喊冷,是什么影响体感温度呢?地铁工作人员介绍,和家用空调制冷原理有所不同,地铁车站的空调系统是利用冷冻水供回水温差来动态调节制冷机组的运转频率,从而保证服务区域温度控制在一定范围内的。

"车站公共区域是较大的空间,站内空气温度分布受到风口位置、环境结构、人员密度、设备发热等因素的影响,如位于出风口附近的乘客可能会因为吹冷风感觉温度偏低,位于进出通道口的乘客会因为室外热量涌入感觉温度偏高。与此同时,个体差异也是影响温度感知的因素之一。"工作人员介绍。2021年夏天,武汉地铁推出了"强弱冷车厢",目前这项服务仍在延续,每列车两端的两个车厢为弱冷车厢,空调设定的温度比其他车厢高1℃,照顾怕冷畏寒的乘客。

(摘编自《湖北日报》,2023年5月)

思考:武汉地铁车站的空调温度设置是以什么为依据的?考虑了哪些因素和细节?请你查找资料了解武汉地铁的服务理念。武汉地铁工作人员对待工作的态度对你未来从事城市轨道交通运营服务工作有什么启发?

【思政点拨】

武汉地铁车站的空调温度设置一方面严格按照国家标准,另一方面充分考虑乘客体感,以乘客需求和感受为中心,为避免温差较大带来的不适,车站温度设置为"站外30℃+—站厅30℃—站台28℃—车厢26℃"这一逐步降低的阶梯温度,这些细节也正体现了武汉地铁"知你心忧、懂你所求"的服务理念。除此之外,由于人员停留时间较短,出于响应国家节能降耗、低碳出行的号召,地铁车站空调温度主要考虑乘客由地面进入地铁车站有较凉快的感觉,满足"暂时舒适",在能满足乘客舒适需求的前提下,节省运营成本、节能降耗。武汉地铁各专业的工作人员各司其职、秉持认真负责的工作态度做到严格检查和定期维护各项设施设备,以乘客为中心。这启发我们要"为民服务无小事,点点滴滴暖民心",未来履行岗位职责,担当自己的使命。

三、隧道通风空调系统的运作

隧道通风空调系统由车站区间排热系统和区间隧道通风系统组成。

车站区间排热系统的排风设备一般布置在车站两端的设备房区内,气流组织方式采用轨顶和站台下排风,在车站隧道停车所在区域的轨顶以及有效站台下设置土建式排风道,排风口的位置根据列车发热设备的位置确定,补风来自车站两端的活塞风井、相邻区间隧道和安全门开启时的漏风。

区间隧道通风系统主要负责两个车站间区间隧道的通风与排烟,包括自然通风与机械通风两种方式。在车站隧道的出站端设置了一条直通地面的活塞风道,正常运行时,只通过列车行驶产生的活塞效应,通过活塞风道实现隧道与地面的换气,即自然通风。当活塞通风不能满足除余热与余湿的要求时,要设置机械通风系统。机械通风就是利用通风机的运转产生通风压力,使地面空气不断进入地下并沿着预定的线路流动,同时再将废热空气排出地下的通风方法。全"活塞通风系统"只有早期城市轨道交通应用,现今建设的城市轨道交通多设置活塞通风与机械通风的联合系统。

> **知识链接**
>
> ## 机 械 通 风
>
> 根据地铁系统的实际情况,可在车站与区间隧道分别设置独立的通风系统。车站通风一般采用横向的送排风系统,区间隧道一般采用纵向的送排风系统。这些系统应同时具备排烟功能。区间隧道较长时,宜在区间隧道中部设中间风井。对于当地气温不高、运量不大的地铁系统,可设置车站与区间连成一体的纵向通风系统,一般在区间隧道中部设中间风井,但应通过计算确定。

1. 隧道通风空调系统的组成

(1)区间隧道活塞风系统。区间隧道活塞风系统是利用列车在区间隧道运行时对隧道内空气的前压后吸活塞效应来进行通风换气的,区间隧道的降温和区间列车新风必须依靠活塞风井进行换气。

(2)区间隧道机械通风系统。在某些情况下需要对区间隧道进行强制通风时必须采用隧道机械通风系统,通常在车站两端活塞风道内设置隧道风机,以便在区间冷却、事故和火灾通风时运行。区间隧道机械通风系统示意图如图10-8所示。

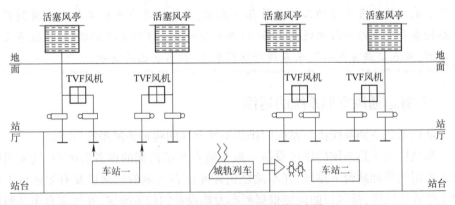

◎ 图 10-8 区间隧道机械通风系统示意图

(3)车站区间排热系统。为了将列车产热及时排至地面,在车站区间设置排热系统。排热系统由排热风机、车轨上部排热风道和站台下部排热风道组成。车轨上部排热风道上设置成组风口,正对列车空调冷凝器;站台下部排热风道上设置成组风口,正对驻车制动装置,将列车停站时散发的热量直接排至地面。车站区间排热系统示意图如图10-9所示。车站范围内、安全门外站台下排热和行车道顶部排热系统简称 UPE(Under Platform Exhaust Air Duct)/OTE(Over Tunnel Exhaust Air Duct)系统。

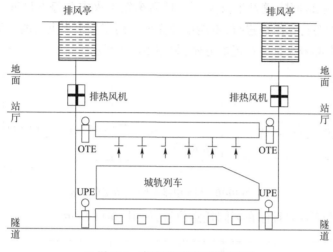

◎ 图10-9 车站区间排热系统示意图

2. 隧道通风空调系统的设备

(1)区间隧道机械/活塞通风系统。区间隧道机械/活塞风系统的主要设备有隧道风机、推力风机、射流风机、相关的电动风阀、中间风井及风亭等。

(2)车站区间排热系统。车站区间排热系统的主要设备有排热风道、排热风机、OTE 风机、UPE 风机及防火阀等。

3. 隧道通风空调系统运行工况

区间隧道通风空调系统的运行主要有正常运行、堵塞运行和事故通风运行三种工况。

(1)正常运行。当列车正常运行时,利用列车在隧道内高速运动产生的活塞效应从车站一端风井引入新风,经过区间隧道由下一站风井排风。列车停靠车站时列车下部的制动发热量和顶部的空调冷凝所发热量由站台排热系统排放。

(2)堵塞运行。堵塞运行是当列车因故滞留在区间隧道时,为使列车空调正常运转,关闭列车后方事故机房内的旁通风门,事故风机区间隧道送入新风。前方站事故风机将区间隧道内的空气排至地面。区间内的气流方向应与列车的行进方向保持一致。

(3)事故通风运行。当列车在区间隧道内发生火灾时,区间隧道一端的事故风机向火灾区间送风,另一端事故风机将烟雾经风井排至地面。控制中心确认火灾后,根据事故列车在区间隧道内的位置、列车内事故的位置和火灾源距安全通道的距离等决定通风方向,以利于乘客安全疏散。乘客的疏散方向必须与气流的方向相反,使疏散区处于新风区。

4. 列车火灾的处理

（1）列车在车站轨道内发生火灾。环控运行模式按站台火灾进行处理。环控调度员应立即在工作站上手动执行大系统站台火灾模式，小系统全停模式，手动执行隧道通风系统车站隧道火灾模式。

（2）列车在区间隧道发生火灾。一旦列车发生火灾并停在区间，环控调度员的操作必须配合行车组织进行，不能单独完成。列车发生火灾时的五种情况如下：

①列车中部着火且停在近前方站，如图10-10所示。

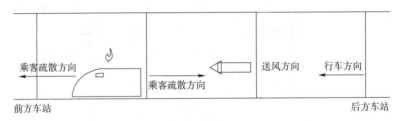

◎ 图10-10　列车中部着火且停在近前方站

②列车头部着火且停在区间任意位置，如图10-11所示。

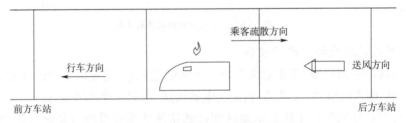

◎ 图10-11　列车头部着火且停在区间任意位置

③列车中部着火且停在区间中部，如图10-12所示。

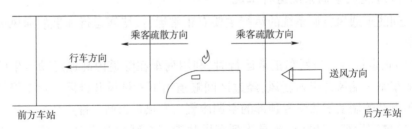

◎ 图10-12　列车中部着火且停在区间中部

④列车尾部着火且停在区间任意位置，如图10-13所示。

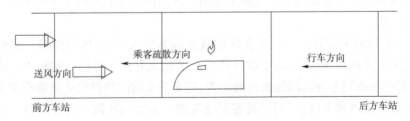

◎ 图10-13　列车尾部着火且停在区间任意位置

⑤列车中部着火且停在近后方车站,如图 10-14 所示。

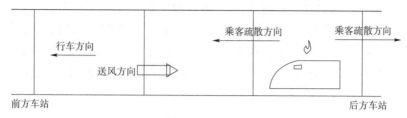

◎ 图 10-14　列车中部着火且停在近后方车站

四、车站暖通空调系统控制

1. 中央级控制

中央级控制是暖通空调系统的最高一级控制,它负责监控城市轨道交通各站通风机和空调机组的设备运行状态。中央级控制主要用来监控和调度全线暖通空调系统设备的运行。

2. 车站级控制

城市轨道交通自动化程度很高,暖通空调系统的正常运行是由 BAS 来控制,实现自动运行的。暖通空调系统的车站级控制就是自动控制的一个平台,通过车站级控制,城市轨道交通暖通空调系统可以按照预定的模式运行。

3. 就地级控制

简单地说,就地级控制就是在通风空调设备现场对其进行控制,这种控制主要是通过人工操作设在环控设备现场的电控箱上的启动/关停(或复位)按钮来实现。这种控制方式主要是为了方便暖通空调系统的安装调试与维护维修。

就地级控制设置在各车站的环控电控室,具有对单台环控设备就地控制的功能,便于各种设备调试、检查和维修,单台环控设备同时设有就地控制箱,如图 10-15、图 10-16 所示。

◎ 图 10-15　暖通空调系统设备

◎ 图 10-16　暖通空调系统就地控制柜

以上两图展示的均为不同设备的就地控制盘，组合式空调机组就地控制盘各按钮分别具有各自的功能，如右门开、左侧电动机关等，其指示明确。

就地级控制为优先级，车站级控制为次优级，中央级控制为最后级，以上三个级别规定的含义为：设备处于就地级控制时，后两级控制不能控制设备的运行状态（开、关、复位）。设备处于车站级控制时，中央级控制不能控制设备的运行状态。

地铁出入口附近的"小房子"

很多乘客乘坐地铁的时候，会在车站出入口附近看到一种"小房子"，那这种"小房子"是干什么的呢？

其实这种"小房子"是车站的风亭。风亭是车站重要的通风设施，承担着地下车站及隧道的通风换气功能，相当于人体的呼吸系统。如果把地铁比作一个人的话，风亭就是它的"鼻子"，是地铁空气循环系统的重要组成部分，承担着地铁的呼吸换气任务。

因为地铁车站和隧道一般位于地下的密闭空间，空气无法正常流通，这就需要借助地面风亭组进行地面、地下的空气流通和交换，保障乘客在乘坐地铁时呼吸到新鲜的空气。车站风亭外观相似，根据通风功能的不同，一般分为新风亭（图10-17）、排风亭和活塞风亭。它们的正常运行为乘客及车站工作人员提供舒适的乘车环境，也为地铁其他设备的正常运行提供有力保障。

地铁出入口附近的高个子"小房子"就是新风亭。

新风亭主要是将室外的新鲜空气输送至车站内部，保证车站内的空气处于健康、舒适的状态，让乘客在地铁车站里不会感到憋闷。室外新鲜空气也不是通过新风亭一步到位进入地铁车站的，而是需要经过重重关卡。新鲜空气经过新风亭后，还需要进入地铁车站的"肺"部系统，如混风室、空调柜、静电除尘装置等，在环控机房进行过滤、消杀、降温、加压和降噪后才能进入车站，以供乘客和工作人员使用。车站送风口和排风口出风示意图如图10-18所示。

◎ 图10-17 新风亭

◎ 图10-18 车站送风口和排风口出风示意图

地铁出入口附近稍矮的"小房子"则是排风亭，用来抽排地下空间的废气和烟尘。通常情况下，排风亭与新风亭在设计和施工时，在地面会分开位置建设，间隔一般为10m左右，避免将刚排出的废气又送到地下。

车站内的空气有进入，自然就需要排出。排风亭用来排出车站内的空气和热量。例如，乘客和工作人员呼出的气体、卫生间产生的污浊气体以及设备运行产生的热量等，均是通过该风亭排出室外的。在车站或隧道发生火灾等情况时，通过排风亭将烟气及时排出室外，确保地铁人员疏散和安全。

活塞风亭是为隧道内空气流通而设置的。顾名思义，活塞风亭把列车类比为活塞，把隧道类比为管道，当列车在隧道内行驶时，就像在隧道内做活塞运动。列车运行时，车站两端的隧道吸风、排风，就像打气筒一样，车前方气流堆积，形成压力差，挤压空气向前运动。此时活塞风亭阀门就要打开，通过列车前方车站的活塞风亭将空气推出。此时车尾部形成压力负差，将地面空气吸入列车隧道。正是有了活塞风亭，隧道内的空气才能及时排出和补充。

设有安全门系统的车站，隧道内的活塞风与车站是隔离的，乘客在候车时自然感觉不到隧道内猛烈的活塞风。另外，活塞风亭还兼具列车火灾时及时排烟的功能。

（摘编自微信公众号石家庄轨道交通，2024年1月）

单元 10.2　车站暖通空调系统设备认知

空调要实现大空间的制冷需要大量设备的配合，至少需要冷却塔、水泵、水管、风管、空调机组和制冷循环等相关设备。那么这些设备的真实样子是怎样呢？接下来，我们就来介绍相关的系统设备。在此只介绍相对重要的设备，要求同学们准确识别。

一、暖通空调系统重要设备

1. 风管

风管（图10-19）是暖通空调系统中连通各个部分的重要构件。一般情况下，风管一端连接风阀风机，另一端连接风口，将合适的风送出或排出。风管一般采用金属、非金属薄板或其他材料制作而成，是用于空气流通的管道。

风管配件指风管系统中的弯管、三通、四通、各类变径及异形管、导流叶片、凸缘等，风管部件指通风、空调风管系统中的各类风口、阀门、排气罩、风帽、检查门和测定孔等。不同的风管配件和部件如图10-20所示。

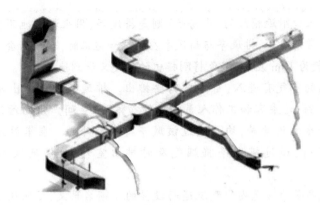

◎ 图10-19　风管

风口系列：

方形散流器　圆形散流器　扩散出风口　可调式喷流风口　旋流风口　双层格栅出风口　扁叶散流器　可开式百叶回风口

防火阀、调节阀系列：

防火调节阀　全自动防烟防火阀　全自动排烟防火阀　排烟阀　板式排烟口　手动多叶对开调节阀　电动多叶对开调节阀　圆形单叶蝶阀　矩形止回阀

软管、螺旋风管、空调器、消声器系列：

铝箔伸缩保温软管　标准形螺旋管　风管附件　消声器　组合式空调器

◎ 图10-20　不同的风管配件和部件

2. 水管

暖通空调系统对水管的密封性要求较高，对部分水管的保温性要求也较高。水管一般设置为圆形。

> **知识链接**
>
> 　　城市轨道交通车站暖通空调系统的功能是保障站内空气循环、流通，站内温、湿度环境适宜，该系统就好比是城市轨道交通车站的"呼吸系统"。
> 　　城市轨道交通暖通空调系统中的新鲜空气从哪里来？
> 　　除了高架车站以外，城市轨道交通车站站厅和站台均在地下，无法直接获得室外新鲜的空气。为了让车站内部的乘客能够呼吸到足够的新鲜空气，就必须从室外引入新风，新风道（图10-21）应运而生。

城市轨道交通车站的空气是通过室外风亭进入车站的新风道,再经过混风室后进入空调机组的。在空调机组中,空气通过初效过滤网和电子杀菌装置被净化、过滤,再由大大小小的风管送到车站各个送风口。

◎ 图10-21 新风道

二、组合式空调箱

为了让室外的新风顺利进入车站区域,还需要机械装置进行强制引流。因此在车站设备区域设置了一台组合式空调箱。组合式空调箱将站外大量新风源源不断吸入车站内部,通过风管送到城市轨道交通车站候车区域,为公共区域送入新鲜的空气。组合式空调箱如图10-22所示。

组合式空调箱是暖通空调系统的核心——制冷的功能部件,是由各种空气处理设备及风机、风量调节阀等组成的带箱体的单元体。这些单元体可根据工程需要由设计人员进行组合,成为一组能满足不同空气处理要求的组合式空调箱。

◎ 图10-22 组合式空调箱

组合式空调箱的主要功能段分别起不同的作用,具体说明如下:

(1)新风混合段,利用风量调节阀来控制新回风比例,以便在不同时期和模式下调节不同结构的风。

(2)初效过滤段,过滤输入空气中的杂质,保持风的清洁。

(3)表冷挡水段,利用表冷器通过其内部循环的冷冻水起到制冷空气的作用,并利用滴水盘将空气中的凝结水收集在一起。

(4)风机送风段,其作用是将处理完毕的优质的温度和强度适中的空气输出,以完成整个流程。

组合式空调箱是核心构件,对其结构的具体要求如下:

(1)各功能段有足够的强度。

(2)机组检修门严密、灵活,开启及锁紧功能良好。

(3)机组设排水口,无溢出或渗漏。

(4)机组横断面上气流不应产生短路。

(5)机组应留有检测孔和测试仪表接口。

(6)设置检修门和24V低压照明灯。

> **知识链接**
>
> ### 无锡地铁采用"小新风"模式
>
> 在炎热的夏天,空调系统会将室外的热空气降温,送入车站进行制冷。由于车站空间很大,空调制冷也会耗费很多电能。
>
> 为践行"绿色低碳"的理念,无锡地铁采用了"小新风"模式。简而言之,就是将车站内一部分凉爽洁净的空气与室外补充进来的新鲜空气混合,重新用于车站制冷。
>
> "小新风"模式的优点主要有两个:首先,保证了车站能够不断获得室外送入的新鲜空气,满足乘客通风换气的需求;其次,利用回风的低温提前对室外的新鲜空气进行降温,减轻空调的工作压力,从而降低能耗,实现节能减排。
>
> 无锡地铁车站组合式空调箱如图10-23所示。
>
>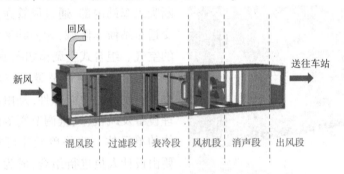
>
> ◎ 图10-23 无锡地铁车站组合式空调箱
>
> (摘编自微信公众号无锡地铁,2023年5月)

三、风机设备

风机设备是通过送排风排出局部区间隧道的余热、余湿的设备,其主要类型如下。

1. 隧道风机

隧道风机(TVF)设置于车站两端隧道风机房内,风道独立。其主要部件有叶片、轮毂、电动机、轴承等,如图10-24所示。TVF要求结构紧凑、可灵活拆卸,具有一定的防腐性。

TVF在火灾工况时,可保证280℃条件下,持续有效运行0.5h,设计使用寿命≥20年,叶片角度可调节。

◎ 图10-24 TVF

2. UPE/OTE 排热风机

UPE/OTE 排热风机设置于车站两端,为站台下和行车道顶部排热,兼排烟系统,通常排出风道与公共区排风道共用。

3. 射流风机

射流风机配合 TVF 进行气流组织。可逆转射流风机一般安装在区间隧道顶板下方。

四、风机盘管

城市轨道交通的管理用房或车站综合控制室等场所均设置可室内调节的空调形式。此种形式需要在管理用房内设置风机盘管装置。风机盘管的设置方式如图 10-25 所示。

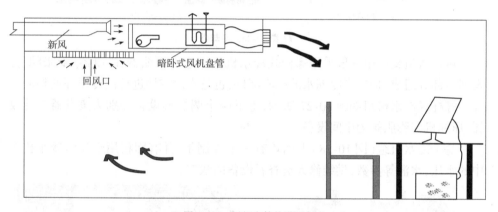

◎ 图 10-25　风机盘管的设置方式

经处理的新风通过新风送风管送到房间,室内的风通过回风口与送入的新风混合,再经过风机盘管处理,达到要求后再送入房间。这样不断地循环,达到房间的使用要求。风机盘管空调系统由风机盘管、新风机组、送风管道以及控制阀门等组成。

五、冷却塔

冷却塔在城市轨道交通车站暖风空调系统中起到散热作用,是车站暖风空调系统的关键设备之一,是循环冷却水系统中的一个重要设备,用于将冷却水降温。冷却塔一般放置在城市轨道交通车站外,分为逆流式冷却塔、横流式冷却塔、射流式冷却塔、蒸发式冷却塔等四种类型,常用的是逆流式冷却塔(圆形、方形)、横流式冷却塔(圆形、方形)两种,如图 10-26 所示。

六、冷水机组

冷水机组是一种通过蒸气压缩或吸收式循环达到制冷效果的机器,是实现制冷循环的重要组件。冷水机组内的冷凝管道相当于冷水机组容器的"牙齿",具有口径小、数量多的特点。水在冷水机组中是重要的载冷剂,进入冷凝管路中的水量决定了冷水机组的制冷效率。每年暑期前,一般机电班组都会对冷凝管道进行"通炮"和水质处理,保证管内水流畅通循环,以更好地发挥冷水机组的制冷作用。

a) 逆流式冷却塔

b) 横流式冷却塔

◎ 图10-26　冷却塔

城市轨道交通中一般采用螺杆式冷水机组。它由压缩器、冷凝器、膨胀阀、蒸发器四部分组成,是生产冷冻水的核心部件,也是水冷空调进行制冷循环的核心组件。螺杆式冷水机组如图10-27所示,上下两个圆柱形设备分别为蒸发器与冷凝器,压缩机与膨胀阀为中间设备。

每个冷水机组(图10-28)上面均有一个控制柜,并有面板用于显示冷水机组中的水压、水温等参数,供维修人员查看设备的状态。

◎ 图10-27　螺杆式冷水机组

◎ 图10-28　冷水机组

七、风阀

风阀主要种类有防烟防火阀、排烟防火阀、全电动防火阀、电动风量调节阀、手动风量调节阀、电动组合风阀(标准站14个)。下面主要介绍前两种。

防烟防火阀:安装在通风、空调系统的送风、回风管路上,平时呈开启状态(常开),火灾时当管道内气体温度达到70℃时,易熔片熔断,阀门在扭簧力作用下自动关闭,在一定时间内能满足耐火稳定性和耐火完整性要求,起到隔烟阻火作用,阀门关闭时,输出关闭信号。

排烟防火阀:安装在排烟系统管路上,平时一般呈关闭状态,火灾时手动或电动开启,起排烟作用,当排烟管道内烟气温度达到280℃时关闭,在一定时间内能满足耐火稳定性和耐火完整性要求。北京地铁6号线均含5m手动复位装置。

除了以上设备,暖通空调系统还包括大型的表冷器(存放冷冻水以实现制冷)、大型风机、各种电动(手动)阀门、水温水压传感器、仪表、水泵等设备,在此不一一介绍。

八、暖通空调系统设备的布置位置

暖通空调系统中的冷水机组、组合式空调机组等集中制冷的空调,设置在站厅两侧的环控电控机房或车站小系统机房内(不同车站叫法不同,一般布置在站厅层两端),而风管与水管则根据需要布置在车站的各个角落。

技 能 训 练

实训任务　空调系统的运作

任务描述

2024年3月27日13时许，广州地铁3号线市桥站厅有设备故障冒烟，车站第一时间转换环控模式排烟，列车在市桥站不停站通过。13时47分发布通报称，经技术人员处理，市桥站已于13时41分恢复正常运营。当地铁车站站厅发生火灾时，暖通空调系统如何运作呢？行车值班员应开启暖通空调系统哪些设备帮助站台、站厅中的乘客逃生？

任务目标

1. 熟知IBP上环境与设备监控系统功能按钮的作用。
2. 能够正确操作IBP上环境与设备监控系统的功能按键。
3. 在车站站厅及站台发生火灾时，明确知道暖通空调系统各子系统如何运作。

任务要求

1. 组内设置组长、记录观察员，进行分工和表现过程记录。
2. 完成资讯与计划相关知识和任务准备工作。
3. 进行合作学习、互评、纠错、总结。

资讯与计划

1. IBP上环境与设备监控系统的功能按钮认知与操作，完成表10-1。

IBP上环境与设备监控系统的功能按钮认知与操作　　表10-1

按键名称	功能	使用时机	操作方法	其他

2. 空调系统不同状态的设备通风方式，完成表10-2。

空调系统不同状态的设备通风方式　　表10-2

运行状态	站台层	站厅层	隧道通风
正常运行条件下	上送上回与下回结合	上送上回形式	正常回/排风
列车阻塞区间隧道时	推力风机运行，全新风空调通风	上送上回形式	推力风机送风至隧道内
站厅火灾时			排烟

续上表

运行状态	站台层	站厅层	隧道通风
站台或列车火灾时	排风、烟机排烟,其他大系统设备停运	站厅全面送新风	排烟

3. 任务计划,完成表10-3。

任务计划表　　　　　　　　　　　　　　表 10-3

具体分工情况:

任务实施

1.4人一组,利用实训室IBP设备,一人指出IBP上环境与设备监控系统各按钮的名称和功能,另一人复述其名称、设备功能,演练操作方法,互相检查和纠正。

2. 每个人轮流扮演行车值班员,根据具体站厅、站台火灾情境,在IBP上操作功能按键使暖通空调系统运作,其他人记录错误点并进行点评。

实操考核

考评表　　　　　　　　　　　　　　表 10-4

项目	认知与表达能力			学习能力	合作能力	合计
	认知IBP环境与设备监控系统的功能按钮的作用	会动手操作IBP上环境与设备监控系统的功能按键	能说出在车站站厅及站台发生火灾时,暖通空调系统各子系统如何运作	学习态度、完成标准(包括计划与资讯完成情况)、熟练度	小组合作互助、记录纠错	
满分	每个3分,共15分	共20分	共24分	每项9分,共27分	共14分	100分
得分(分)						

复习思考题

一、不定项选择题

1. 城市轨道交通暖通空调系统应具有(　　)运行模式。
   A. 车站房间通风　　　　　　　　B. 正常通风
   C. 阻塞通风(地下区间隧道)　　　D. 火灾排烟

2. 隧道设置机械风井和必要的活塞风井,风井、车站出入口及隧道洞口与室外空气相通,车站与隧道相通(设置安全门),不需要迂回风道,利用活塞或机械进行通风的是(　　)。
   A. 开式系统　　B. 闭式系统　　C. 屏蔽门式系统　　D. 开闭式系统

3. (　　)车站采用空调系统,区间隧道冷却借助行车活塞效应携带的部分车站空调冷风来实现内部环境的控制要求。
   A. 开式系统　　B. 闭式系统　　C. 屏蔽门式系统　　D. 开闭式系统

4. 为车站内空调系统制造冷源并提供给车站大、小系统,同时将热量通过冷却水系统送出车站的是(　　)。
   A. 车站大系统　　B. 车站小系统　　C. 车站空调水系统　　D. 隧道通风系统

5. 通过对各用房的温度、湿度等环境条件的控制,为管理、工作人员提供一个舒适的工作环境,为各种设备提供正常运行环境的是(　　)。
   A. 车站大系统　　B. 车站小系统　　C. 隧道通风系统　　D. 车站空调水系统

6. 车站暖通空调系统的设计目标是站厅温度为不高于(　　)。
   A. 30℃　　　　B. 31℃　　　　C. 32℃　　　　D. 33℃

7. 为地下输送新鲜空气的是(　　)。
   A. 排热风亭　　B. 排烟风亭　　C. 新风亭　　D. 活塞风亭

8. 城市轨道交通车站常年热源包括(　　)。
   A. 运行的列车　　B. 工作人员　　C. 车站设备　　D. 乘客

二、判断题

1. 车站大系统由车站管理用房及设备用房的空调、通风(兼排烟)系统组成。(　　)

2. 城市轨道交通车站暖通空调系统屏蔽门式系统是应用机械或活塞效应使轨道内部与外界交换空气,利用外界空气冷却车站和隧道的。(　　)

3. 车站暖通空调系统能在发生火灾及毒气泄漏等事故时,及时排除有害物质。(　　)

4. 列车在隧道内运行的时候,车会推着空气走,就像打气筒的活塞运动,车头前面气流堆积,形成压力差,此时活塞风亭阀门就要打开,及时将气体抽排出去,同

时将地面新风鼓进车尾隧道。   （   ）

5. 为了将列车产热及时排至地面,在车站区间设置排热系统,其由排热风机、车轨上部排热风道和站台下部排热风道组成。   （   ）

6. 车轨上部排热风道上设置成组风口,正对列车制动装置;站台下部排热风道上设置成组风口,正对列车空调冷凝器,将列车停站时散发的热量直接排至地面。
                                                              （   ）

7. 站厅发生火灾时,车站大系统向站厅层送风,停止向站台层送风,站台层进入排烟状态(高速排烟)。   （   ）

三、简答题

1. 简述暖通空调系统的功能和构成。
2. 暖通空调系统的控制方式中,哪个优先级最高?

四、案例分析题

乘客乘坐地铁时,总感觉夏天地铁车站里很凉快,那么为什么地铁站总是这么凉快呢?

"凉快"的秘密在这里——地铁线网各车站设有站内通风空调系统,系统会根据外部温度实时自动调节制冷量,科学合理地保障车站温度和湿度,营造舒适环境,引领市民绿色低碳出行。

运营时间内,所有暖通空调系统会处于开启状态,车站的值班员也会对系统实时监控。

另外,对于通风通道也会定期安排专业检修人员维护,确保风口风量符合相关标准,为广大乘客提供舒适的候车环境。

思考:

1. 车站暖通空调系统是如何制冷的?
2. 车站暖通空调系统里的风是从何处而来,如何吹向车站的各个区域?

模块 11
环境与设备监控系统

教学目标

知识目标
1. 掌握环境与设备监控系统的构成。
2. 掌握中央级控制系统的基本功能。
3. 熟练运用车站级控制系统的基本功能。

能力目标
能够操作环境与设备监控系统主要功能。

素质目标
1. 培养独立思考、自主学习的能力。
2. 形成"安全第一,沉着冷静"的素质。

建议学时

4 学时

案例导入

轨道交通环境与设备监控系统，营造乘客舒适出行环境

上海地铁 9 号线二期工程 BAS 系统，采用两级治理、三级控制模式，对全线各车站的暖通空调、给排水及消防、照明等系统，电梯及自动扶梯、安全门、人防密闭门、防淹门等机电设备的运行进行实时监控。系统接入一期工程控制中心统一治理，中心级设备监控系统在一期工程基础上进行扩展。正常情况下，一般送排风和防排烟设备由 BAS 控制。发生火灾和列车阻塞等情况时，BAS 响应火灾自动报警系统发出的联动控制信号，强制转入相应的灾难模式，执行对应模式下站内和区间防排烟通风设备的联动控制。

（摘编自微信公众号 6E 自动化控制，2015 年 4 月）

思考：为大家带来舒适的乘车环境的环境与设备监控系统是如何实现智能控制的？

单元 11.1　环境与设备监控系统认知

轨道交通环境与设备监控系统（Building Automation System，BAS）采用计算机网络、自动控制、通信及分布智能等技术，实现城市轨道交通环境与设备系统的三级控制管理模式，对城市轨道交通车站及区间隧道内的空调通风、给排水、照明、电/扶梯、安全门等机电设备进行全面的运行管理与控制。BAS 通过最优化组合，确保机电设备处于安全、高效、节能和最佳运行状态，从而提供一个舒适的乘车环境。同时，BAS 能够在地下车站发生火灾事故的情况下，执行相应的防灾和阻塞模式，使有关救灾设施按照设计工况及时有效地运行，充分发挥各种设备应有的作用，保证乘客的安全和设备的正常运行。

一、BAS 结构

BAS 是由中央管理级、车站监控级、现场控制级监控设备，以及相关通信网络共同构成的实时监控系统，实行中央级、车站级和就地级三级监控。BAS 的结构如图 11-1 所示。

1. 中央级控制

中央级控制设置于控制中心中央控制室，负责监视全线 BAS 设备的状态和全线的环境状况，并向各站发布控制命令，定时记录设备运行状态、车站温湿度等原始数据，也可以根据操作人员的需要绘制曲线图、定制报表等。

2. 车站级控制

车站级控制位于各站内的车站控制室，是通过车站级监控工作站和模拟屏设

备提供相应的人机界面,监控本站及所辖区间隧道的环境控制、给排水、自动扶梯、照明、安全门、防淹门、车站事故照明电源灯设备的运行状态。

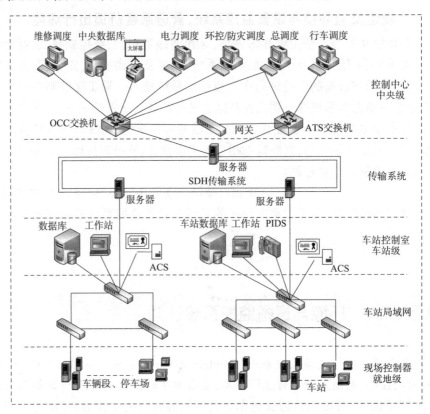

◎ 图 11-1　BAS 的结构

3. 就地级控制

就地级控制相对集中于 BAS 电控室、水泵房、冷水机房等车站重要房间及公共区。它实现对所控设备的直接控制,传送设备的运行状态及故障信息到车站工作站,并执行车站级发出的指令。

优先级原则为:越靠近底层的(距离设备越近的)操作源优先级越高。BAS 操作等级见表 11-1。

BAS 操作等级　　　　　　　　　　　　　　　表 11-1

BAS 控制设施	所在位置	优先级
就地级(现场级)控制	设备现场	高
车站级控制	车站综合控制室	中
中央级控制	中央控制中心	低

二、BAS 监控范围

BAS 不同于其他机电设备,它是一个将各个设备联系在一起的"神经网络",

它虽然没有复杂的机电系统,但是拥有复杂的监控网络,因此能够对全线的设备进行监视与控制,实时把控线路的环境,通过现场系统对设备进行控制。BAS 监控范围如图 11-2 所示。

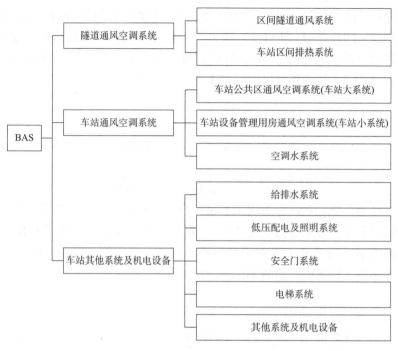

◎ 图 11-2　BAS 监控范围

1. 环境监控

(1)隧道通风空调系统。隧道通风空调系统包括区间隧道通风系统、车站区间排热系统。区间隧道通风系统主要监控对象是可逆转 TVF、射流风机、相关风阀。车站区间排热系统主要监控对象是双速 UPE/OTE 风机、相关风阀。

监控要求：

①区间隧道通风系统进行中央级、车站级控制。中央级控制下达相应的运行模式指令到车站级控制,由车站级控制对区间隧道通风系统设备进行模式控制,控制操作以中央级控制为主。

②车站区间排热系统运行分早间运行、夜间运行、正常运行、阻塞运行和火灾事故运行等几种模式。

③车站区间排热系统运行要求可分为正常运行和灾害事故运行,正常运行以车站级控制为主,灾害事故运行以中央级控制为主。

(2)车站通风空调系统。车站通风空调系统包括车站大系统、车站小系统。车站大系统以车站级监控为主,是对站厅、站台公共区的空调、通风、防排烟系统的监控。车站通风空调系统车站小系统以车站级监控为主,是对车站内设备及管理用房的空调、通风、防排烟系统的监控。车站通风空调系统主要设备有组合式空调机、空调新风机、全新风机、回/排风机(兼排烟风机)、送风机、相关风阀、防火阀、传感器(含温湿度传感器)等。

①车站大系统。城市轨道交通车站大系统的控制方式主要采取的是开环与闭环控制。开环控制:在车站控制系统中,预先设置了一系列的运行模式,主要是根据车站内外的温、湿度和当时车站乘客的流量设置的,模式的切换根据控制中的转换条件进行。闭环控制(图11-3):每个车站首先会设置一些运行的固定模式,由于控制的机电设备主要为电动机和风机,所以采用比较普遍的控制算法(PID)来通过变频器调节车站内外风机的运行速度。

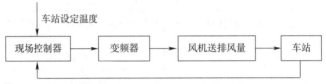

◎ 图11-3 车站大系统闭环控制框图

②车站小系统。车站小系统主要是对车站的控制室等房间内部进行温、湿度调节的控制系统。为了达到节能环保的目的,系统主要分为空调季节和非空调季节。不同的季节,车站的小系统需要根据外部的温湿度传感器来判断所使用的控制方式。小系统控制框图如图11-4所示。

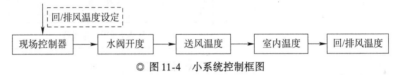

◎ 图11-4 小系统控制框图

③车站冷冻水系统。车站大系统和小系统共用一套冷水系统,由车站螺杆式冷水机组提供冷冻水。其主要的监控对象有冷水机组、水泵、二通调节阀、传感器(含压力、流量、温度传感器)、蝶阀、流量开关等。

监控要求:

a. 每个组合式空调机组设置供回水温度探头、供回水压力探头、空调器进出风干球湿球温度探头,每个车站站厅站台各设置2~4组干球湿球温度探头,对以上参数进行监控,并参与车站空调系统的调节。

b. 车站设置供回水压差传感器,通过二通调节阀保持压差恒定。

c. 要求实现螺杆式冷水机组和冷冻水泵、冷却水泵、冷却塔之间的连锁保护控制,实现定流量控制,连锁功能由冷水机组实现。

d. 监控冷水机组的工作状态,设备故障时应显示故障代码及故障描述。

e. 冷水机组、冷却塔、水泵的主备切换及轮换控制,均衡设备之间的运行时间。

2. BAS设备监控

(1)给排水系统。给排水系统主要包括引入管电动蝶阀、区间给水管电动蝶阀、废水泵(含扶梯集水坑排水泵)、污水泵、雨水泵、区间排水泵等。

监控要求:

①水泵根据高低水位自动启停及轮换控制。在运行控制中心(OCC)监视隧道

入口处集水泵和区间废水泵;在车站控制室监视所有(包括出入口扶梯下)水泵的运行状态,在 OCC 和车站控制室进行设备故障和危险水位报警,BAS 可对水泵进行控制。污水泵运行超时报警,超时时间可调。

②地下车站生活水给水引入管上的电动蝶阀由 BAS 在车站控制室监视运行状态,并可实现电动蝶阀开关控制。

(2)自动扶梯、电梯。车站自动扶梯、电梯监控对象主要包括站台与站厅自动扶梯、电梯、出入口自动扶梯。

(3)低压配电与照明系统。整个车站的照明系统主要包括工作照明、广告照明、出入口上盖照明、区间照明、应急照明电源的监控等。工作照明、广告照明、出入口上盖照明、应急照明、区间照明等监控点包括开关控制(DO:开/关)、开关状态(DI:开/关),事故照明电源等监控点包括事故照明电源状态(DI:1 号电源投入、2 号电源投入、逆变器工作、故障、蓄电池组过压、蓄电池组欠压、充电机故障、绝缘下降、逆变器故障、逆变器过载、逆变器风扇故障、逆变器旁路故障等)。

(4)乘客信息系统(PIS)。PIS 主要监控对象是各车站 PIS 显示屏的状态。PIS 监控点包括开关控制(DO:开/关)、开关状态(DI:开/关)。

单元 11.2　环境与设备监控系统操作

BAS 根据正常、阻塞、火灾等 BAS 工况运行要求对设备进行模式控制,包括时间程序控制、风机与阀门的联锁控制以及风机间联锁控制和顺序控制。BAS 监控模式如图 11-5 所示。

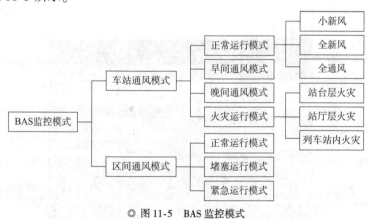

◎ 图 11-5　BAS 监控模式

一、工作站硬件操作

1. 工作站开机

(1)检查鼠标、键盘、显示器等外部设备是否正确连接。

(2)检查工作站的外部电源是否正常,开启工作站外设电源。
(3)开启工作站主机电源。
(4)启动操作系统后,在系统登录界面输入用户名及密码登录操作系统。

2. 工作站关机

(1)点击桌面上的"开始"菜单。
(2)在弹出的对话框中选择"关机"。
(3)待工作站主机关闭后,再关闭显示器、打印机等外设电源。
(4)断开连接到工作站的电源。

二、监控软件操作

1. 中央级人机界面

双击工作站图标,输入用户名和密码,进入中央级人机界面(HMI),如图11-6所示。中央级人机界面可以监视全线各区间隧道通风及各类设备的运行状态;监视全线各车站的通风、空调、给排水、电梯、自动扶梯、照明、人防门、安全门等设备的实时运行状态及故障报警,监视、记录各车站站厅、站台温度传感器、湿度传感器及环境参数;对BAS及网络具有在线监视、自诊断、自恢复及在线修复功能,并可显示网络负荷情况。

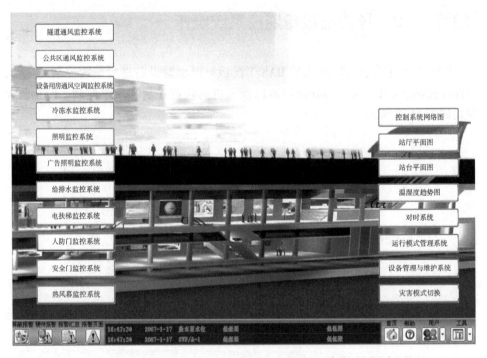

◎ 图11-6 中央级人机界面

2. 车站级人机界面

车站级人机界面可以监视本车站的通风、空调、给排水、电梯、自动扶梯、照明、人防门、安全门等设备的实时运行状态及故障报警,监视、记录各车站站厅、站台温度传感器、湿度传感器及环境参数;对 BAS 及网络具有在线监视、自诊断、自恢复及在线修复功能,并可显示网络负荷情况。

(1)线网站点图。点击当前车站图标,打开站点图,该图表明车站在线路中的位置,每个站只能看自己的车站设备,如图 11-7 所示。

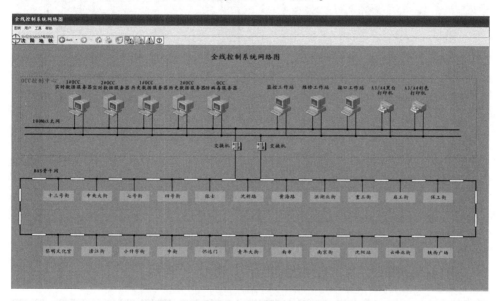

◎ 图 11-7　线网站点图

(2)空调通风系统图。点击空调通风系统图标,如图 11-8 所示。

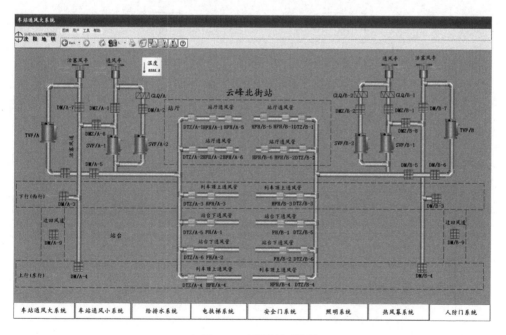

◎ 图 11-8　空调通风系统图

(3)空调水系统图。点击空调水系统图标,如图11-9所示。

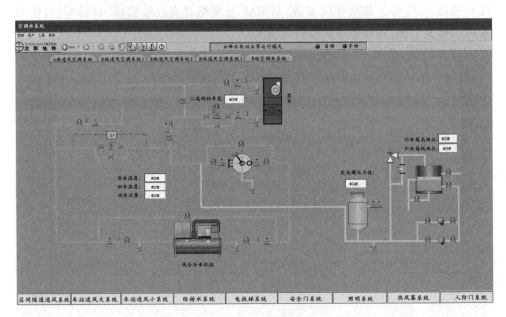

◎ 图11-9 空调水系统图

(4)自动扶梯图。点击自动扶梯图标,如图11-10所示。

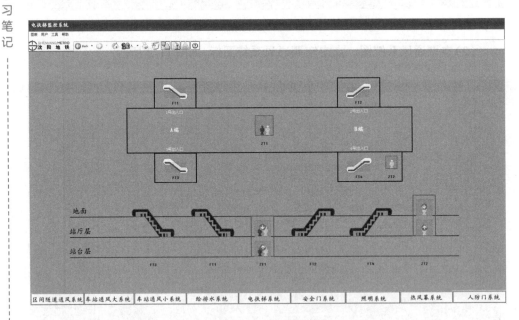

◎ 图11-10 自动扶梯图

(5)给排水系统图。点击给排水系统图标,如图11-11所示。

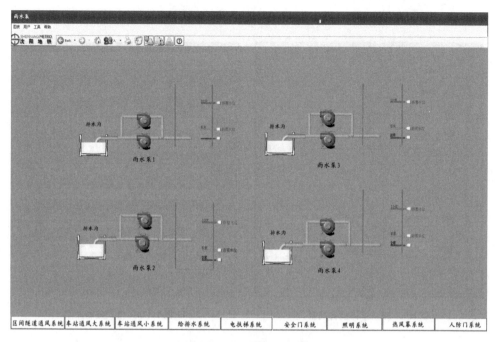

◎ 图 11-11　给排水系统图

（6）安全门系统图。点击安全门系统图标，如图 11-12 所示。

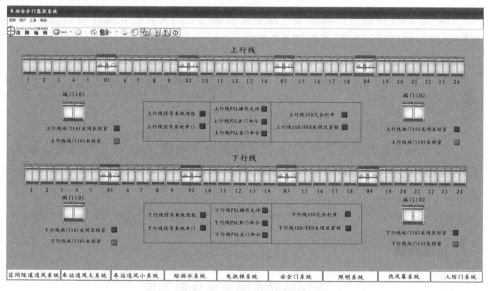

◎ 图 11-12　安全门系统图

3．单体设备控制

（1）将设备控制权切换为手动控制。

（2）点击设备控制点，设定期望的控制状态，下载确认执行，如图 11-13 所示。

4．模式控制操作

（1）将模式控制权切换为手动控制。

（2）点击模式控制点，设定期望的控制状态，确认执行，如图11-14所示。

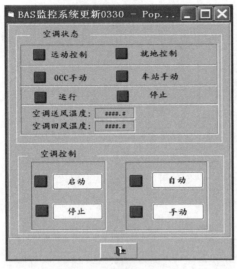

◎ 图11-13　单体设备控制

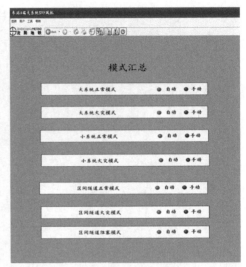

◎ 图11-14　模式控制操作

三、IBP 操作

IBP 是 BAS 在站点区域范围内发生灾害情况下的灾害模式操作设备，操作 IBP 可以实现车站区域火灾模式的紧急运行。

IBP 基本操作方式如下。

（1）自动/手动钥匙转换开关处于手动状态，"手动状态"灯亮，BAS 处于 IBP 手动状态。

（2）按下对应的灾害模式按钮，启动相关的环控模式。

（3）现场需要恢复正常模式时，按下恢复正常按钮，BAS 停止执行紧急模式，系统恢复执行正常运营情况下的模式，并且将自动/手动钥匙转换开关转至自动状态。

拓展阅读

广州地铁动态调节车站温湿度

广州地铁 18 号线首通段于 2021 年 9 月 28 日开通运营，该线在全国首次全线采用高效智慧 BAS 和装配式冷水机房，还配备了电子换向变频离心（EC）风机空调机组等高效设备，实现了科研成果的全线网转化。

高效智慧 BAS 旨在提高车站空气质量及乘客舒适感，降低城市轨道交通"耗能大户"的通风空调系统运行能耗。它通过主动寻优控制技术完成对设备的节能控制及能耗数据、运维数据的采集、分析和学习,实时预测车站内的人体热舒适指标(PMV),动态调节车站公共区的送风温湿度、送风量、二氧化碳浓度,在降低BAS能耗的同时保证乘客的舒适体验。

广州地铁多年深耕城市轨道交通智慧BAS节能减排技术,在13号线新塘站建成了城市轨道交通行业内首个系统全年平均综合制冷性能系数(COP) 6.0以上的超高效制冷机房,填补了城市轨道交通行业高效制冷机房的空白;在国内首次提出了城市轨道交通车站BAS全年能效比AEER计算评价指标及设备的故障诊断和健康度评价规则,为提高BAS整体能效提供了新的解决方案,保证了BAS的高效安全运行。通过不断的科研验证,广州地铁实现了从设备交付到指标交付的技术储备。

(摘编自微信公众号广州地铁,2023年5月)

【思政点拨】

(1)科技打造舒适地铁运营。高效智慧BAS的科技向善已不仅是一种善意的选择,更是一种创新性产品能力,是一次充满了人文关怀的科技创新,让乘客感受到城市轨道交通科技创新的温度。

(2)创新赋能智慧城市轨道交通发展。创新是一个民族进步的灵魂,是国家兴旺发达的不竭动力。城市轨道交通行业也是如此,要形成良好的企业创新氛围,就要集聚创新要素,赋能智慧城轨发展。

技能训练

实训任务　BAS 认知与操作

任务描述

某日上午 9 时 30 分左右,天津地铁 1 号线从刘园到双林方向的一列列车由于电力故障,停在了营口道和小白楼之间的隧道中。事发后,列车迅速停电,600 余名乘客被困在车厢内,警方及消防人员进入隧道,疏散乘客。至 11 时 30 分左右,地铁恢复正常。作为值班员,在地铁运营过程中发生突发事件时,应进行紧急疏散处置,及时向隧道送风,认识 BAS、掌握操作方法是应急处置的第一步。

任务目标

1. 了解城市轨道交通 BAS 的构成。
2. 能够掌握 BAS 监控软件、IBP 操作。

任务要求

1. 组内设置组长、记录观察员,进行分工和表现过程记录。
2. 完成资讯与计划相关知识和任务准备工作。
3. 进行合作学习、互评、纠错、总结。

资讯与计划

1. BAS 的构成认知,完成表 11-2。

BAS 构成　　　　　　　　　　　　　　　　表 11-2

BAS 控制设施	所在位置	优先级

2. 任务计划,完成表 11-3。

任务计划表　　　　　　　　　　　　　　　表 11-3

具体分工情况:

任务实施

2 人一组,利用实训室设备,一人提出任务要求,另一人操作并告知其名称,互相检查和纠正。完成后交换角色。

实操考核

考评表　　　　　　　　　　　　　　表 11-4

项目	认知与操作能力					学习能力	合作能力	合计
	监视区间隧道通风及各类设备的运行状态	监视全线各车站的通风、空调、给排水、扶梯、照明、人防门、安全门等设备的实时运行状态及故障报警	监视、记录各车站站厅、站台温度传感器、湿度传感器及环境参数	模式控制权切换为手动控制	IBP 车站区域火灾模式的紧急运行	学习态度、完成标准（包括计划与资讯完成情况）、熟练度	小组合作互助、记录纠错	
满分	每项 5 分,共 15 分	每项 1 分,共 20 分	每项 2 分,共 8 分	每项 5 分,共 5 分	每项 1 分,共 12 分	每项 10 分,共 30 分	共 10 分	100 分
得分(分)								

复习思考题

一、不定项选择题

1. BAS 是由中央管理级、车站监控级、现场控制级监控设备以及相关通信网络共同构成的实时监控系统,实行(　　)三级监控。
   A. 中央级　　　B. 车站级　　　C. 就地级　　　D. 手动级

2. 以下(　　)不是 BAS 监控范围。
   A. 车站公共区域通风空调系统
   B. 车站设备管理用房通风空调系统
   C. 车站隧道通风系统
   D. 自动售检票系统

3. BAS 中央级设于 OCC,负责监控(　　)环控、给排水、自动扶梯、低压供电及照明、安全门等设备的状态和运行。
   A. 本站　　　B. 区域　　　C. 本线路　　　D. 各条线路

4. (　　)是 BAS 在站点区域范围内发生灾害时的灾害模式操作设备,可以实现车站区域火灾模式的紧急运行。
   A. ATS　　　B. FAS　　　C. IBP　　　D. ISCS

5. 城市轨道交通车站大系统主要采取的控制方式是(　　)控制。
   A. 开环与闭环　　　　　　B. 开式系统
   C. 闭式系统　　　　　　　D. 车站级控制

二、判断题

1. BAS 优先级原则为:越靠近底层的(距离设备越近的)操作源优先级越高。(　　)

2. 隧道通风空调系统是指区间隧道通风系统。(　　)

3. 在地下车站发生火灾事故的情况下,BAS 可以执行相应防灾和阻塞模式。(　　)

4. BAS 监控模式主要是车站通风模式。(　　)

5. 车站级人机界面具有监视本车站的通风、空调、给排水、电梯、自动扶梯、照明、人防门、安全门等设备的实时运行状态及故障报警。(　　)

三、简答题

1. 简述车站 BAS 的控制等级及优先级。
2. 简述车站 BAS 的监控对象。

四、案例分析题

西安市地铁1号线一期工程(后卫寨站—纺织城站)BAS对全线所有地下车站、车辆段、区间隧道内设置的各种正常运营保障设施和事故紧急防救灾设施进行实时监控管理,并确保以上这些系统的安全可靠运行。特别是在地下车站发生火灾事故的情况下,BAS使有关救灾设施按照设计工况及时有效地运行,从而保障人身安全。

思考:如果BAS网络发生故障,请讨论应急处理措施及程序。

参考文献

[1] 曲秋蒔,许波.城市轨道交通车站设备[M].3版.北京:人民交通出版社股份有限公司,2022.

[2] 周静.城市轨道交通车站设备应用[M].北京:高等教育出版社,2019.

[3] 仇海兵.城市轨道交通车站设备[M].3版.北京:人民交通出版社股份有限公司,2021.

[4] 王晓飞,黄建中.城市轨道交通车站设备[M].合肥:中国科学技术大学出版社,2014.

[5] 齐伟,丁尚.城市轨道交通车站设备[M].上海:上海交通大学出版社,2017.

[6] 上海申通地铁集团有限公司轨道交通培训中心.城市轨道交通车站消防系统[M].2版.北京:中国铁道出版社股份有限公司,2024.

[7] 程钢,李捷.城市轨道交通车站设备[M].上海:上海交通大学出版社,2017.

[8] 刘军云,马军玲,赵玲玲.昆明地铁4号线某车站通风空调系统设计[J].建筑热能通风空调,2022,41(4):103-105.

[9] 李法浩,符宁宁.地铁车站、隧道的通风系统及火灾工况下的运行模式[J].消防界(电子版),2022,8(5):28-29.